MAKKÓ EDINA

Metamorfózis

Csodálatos átalakulás a
fizikai testedtől a lelkedig

novum pro

Ez a **könyv**
e-könyvként
is elérhető

w w w . n o v u m p u b l i s h i n g . h u

ISBN 978-3-99146-073-2
Lektor: Varga Mónika
Borítóképek: Catocala7 | Dreamstime.com;
Berczeli Brigitta
Borító, tördelés & nyomda:
novum publishing
Illusztrációk:
21, 29, 36, 273. oldal: Makkó Edina,
33, 263. oldal: Gyöngyösi Zoltán

www.novumpublishing.hu

Climate neutral
Print product
ClimatePartner.com/16547-2201-1002

Tartalomjegyzék

A könyvben található információk
nem helyettesítik az orvos tanácsát,
a leírt technikák és gyakorlatok
kizárólag saját felelősségre végezhetőek.

6

Köszönetnyilvánítás

Ez a könyv nem jöhetett volna létre, ha nincs a családom, szüleim, rengeteg barát, tanító, páciens, „ellenség", látható és láthatatlan mesterek, akik mind formáltak, támogattak, irányt mutattak. Hosszú a lista, akik komoly hatással voltak az életemre és gondolkoztam, nevezzek-e meg bárkit is de úgy döntöttem, ez a lehető legjobb megoldás, hogy kifejezzem hálámat számomra néhány fontos embernek. Ha valakinek nem írom ki a teljes nevét, az csak azért van, mert tudom, hogy nem szereti a nyilvánosságot.

Első körben hálás vagyok a **szüleimnek**, hogy a lehetőségekhez képest a lehető legjobb gyerekkorom volt. Ebben nagy szerepe volt a nagyszüleimnek. **Köszönöm Rózsikám!** Remélem olvasod Odafenn! Hallom is ahogy mondod: „anyááám!".

Hálás vagyok a férjemnek, **Andrásnak,** hogy támogatott, minden őrült ötletemnél mellettem volt, Nélküle ma nem ez az ember lennék és ez a könyv sem létezne.

Hálás köszönetem **Ney Tamásnak és feleségének Jutka néninek,** akik a néptánc által egy nagyszerű gyerekkorral ajándékoztak meg.

Az első komoly fejlődés, a langyos vízből való kibillenés, elindulás a személyiségfejlődés útján nem jöhetett volna létre **Burján Attila és Vojta Laci lelkesedése és Orbán Kati** elhivatott szaktudása, kitartása nélkül.

Spirituális nyiladozásomban nagy szerepe volt mestereimnek, **Beának, Imrének, Józsinak és nem utolsó sorban Mariannának, masszázs mesteremnek.** Továbbá, köszönöm **Verus,**

7

hogy velem voltál, hogy jöttél és támogattál, amikor szükségem volt rá és elhitetted velem, amit elképzelni se tudtam akkor még.

Sári Róza nélkül ma sem érteném a test működését, hála a rengeteg tanításért, plasztikus hasonlatért, hanganyagért!

Abban, hogy a blogomból könyv legyen a legnagyobb segítségem **Fleisz Zsuzsi** volt, aki segítette rendszerbe foglalni a mondandóm. A szuper fotókért köszönet **Berczeli Brigittának** és **Gyöngyösi Zoltánnak**.

És nem utolsó sorban, hálás köszönet minden láthatatlan mesteremnek, vigyázómnak, hogy mindig velem vagytok, támogattok, tereltek, utat mutattok.

Szeretettel ölellek benneteket!

Edina

Ajánlás

Alig hiszem, hogy van olyan ember, akinek ne lenne szüksége erre a könyvre!

Közel 30 éve ismerem Edinát és testközelből láttam, ahogy a fizikai síkon túl egyre szorosabb kapcsolatba került a forrással és végig kísérhettem a folyamatot, ahogy megtalálta a lelke hangját.

Nem kis fejlődés és változás, amin keresztül ment!

- Testi tüneteid, fájdalmaid vannak?
- Frusztrált, depressziós vagy?
- Gúzsba köt a félelem?
- Kilátástalannak érzed a helyzeted?
- Nem találod a helyed a világban?

Edina nem csak a „tutit" mondja meg, hanem egy részletes, saját tapasztalatai alapján működő lépéssorozatot is ad, amivel bekerülhetsz a saját tengelyedbe, meglelve a lelki békéd.

Nem kevesebbről van szó, mint arról, hogyan tudsz boldog és teljes életet élni a jelenben élve, magasabb energetikával.

Orbán Katalin
üzletasszony
életviteli mentor

Ajánlás a szerzőtől

Spirituális, felsőbb rendű erők támogatásával, inspirálásával, egyben pontos, gyakorlati útmutatással íródott könyvet tartasz a kezedben. Ha fizikai problémáid vannak és nem találod a megoldást, ha kibillentél az egyensúlyodból, vagy csak épp útkeresésben, válaszúton vagy, nagy segítségedre lehetnek a támogató, erőt adó, vagy épp elgondolkoztató „üzenetek" és a hozzájuk párosított, erősen racionális és gyakorlat orientált természetgyógyász szakmai támogatás.

A könyv neked szól, ha szeretnéd megérteni a körülötted és benned lévő világot, a benne zajló folyamatokat, ha hajlandó vagy felvállalni a felelősséget, cselekedni, megoldást keresni és találni a problémáidra, tágítani a tudatod, igazán meggyógyítani magadat és emelni az érzékelésed.

Hiszem, hogy a test, tudat és lélek együttes munkája képes igazi változást elhozni az életünkben. Ebben a könyvben ennek a három területnek az együttes munkájára bíztatlak/bíztatunk.

A könyv önmagában nem fog nagy változást eredményezni az életedben, viszont, ha bevállalod és végig viszed az ajánlott folyamatot, komoly irányváltoztatást tudsz elindítani, ami kihat az egész életedre. Nem leszel „kész" a végére, mert fejlődésünk nem áll le míg élünk, de az irányod biztosan sokkal jobb lesz, mint amikor belevágtál, vagy egyáltalán lesz irányod és csakis ez számít.

Nem csak mondom, csinálom is!

Minden, amiről beszélek, ajánlom, általam kipróbált, nekem és pácienseimnek bevált technika. Lexikális tudásom mellett gyakorlati tapasztalataimat osztom meg veled ebben a könyvben, a fizikai megoldások és a spirituális fejlődés tekintetében is.

*Finom, tiszta lényed alig várja már, hogy kiszabadítsd a feszülés, meg-
felelés, anyagi korlátok börtönéből. A cél nem „csak" az, hogy fizikai-
lag, vagy mentálisan jobban érezd magad, hanem hogy kibillenj abból
a nem támogató helyzetből, amiben jelenleg vagy, nyisd ki a szíved,
elméd és indulj el egy nagyszerű élet irányába. Kezdj el igazán ÉLNI!*

Szeretettel várlak erre a nagy kalandra!

Akkor is, ha te úgy érzed nem vagy spirituális, hagyjunk békén
ezzel az Út kereséssel! Nem tudod megúszni! Egyszerűen vége
a 100 % racionális világnak! Hidd el, jobb, ha önszántadból kez-
ded el a nyitást, a barátkozást ezzel a számodra lehet hihetetlen
világgal, mint hogy más erők, helyzetek hozzák majd el neked!

Tekintsd egy kalandnak! Mert az is...

1. FEJEZET

Az én kalandom...

1970-ben születtem, abszolút racionális családban, ahol nem volt téma sem az elmúlt életeink, sem a lélek, sem a reinkarnáció és nem kötődtünk vallási csoporthoz sem. Nem hittem, hogy van Isten, vagy bármi magasabb rendű, nem is gondolkoztam ezen gyerekként. Szüleim 4-5 éves koromban elváltak és apámmal kapcsolatban sajnos kizárólag rossz emlékeim vannak. Veszekedések, rendőrség... alkohol... Ebből a zűrből anyai nagyszüleim igyekeztek kimenteni rendszeresen, sok időt töltöttem náluk, nagymamámmal kis kifli nagy kifliben aludtam, nagypapám a csillagokat is lehozta nekem és a húgomnak az égről. Néhány évvel később anyám újra férjhez ment és nevelő apánk vette át az apai szerepet. Nagyon hálásak voltunk neki, hisz sajátjaként nevelt minket. Néhány év múlva megérkezett még egy húgom, így három lett a kislány. Összességében ezeknek az óvó szárnyaknak köszönhetően jó gyerekkorom volt.

Az általános iskolában csatlakoztam egy néptánc együtteshez, ahol nagyon gyorsan otthon éreztem magam, imádtam táncolni, világot járni akkor, amikor az emberek még sok esetben a szomszéd országokba sem tudtak eljutni. Hálás vagyok az Életre szóló barátságokért, a tanításokért, amik életre neveltek, a sátras, nomád edzőtáborokért, hogy a tűz mellett bele aludtunk a végtelen beszélgetésekbe, hogy bográcsba főztünk magunknak és sárral kentük egymást a vízparton. Bárcsak minden gyerek megélhetné ezeket a pillanatokat telefon és egyéb technika nélkül.

Az általános iskola végeztével állatorvos szerettem volna lenni, de szüleim lebeszéltek, hogy az nem nekem való és inkább a „biztos állás" reményében közgazdasági, pénzügyi pályára tereltek.

A könyveléstől és a matematikától rázott a hideg, de végül jó eredménnyel érettségi vizsgát tettem. Annyi tanulásom és munkám volt benne, hogy még a gondolatától is rosszul voltam, hogy egyetemre, vagy főiskolára menjek. Már gyerekként is erősen gyakorlat orientált voltam és nem ment a tények bemagolása anélkül, hogy valami logikát, értelmet találtam volna benne. Egyszerűen elfelejtettem. Érettségi után egy héttel „bekopogtattam" egy takarékszövetkezet ajtaján munkát keresve és láss csodát, találtam is. Kihelyezett iroda 3 fős csapatát erősítettem. Később pénzügyi területen, majd bankban sikerült elhelyezkednem, amire akkor nagyon büszke voltam és jól is éreztem magam a feladatban. Huszonévesen több volt a fizetésem, mint apámnak, és azt éreztem megbecsülnek, értékelik a munkám. Jó volt a csapat, jó kedvvel mentem minden reggel dolgozni. 20 évesen férjhez mentem és 24 évesen született meg a lányom. Sajnos nem adatott meg, hogy hosszan otthon legyek vele, 2 éves korában anyagiak miatt vissza kellett mennem dolgozni és a nagymamám vigyázott rá. Mai szemmel, nem is értem, hogy bírta. Nagyon hálás vagyok neki. Aztán ahogy lehetett bölcsőde és óvoda következett.

Ahogy a nagykönyvben meg van írva, úgy húztam be férjem személyében az apai mintát... alkohol, cigaretta, bizalom vesztés... anyagi zűrök jöttek, ezért is kellett visszamennem előbb dolgozni. Mindezt viták, veszekedések követték és eljött a pillanat, amikor már aludni sem tudtam mellette... Igyekeztem megértetni vele, hogy szükséges a változtatás, mert nem tudok ilyen formában élni vele tovább, de nem vett komolyan. Nem akartam elválni, nagyon elkeseredtem, hogy ugyanabban a cipőben vagyok, mint anyám volt, szinte halál pontosan ennyi idősen.

16 és 18 évesen egymás után kétszer szálltam ki totálkáros autóból, amit mindkét esetben a férjem vezetett... nem ő volt a hibás, de az üzenet akkor is ott volt a sztoriban. Akkor még nem értettem a terelést. Szerettem a férjem még, mint embert, de nem voltam képes, mint férfi, férj tekinteni rá. Tudtam, valahol legbelül tudtam, hogy vége. Nem mertem még magamnak

sem bevallani… majd egyszer csak felkerült az I-re a pont és elmondtam neki, hogy szeretnék elválni. Előtte rendszeresen öngyilkossággal fenyegetőzött, ha elhagyom, így elég nehéz volt meghozni ezt a döntést. Azt gondoltam végig (amit aztán későbbi életem során is alkalmaztam), hogy az az élet, ahogy élek az-e, ami oda vezet, ahogy 30-40-50 év múlva szeretnék élni. Ő az az ember, aki képes lesz végig fogni a kezem és haladni az Úton? Akkor persze még nem beszéltem nagy betűs ÚT-ról, nem volt még tudatos. Bejelentésem a vártnak megfelelő reakciót váltotta ki, nem volt egyszerű végig vinni, ellenségemnek sem kívánom, de nem maradhattam vele, ha most visszanézek, még inkább így gondolom.

Néhány hónap múlva megismerkedtem második férjemmel, aki a zűrös válást követően (innen nézve) egy tudatos választás volt, szeretett, nem ivott és nem dohányzott, a lányomat, aki akkor 3 éves múlt, sajátjaként elfogadta és mindenben támogatta. Itt ízleltem meg a vendéglátás örömeit, feladtam a banki munkám és a családi vállalkozásban sört csapoltam, fagyit főztem, süteményt árultam. A szakma elhagyása a szabadságért, akkor nem volt feltétlenül bölcs döntés, de ma már tudom, hogy képtelen vagyok hosszú távú bezártságra. 1998-at írtunk és ez volt az utolsó olyan munkahelyem, ahol alkalmazottként „bezárva" fix munkaidőben kellett dolgoznom.

Nem degradált sem a pultos munka, sem, hogy a beteg, ágyhoz kötött anyósom ápoljam, ha a szükség úgy hozta. Teljesen belesimultam a környezetembe, azt hittem, minden a legnagyobb rendben.

Az első komoly kibillentést, változást az Amway hálózat hozta, vagyis nem is a cég maga, hanem azok az emberek, akik által bekerültem a rendszerbe, egész pontosan a könyvek, amiket elkezdtem olvasni. Erősen tágították a tudatomat. Szó szerint ettem őket. Havi legalább 2 könyvet tettem magamévá, borzasztóan izgatott, hogy mennyire nem mindegy hogyan gondolkozunk, mit mondunk, hogyan bánunk emberekkel, önmagunkkal. Elkezdtem elhinni, hogy van élet az átlagon túl, hogy bármit elérhetek, amit csak akarok. Elkezdtem csapatot építeni és rövid idő alatt szép eredményeket értünk el. Menetközben a férjemmel egyre távolabb kerültünk egymástól, azt éreztem, hogy minden egyes könyvvel, amit én elolvasok, ő meg nem, nő a szakadék közöttünk. Olyan volt, mintha két külön nyelvet kezdtünk volna beszélni. Éreztem, hogy megint nem jó helyen vagyok. Konkrétan emlékszem a pillanatra, amikor egyik alkalommal csapolom a sört és beszélgetést folytatok a vendéggel... vagyis próbálok... és rádöbbenek, hogy „Uramatyámholvagyok???" És persze nem ez volt a fő ok, de ez sem volt elhanyagolható. Sokkot kaptam a felismeréstől, hogy megint el akarok válni. Én, aki egyszer sem akartam?! Hogy szúrhattam így el? Fél év különélést követően visszarendeződtünk, adtam még egy esélyt. A csoda három napig tartott én még fél évig... éreztem, hogy nincs más lehetőség, kétfelé húz az erő minket.

Megbeszéltük... „szépen fogunk elválni..." „megmutatjuk, hogy kell ezt csinálni...". Hát nem sikerült... Eléggé taccsra tett ez a második válásom (első sem volt piskóta), aminek eredményeként szüleim egyik szobájába kényszerültem, ahol a kisebbik húgommal és a 10 éves lányommal együtt, mint „koleszosok" húztuk meg magunkat. Nem harcoltam az anyagiakért, elereszttettem, mert az életem fontosabb volt. Nem volt munkám, pénzem, csak egy lízinges autóm és egy gyerekem. 33 éves voltam...

Néhány napon belül felálltam, mert egy anya ugye nem nyalogathatja a sebeit és munkába álltam egy ételfutár cégnél ebédet szállítottam, reggel ¾ 5-re jártam, heti két alkalommal néptáncot tanítottam egy iskolában és utána pedig Amway hálózatot építettem. Volt, hogy este 10-ig... reggel 4-kor keléssel. Bármikor visszamehettem volna bankba, de nem voltam képes a szabadságom beáldozni. Inkább hordtam az ebédet. Ez sem mondható észszerű döntésnek, de épp néhány évvel ez előtt egy kínai asztrológiai elemzés mutatta meg, hogy jól éreztem.

A leszületési képletem órája az óceánt szimbolizálja. Remélem jól írom, tehát a lényeg, hogy nem bírom a korlátokat, nem lehet bezárni.

Az élet mindig kegyes, itt is megmutatkozott, mert végül visszakerültem a banki szektorba, mint külsős mobilbankár és cégeknek értékesítettünk hiteleket a csapatommal egészen a 2008-as gazdasági válságig, ahol is egyszerűen megszűnt a hitelkihelyezés.

Közben 2005-ben kaptam az első egészségügyi pofont. Valami nem stimmelt, olyan furán éreztem magam szex közben, gondoltam elmegyek a nőgyógyászhoz, nézzen rám. Rendszeresen jártam szűrésekre, nem aggódtam, csak nem értettem mi lehet a probléma. Mázlim volt, másnapra behívott a kórházba, épp ügyelt. Megvizsgált és mire felhúztam a függöny mögött a bugyimat, már meg is írta a beutalót, másnap reggeli műtétre. Nem tudja pontosan mi a baj, de van három zöld dió nagyságú valami, amit azonnal ki kell venni. Forgott velem a szoba azt sem tudtam hirtelen hol vagyok. Hiába győzködtem, hogy nem érek rá, már párkapcsolatban voltam, épp a párom édesapjának a temetésére készültünk a héten. Csak egy hetet kértem, de nem kaptam. Másnap reggel a kórteremben reszkettem a félelemtől, fogalmam nem volt mi vár rám. Aztán amikor aláíratták velem az altatás és műtét kockázatait, ami feketén fehéren tartalmazta a „halál" lehetőségét kétségbeesett zokogásban törtem ki, mire nyugtatókkal leszedáltak.

A laporoszkopós műtétből hasfelmetszés lett, mert nem tudták máshogy megoldani. Mikor felébredtem közölte velem az orvos, hogy endometriozis, egy petefészkemet el kellett távolítani és hogy nem lehet megállítani a folyamatot, tehát gyógyíthatatlan.

Padlót fogtam. 6 hét táppénz, vállalkozó voltam, csoportot vezettem és csak akkor kerestem, ha volt üzlet.

A „gyógyíthatatlan" betegséget hormonokkal próbálták orvosolni. A testem lázadt és már olyan volt, mintha a havi ciklusom nyert volna a passzív időszakok javára. Azt éreztem, hogy szinte folyamatosan vérzek.

Ekkor jött elém a Pránanadi az Univerzum gyógyító energiáit alkalmazó alternatív megoldás.

2006-ban végeztem el az első tanfolyamot, ami a személyiség fejlesztő könyvek és szemináriumok után a spiritualitás irányába nyitott egy ajtót nekem. Itt találkoztam az Univerzum csodás gyógyító erőivel, meditációkkal, amik aztán segítségemre is siettek és megoldották a gyógyíthatatlant.

Közben a gazdasági válságnak köszönhetően váltásra kényszerültem a munkámban és a csapatommal együtt egy biztosító társaság színeit kezdtük képviselni. 2009-ben ismertem meg harmadik férjem és ez a találkozás volt az egyik legnagyobb bizonyíték számomra a vonzás/meg van írva... elméletekre. A biztosítónál reggeli motiváló, kondicionáló beszélgetéseken a „miért érdemes életbiztosítást kötni?" kérdésre néhány héten belül kétszer is feljött egy 2008-as sztori, ahol a vétlen sofőr úgy halt meg, hogy az előtte lévő teherautóból egy cső leesett és a mögötte haladó autó szélvédőjét betörve halálos ütést mért a vezetőre. Aki egy hölgy volt és 5 gyereket hagyott maga után. Szinte az egész országot sokkolta akkor ez a sztori. Nem követtem a híreket, nem néztem híradót, újságot, mégis eljutott hozzám a szörnyű hír. Közben interneten megismerkedtem egy férfival, aki azt írta az adatlapjára, hogy özvegy és több gyerek vele él. Nagy nehezen összehoztunk egy rövid kávézást. Késett, és a megjelenése sem volt kifogástalan... Leült velem szembe és elkezdtünk beszélgetni. Tisztázni akartam, hogy amit a neten láttam, az igaz-e. Néha valótlan dolgok kerülnek fel a társkereső oldalakra. A válasz az volt, hogy igen, özvegy és 5 gyerek él vele és amikor elkezdte mondani, hogy tudod volt az a... baleset szót ki sem mondta és már tudtam, hogy itt ül velem szemben az az ember, akiről az elmúlt hetek reggeli kondicionálásán beszéltünk. A baleset óta akkor már eltelt egy év...

Természetesen sokkolt a halom gyerek, lányommal saját lakásunkban éltünk már ekkor békében és nyugalomban... Első pillanatban majd lefordultam a székről, és azon gondolkoztam, hogy is kell elmenekülni. De maradtam... nincs rá ésszerű magyarázat, így kellett lennie és azóta is együtt vagyunk, jóban, rosszban, rengeteg kihívással kellett szembe nézni, voltak na-

gyon mély gödrök és persze magasságok is, bennünk és körü-
löttünk is, de ezek csak erősítették egymáshoz kötődésünket.
A gyerekek akkor 7, 17,18, 20 és 21 évesek voltak, a lányom
pedig 15. Tehát hat gyerek, három fiú és három lány. Fele egye-
temen, másik fele otthon. A mozaik család örömeit, nehézségeit,
ha megélted, sejtheted, hogy mekkora kihívás volt a családegye-
sítés, ami rengeteg energiát, kitartást, erőt igényelt, viszont ha-
talmas tanításokat és örömteli pillanatokat hordozott magában.

A Pránanadi első tanfolyama után csak a magam és családom
jólléte volt a cél és sokáig nem is mentem tovább, míg 2009-ben
azt éreztem, az az élet feladatom, hogy tovább adom a techni-
kát másoknak. Megbeszéltem a mesteremmel és belevágtam, el-
mentem a második... harmadik... nyolcadik... tanfolyamra, me-
ditációs, reinkarnációs, masszázs kurzusokra. Na ez nem ment
ilyen gyorsan. Hosszú éveket töltöttem a technika pontos elsa-
játításával, gyakorlásával. Irgalmatlan mennyiségű szimbólu-
mot, technikát tanultam meg. Elkezdtek érdekelni a miértek és
az óvodás kíváncsiságával szemléltem a világot, élveztem olvas-
ni a jelekből és megélni a szinkronicitásokat. Mintegy 25 tan-
folyamot végeztem el és nem csak elvégeztem, hanem nagyon
nagy részét magas szinten alkalmaztam. Nőtt érzékelésem és
egyre több dolog mutatott arra, hogy ez életem nagy feladata
és hogy jó úton járok.

Férjemmel közös vállalkozásban dolgoztunk és egyre inkább
azt éreztem, hogy ki kell szállnom a business világából. Any-
nyira más irányt mutatott az életem, de nem mertem meghoz-
ni a döntést, el sem tudtam képzelni, hogy mi lesz, ha ott ha-
gyom a céget. Aztán megjelentek a fizikai tünetek, a gombóc
a gyomromban és ami ennél is durvább volt, a fülfájás. Min-
den egyes alkalommal, amikor a telefont a fülemhez emel-
tem késszúrásszerű fájdalom jelent meg, kizárólag abban a
fülemben, amelyiken telefonálni szoktam. Azonnal értettem
a jelet, de nem mertem lépni. Napi 60-70 hívás indítás/foga-
dás volt a telefonomon... gondoltam besokallt a szervezetem.

Jó... akkor kihangosítjuk... A probléma nem oldódott meg, a fájdalom minden egyes telefon csörrenésnél megjelent. Nem mertem tovább feszíteni a húrt, tisztában voltam vele, hogy akár az életem is lehet a tét. Meghoztam a döntést és elhatároztam, hogy lecsökkentem, majd befejezem az irodában töltött időt és embereket fogok kezelni helyette. Elmondhatatlanul nehéz döntés volt, nagyon fájt a szívem, hogy ott hagyom a férjem és a lányom a nehéz helyzetben, de tisztában voltam vele, hogy nincs más választásom.

Otthon, nadis társaimat és az ismerőseimet kezeltem.

Egyik kezelés alkalmával nehézségek adódtak, a matracon fekvő társam, külső szemlélő számára ijesztő tüneteket produkált, a fél órás kezelés 2,5 óránál tartott, már nagyon elfáradt a páciens és én is. Nem ijedtem meg, tudtam, hogy biztonságban vagyunk, de valahogy le kellett zárni a folyamatot. Kértem szívemből, hogy segítsen már valaki... megoldódott viszonylag hamar a probléma, páciens összeszedte magát, haza ment, én pedig az udvaron próbáltam észhez térni. Úgy éreztem kiszakad a mellkasom, hogy tudom kioldani? Jött a gondolat, hogy végezzek leborulásokat, ami egy buddhista tisztító gyakorlat. Hasonlít a négyütemű fekvőtámaszhoz, de egy kivetített energetika alatt végezve nem torna feladat, hanem komoly testi, tudati és lelki tisztulást eredményező tevékenység. Egy kör 108 leborulást jelent és előtte, utána egy rövid meditáció adja a keretét. Elvégeztem a feladatot és a végén a záró meditációhoz készülődve, azt vettem észre, hogy 6 mester ül a szőnyeg két szélén. Ez volt életem első ilyen szintű érzékelése. Egyikük megszólalt: „levizsgáztál, ez volt a vizsga feladat". Másnap délelőtt 10 órára voltam hivatalos Budapestre kezelői vizsgát tenni. Bementem a terembe és nem kis meglepetésemre egy hatalmas brokát képen nézett velem szembe az a mester, aki előtte nap a szobámban ült a szőnyegem szélén. Próbáltam kideríteni, hogy ki is ő, de nem kaptam választ. Hivatalos kezelő lettem és egy alapítvány keretein belül üzemeltetett kezelőben főállásszerűen „dolgoztam". Ez aztán végkép nem volt munka. Mester szerettem volna lenni, aki tovább adja a technikát... azt éreztem ez a feladatom és mindent elkövettem ennek érdekében.

2016-ban meghívást kaptam Nepálba, Katmanduba, ami egy év felkészülést igényelt. Ez alatt az idő alatt folyamatos meditációk, leborulások és egyéb feladatok napi szintű elvégzése volt előírva, hogy energetikailag bírjuk a kolostorokat, és a buddhista szertartásokat. Nem tudtam megmondani az okát, de éreztem, hogy MOST kell mennem. 2017 május 1-jén indultunk. Nem volt rá pénzünk, a családi vállalkozásunk épp haldoklott és én sok százezer forintot készültem elkölteni személyes „hóbortomra". Férjem mindig támogatott, bármi őrültségnek tűnő dolgot eszeltem ki, de ez a sztori nála is kiverte a biztosítékot. Le kellett vágatni a hajam rövidre, a kintlét alatt egyáltalán nem voltam elérhető telefonon, mert a reptéren begyűjtötték mindenki telefonját, plusz nagyon sokba került. De nem állított le. Nagyon hálás vagyok neki, nem hiszem, hogy más férfi mellett képes lettem volna arra a fejlődésre, amin az elmúlt 13 évben végigmentem.

Nepál fantasztikus és megrázó is volt egyben. Érezni a magas energiákat, amikor egy szertartás dobja, sípja és sok-sok szerzetes mormogó mantrája az utolsó sejtedet is „átmossa" felejthetetlen élmény. Olyan helyeken jártunk, ahova turista nem mehet és olyan szertartásokon vettünk részt, amit átlagember nem bír ki. Az érzékelés felerősödött és az energia szinte tapinthatóvá vált.

Egyik alkalommal egy kolostorban kicsi 4-5 éves reinkarnálódott mestertől kaptunk áldást, majd tanítások és leborulások következtek egy nagy imateremben. A gyakorlat végeztével előre mentem az oltárhoz, amikor is az oldalsó oszlopok mögött felfedeztem annak a mesternek az életnagyságú ülő szobrát, aki ott ült anno a szőnyegem szélén. Na most már végképp kíváncsi voltam, hogy ki is ő... Kérdeztem a mesterem, és mint kiderült az ő reinkarnációjánál voltunk előtte egy órával és ő az, aki sokat támogatta a magyar csapatot szakmailag.

Gyógyító láma beavatást kaptam és buddhista szerzetes ruhába érkeztem haza Budapestre a reptérre. Ezek az információk szuper titkosak voltak. A férjem nem tudta, hogy mi történt velem a 10 nap alatt és üzenetet csak a leszállást követően tudtam írni neki: „meglámultam". Szegény az üzenettől és a látványtól is sokkolódott, de jól álcázta, örült, hogy újra lát, bármilyen hacuka is volt rajtam. Utólag bevallotta, hogy ott akkor aggódott, hogy a feleségét lenyúlta egy szekta.

Hazaérve egy hétig is eltartott az energetikai kiegyenlítődés, a kint tanultak, kapottak sokat segítették a munkámat és erősítették az érzékelésemet. Töretlenül haladtam a cél felé, hogy mester leszek, hogy tovább adhassam ezt a csodás lehetőséget másoknak.

Néhány hónap elteltével elkezdtek jönni a jelek, amiknek nem akartam elhinni, hogy más az irány. Közel 10 év komoly munkája, pénze, ideje volt mögöttem és nem akartam szembe nézni a ténnyel, hogy mégsem ez az Utam.

Aztán mivel nem voltam hajlandó venni a jeleket, dönteni és cselekedni, az Univerzum fektetett két vállra. Egyik napról a másikra éles szúrások jelentek meg a hasamban, eltűnt az erőm és ágyba kényszerültem. Hiába vetettem be minden tudásom, hiába kezelt a mesterem, nem voltunk képesek kibillenteni az ijesztő állapotból. Orvos nagyon ritkán látott, az azt megelőző években, volt, hogy nem emlékeztem a háziorvosom nevére. Most felkerestem… Kiírt laborvizsgálatokat, elküldött ultrahangra és gasztroenterologushoz. Az eredmények semmit nem mutatnak, értékeim szinte kivétel nélkül határértéken belül, nem látszik gyulladás és semmi extra.

Egy epekövet találtak ultrahangon, aminél nincs gyulladás, „ha egyszer lesz kedve, vetesse ki" volt a diagnózis. Ezekkel felfegyverkezve érkeztem vissza a háziorvoshoz három napon belül. Megállapította a fentieket, hogy nem látszik semmi. OK, de én alig bírok kiszállni az ágyból… akkor milyen terápiát javasol? „Diétázzon… kóla, ropi…" Nem hittem a fülemnek!

Amikor Nepálban voltunk, szinte kötelező volt a kóla fogyasztás (pálinkázni nem lehetett) ha valakinek hasmenése, vagy gyomor gondja volt az eltérő baktérium környezet miatt. Na de itt most nekem semmi ilyen problémám nem volt. Hazamentem és iszonyúan tanácstalan voltam. Feküdtem az ágyban, lángoltak a beleim és nem volt erőm felkelni. Azt éreztem, hogy az az erő, vitalitás, ami rám volt jellemző, már soha többet nem fog visszatérni. Ekkor 48 éves voltam. Mivel az orvostudományt kipipáltam, neki álltam a magam kezébe venni a dolgot. Nem hibáztatok senkit. Egyszerűen még nem volt kimutatható, műszerekkel nem volt látható, ami már az energetikában erősen jelen volt és tüneteket okozott. A manifesztáció határán voltunk. Tisztában voltam, hogy egy nagyon erős terelés történt, nem voltam hajlandó meglátni, dönteni cselekedni, pedig le kellett válnom a Pránanadi szervezetéről, a mesteremről... ezért kaptam a fizikai tüneteket és a hozzá társuló eseményeket.

Járt hozzánk a kezelőbe egy lány, aki borzasztóan csendes volt, művészet volt belőle egész mondatokat kihúzni. Egy autoimmun betegség miatt talált ránk, legalábbis ez volt az indok. Valahogy jellemzően hozzám került, majd később tudatosan is, együtt dolgoztunk a problémáján. Amikor az első rosszullétem után találkoztunk, azt mondta, ne vegyem félvállról, mert nem csak egy gyomorrontásról van szó. Veleszületett és meg is maradt „rendellenessége", hogy lát energiákat, szellemeket,lényeket, amik egyébként halandó számára nem láthatóak és „kommunikálni" is képes velük. Később kiderült, hogy a betegsége csak egy dolog, igazából miattam kezdett a kezelőbe járni, mert egy „kisöreg" megkérte rá. Nem vettem komolyan ezt a részét eleinte, de Ő kezdett megnyílni, jött, beszélt, mesélt... vitt... és mutatott helyeket, dolgokat, amik első körben kiverték a biztosítékot nálam. Elmondása szerint direkt hozzám küldték, mert hogy fontos vagyok, nagy feladatom van. Nah, szuper! Alig élek és jönnek nekem ezzel a nagy feladat dumával. Nem akarok még egy terhet, még egy felelősséget magamra! Elsőre, ha hall az ember ilyet, hú, de jól hangzik, aztán végiggondolja az életét, helyzetét, ül a gödör alján... hogy a bánatba leszek képes egyáltalán a felszínre kerülni, nem, hogy nagy dolgokat véghez vinni a világban!?

Egyik alkalommal, nagyon rosszul éreztem magam, megérezte, felhívott és eljött hozzám. Csak feküdtem otthon a nadiszobám matracán a földön és próbáltam „életben tartani" magam. Bejött a szobába, még sosem járt nálam, beszélgettünk, segített, ahogy csak tudott. Sokat jelentett nekem ez akkor! Már épp készült elmenni, amikor a mögötte lévő falra mutattam a „szőnyegszélén ülős" mesterem fotójára, amit Nepálban az ominózus kolostorban szereztem be... „Ismered?" kérdeztem. „Igen, ő jött hozzám anno, ő küldött el a kezelőbe. Itt van most is."

Hideg rázott... de a kör bezárult... hogy miért kellett végig mennem a nadi útján, miért volt fontos, hogy kezelő legyek, ott legyek Katmanduban... Hálás voltam, hogy vigyázott, vigyáztak rám és komolyan vettem az üzenetet, a feladatot. Fogalmam nem volt, hogy tudom majd megoldani, mit kell tennem egyáltalán, de elindultam az irányába azzal, hogy megfogadtam, megteszek mindent, amit csak kell, hogy az erőm visszakapjam. Energetikailag erős támogatottságom volt ahogy az kiderült, de tudtam, hogy a fizikai testet is gatyába kell ráznom valahogy.

Hogyan tudnám kitisztítani a szervezetem? Mit kellene ennem? Elkezdtem bújni a szakirodalmat, táplálkozással, böjtökkel kapcsolatos anyagokat, könyveket kerestem és találtam, szinte jöttek velem szembe, nem csak a könyvesboltokban, hanem ismerősökön, barátokon keresztül. Elkezdtem kísérletezni... glutén/nem glutén, vega/nem vega... Rosszul voltam a mű, fűrészpor ízű gluténfree cuccoktól. Fogalmam nem volt, hogy fogok ezekkel megbarátkozni, illetve, hogy tényleg erre van e szükségem, ha ennyire nem esik jól...

Az áttörő sikert 5 nap léböjt hozta el nekem, beöntésekkel kombinálva hihetetlen mód billentettek át a kilátástalannak tűnő helyzetemen. Ezt követően pedig zöldturmixok és az időszakos böjt tartott és tart most is karban nap mint nap. A család kétségbeesve figyelte a kísérletet, külső szemlélő számára ijesztő volt, amit műveltem, hisz erősen fogyásnak indultam és egyre szakadtabban néztem ki, de én már éreztem, tudtam, hogy jó az irányom. Minden félelmem és kétségem eltűnt és hihetetlenül felemelő érzés volt, ahogy egyszer csak elkezdett az erőm visszatérni. A testem teljesen átformálódott, kívántam a mozgást, a futást és 16 kg feleslegtől szabadultam meg. A bőröm megfiatalodott, egy évvel a hasfájós incidens után kirobbanó formában voltam. Olyan erőt kaptam vissza, amire azt gondoltam, majd csak a következő életem hozza el nekem. Egyszerűen hangzik, de nem volt az! Egy hónap ágyban fekvés, munkám elvesztése, a „biztonságos" Nadi háló elhagyása, a „mi a fenét fogok most csinálni" gondolatok elég rémisztőek voltak. Amikor közel 10 évig mész valami felé és egyszer csak kiderül, hogy nem jó irányba haladtál és soha nem fogsz odaérni, mert nem az a dolgod... De akkor mi???

Tovább kutattam a témát és a tapasztalataimat megosztottam az ismerőseimmel. GreenMix néven indítottam egy weboldalt és egy facebook oldalt. Videókat és rengeteg fotót készítettem, mert úgy éreztem ez motiválhat másokat is arra, hogy tegyenek magukért. A vegyszer mentes zöldek kedvéért elkezdtem a kertben termelni. **Itt csodás energiák jöttek, amik segítségével lehetőségem volt egyre többet a „Jelenlétet" tapasztalni. Mára már ezek az erők az életem részévé váltak és sokat segítenek az egészségem, mentális állapotom szinten tartásában.**

Van, hogy nehéz a jeleket értelmezni. Az erősen spirituális vonal után a racionalitás talaján kezdtem lábat vetni. Próbáltam legalizálni magam, a magyar törvényeknek valahogy megfelelni és jelentkeztem természetgyógyász képzésre. Rengeteget tanultam és fitoterápiára szakosodtam, mert ő az, aki még táplálkozással kapcsolatban tanácsot adhat, ha az ember nem dietetikus és nem életmód tanácsadó. Sikeresen letettem minden vizsgámat, Természetgyógyász lettem papíron is. Az iskolán túl rengeteg szakirodalmat olvastam, orvosok táplálkozással, böjttel kapcsolatos könyveit és igyekeztem tesztelni, szűrni az olvasottakat. Ahogy a világ fejlődik, úgy jönnek új nézetek és dőlnek meg régi módszerek, vagy épp fordítva, ezeréves tanításokat veszünk elő újra... nehéz kiigazodni, mikor kinek van igaza. Mindenre találsz a világhálón pro és kontra információt.

A GreenMix-en túlnőve hoztam létre a GreenFit oldalt a világhálón, ami túlmutat a turmixokon és az egészséges táplálkozáson.

Egy komplex, lelket, tudatot és testet egyöntetűen támogató, valóban Holisztikus oldal létrehozása volt a célom, mert a gyakorlat egyértelműen azt mutatja, hogy e három gyógyítása egyszerre lehetséges, hisz folyamatosan hatnak egymásra.

Láttam a környezetemben, sokan érzik, hogy a változtatás szükséges lenne, de nem könnyű elkezdeni, talán még nehezebb végigvinni és megtartani.

Innét jött az ötlet, hogy létrehozok egy GreenMix Klubot, ahol megtanítom a turmixolás rejtelmeit, magokkal való bűvészkedést, kovászolást, kenyérsütést. Két klub után ránk talált a Korona vírus és így átálltam az online verzióra. Készítettem két „tananyagot" videókkal, részletes leírásokkal. Majd mikor eljött az idő, hogy „piacra dobjam" végignéztem és rájöttem, hogy pont olyan, mintha valami főzős klubot indítanék. Pedig nem ez volt a célom. Ezért kitaláltam, hogy készítek plusz egy videót, amiben ezeket a gondolataimat megosztom veletek.

Ez a sztori indított el egy folyamatot, amely egy mesés, hihetetlen és varázslatos világba repített, ami kaput nyitott számomra egy másik dimenzióba és szenzációsan összekapcsolta a spirituális és racionális küldetésemet.

A könyv alapját, vázát felsőbb kérésre közétett „üzenetek" adják, melyeket a további fejezetekben a racionalitás hétköznapi talaján igyekszünk megérteni, megoldani, orvosolni, ezzel is hozzájárulva a saját magunk, mások és az egész Világ jóllétéhez.

Várlak szeretettel egy csodás utazásra kívül, belül! Légy nyitott és engedd, hogy az ERdŐ téged is megérintsen!

Az ERdŐ üzenetei

Első üzenet
A kapcsolat felvétel

Otthon szétszedtük belülről a házat, neki álltunk tatarozni, így bent esélytelen volt megfelelő helyet találnom videózás céljára. Gondoltam kimegyek az udvarra. Ott sem sikerült... Ugattak a kutyák, valaki nyírta a füvet, kettővel arrébb építkezés zajai hallatszottak..., úgy döntöttem fogom Olivért (a vizslámat) és kimegyünk a szabadba. Szerencsés vagyok, az utcánk végében van az erdő, így könnyen találni valami nyugodt helyet. Hamar meg is lett, felvettem a videót néhány nekifutásra és lelkesen mentem haza.

Ez az, meg van, ez hiányzott!

Összevágtam és elküldtem a barátnőmnek, kíváncsi voltam, mit szól hozzá. Éreztem, hogy kicsit kemény, de neki tetszett, férjemnek viszont nem, azt javasolta csináljak újat, mert elfutnak az emberek :). Hát jó, megadtam magam, pedig ez nem jellemző, elég önfejű vagyok, de újra neki vágtam.

Visszamentem az erdőbe másnap másik videó üzenetet készíteni, vittem állványt magammal. Keresni akartam valami szép hátteret, ezért az erdő szélén lévő virágzó bokrokat szemeltem ki magamnak. Szikrázó napsütés volt, szellő sem rezdült. Leállítottam az állványt, próbáltam rajta a telefont, hogy milyen szögből, hogyan lenne a legjobb. Elkezdett fújni a szél. Ha belefúj a telefon mikrofonjába, nem lehet érteni, amit mondok. Szélcsend kell, hogy legyen. Gondoltam várok egy kicsit.

Előtte egy szellő sem rezdült… Próbáltam valami védettebb helyet keresni, de ott a tisztáson nem volt, akár mennyire közel mentem a bokrokhoz.

Akkor már éreztem, hogy valami „terelés" történik.

Bizonyára nem itt kell videót készítenem. Elengedtem a dolgot és hagytam magam. Csak mentem ahogy vitt a lábam. Elindultam befelé az erdőbe. Azon a részen nincs normális út, állatok által kijárt ösvényeken lehet közlekedni, csalánok, csipkebokrok között. Nagyszerű volt, a szép világos, arany szálas rojtos poncsómban, állvánnyal a kezemben, szépen kisminkelve… :) Vicces lehettem! Átverekedtem magam a bozóton, néha fennakadtam egy-egy tüskés vesszőn, vagy faágon, de egyszer csak az erdőben voltam. Végtelen nyugalmat éreztem. Szellő sem rezdült, pedig távolságban nem sokat tettem meg. Kiszemeltem egy hatalmas kidőlt fa törzsét és arra ültem rá. ***Némi kamera állítgatás után szinte egy szuszra elkészültem a felvétellel. Amikor megnéztem a végén a két videót erősen érezhető volt a különbség.***

Előéletemből adódóan volt már részem hasonló élményben és tudtam, hogy okkal történnek. Kíváncsi is voltam és ***éreztem, hogy „feladatom" oda visszamenni. Volt valami megmagyarázhatatlan belső vonzása a dolognak bennem.***

Éreztem, nem a véletlen műve, hogy a konyhától egészen az erdőig terelődtem. A házat tataroztuk, falat bontottunk és ajtókat szedtünk ki, festettünk mázoltunk mi magunk. Szóval annyira nem értem rá, de izgatott a dolog és kimentem többször is. ***Eleinte mindig volt valami zavaró tényező,*** szomjas voltam, vagy épp gyerekekkel jöttek arra (Olivért nem tudtam szabadon hagyni), szóval nem sikerült lecsendesedni. Majd a harmadik vagy negyedik alkalommal egyszer csak mégis… Nem tudtam leülni, mert még kicsit hideg volt, de ***úgy éreztem, a lábaim***

kilométer mélyre kezdenek gyökeret ereszteni, figyeltem a légzésem, azután a hangokat magam körül és igyekeztem kinyitni a szívem. Eltűntek a gondolatok és valahogy feloldódott a testem és eggyé váltam az erdővel.

Olivér az elején teljesen megőrült, félt nagyon. Ugrált rám, hogy menjünk innen. De aztán lecsillapodott velem együtt és **mint egy őrkutya úgy ült a bal oldalamon végig és erősen figyelt.**

Kezdtem érezni a Jelenlétet, éreztem a magas, erős energiákat. Az első „szele" a mellkasomat érintette. Megrázó és megható volt egyben. Sírni kezdtem, egészen a gyomorszájamtól jött fel az érzés. Oldódás volt. Nem tudtam az okát, igyekeztem hagyva „figyelni". Megint előjött az óvodás kíváncsisága és tudni akartam, hogy mi történik és miért. Elkezdtem kommunikálni. Az már nyilvánvaló volt, hogy valamiért betereltek ide, még a videózás során. Így ezzel indítottam: **Miért vagyok itt? Mi az oka, hogy be „kellett" jönnöm ide?** A válasz szinte azonnal érkezett, aminek már a ténye elég izgalmas, hát még maga az üzenet:

> *„Mond el az embereknek, amit üzenni fogunk. Meg kell*
> *értened a madarak nyelvét, hogy mit üzennek az állatok,*
> *a növények, mit mond az ERdŐ"*

Ez így elég abszurd leírva..., visszaolvasva... Nagyjából eny-
nyi volt a „szóbeli kommunikáció", ami persze nem kimondott
szavakat jelentett. Talán a gondolatátvitel a legközelebbi kife-
jezés, de az sem írja le teljesen. Néhány szó volt, de valahogy
ennél sokkal több történt. Földbe gyökeredzett a lábam és egy-
szerre rázott meg a meghatottság, a hála a félelem, a döbbe-
net... egyszerre fáztam, rázott a hideg és öntött el a forróság.
Képzelődőm? Én találtam ki? Akkor miért ezek az erős ener-
giák, megrázó érzelmi reakciók? Mi zaklat így fel, miért folyik
a könnyem távol mindentől a kedvenc kutyám társaságában?
Fél órával ezelőtt vidáman lépdeltem a mezőn. **„Menjek min-
den nap"** ez volt még az üzenet. Megköszöntem mindent, majd
haza indultam. Kába voltam, azt sem tudtam hol vagyok, csak
vittek a lábaim. Éreztem, hogy teljesen más energetikába kerül-
tem. Mintha átment volna rajtam az úthenger... tisztulás, töl-
tődés... egyszerre. Mikor hazaértem még mindig jött fel sírás,
sőt konkrétan, zokogtam a kocsiban ülve a garázs előtt. Hogy
lehetséges ez? Miért pont én? A csontomig hatoltak az érzések.
A mellkasomban egész nap éreztem valami hatalmas tisztasá-
got, erőt, de egyben feldúltságot is. Nem volt időm leülni és írni,
de megfogadtam, hogy ahogy csak tudok kimegyek.

Második üzenet
Segélykiáltás

Sokat gondolkoztam azon, hogy tudom az **IGAZI üzenetet át-
adni nektek, túl a turmixon és az egyéb egészségmegőrző
technikákon.** Dolgozunk a fizikai testen, tanuljuk a műkö-
dését, turmixolunk, kovászolunk... Mindezt azért, hogy egy-
re jobban érezzük magunkat és legyen erőnk, merszünk... el-
indulni az ÚTon.

Hogyan tudom úgy összegyúrni mindezt, hogy érthető és egymásba illeszkedő legyen?

Az Erdő hozta el a megoldást, amiért nagyon hálás vagyok.

Másnap reggel szintén kimentem. Nem azért, mert azt mondták, hanem a kíváncsiság és a „feladat" hajtott. Persze motoszkáltak bennem a kérdések is, legfőképpen, hogy miért pont én? Miért pont itt? Csodás tavaszi reggelek vannak, rajtunk kívül szinte senki nincs, néha 1-1 futó. Átverekedtük magunkat a bozóton és már az avarban gázoltunk. Ahogy oda értünk a kidőlt fánkhoz Olivér megint megőrült, de talán kicsit gyorsabban lenyugodott. Vettem néhány nagy levegőt, igyekeztem ráhangolódni a helyre, figyeltem a légzésem, a hangokat körülöttem és elvárások nélkül, csak úgy... kinyitottam a szívem. **A talpamból a „gyökerek" elindultak és ki tudja hol álltak meg. A magas energia szinte azonnal érezhető volt.** Jöttek, vagyis ott voltak már. Mivel tegnap megkaptam, mi a feladat, így nem haboztam... Kérdeztem, hogy miben tudok segíteni. Azt mondták:

„Minden él. A Föld is él. A Föld egy élőlény. Ti (minden apró élőlény a Földön) a részei, alkotó elemei vagytok ennek az óriási élőlénynek. Ti is a sejtjei vagytok. Minden ember, állat, növény, minden élőlény egy sejt. A növények automatikusan megújulnak, gondolkodás nélkül nőnek, fejlődnek. Ezt ti emberek irtjátok. Így mindig nehezebben tud megújulni maga a Föld. Az állatoknál és növényeknél is van egy természetes szelekció, de ebbe ti beleavatkoztok, ami nem gond amíg az egyensúly megmarad.

A mondandónk lényege most itt maga Az Ember. Ebben van a feladat. Betegek az emberek. Nem a túlnépesedés a probléma, hanem az, hogy az emberiség nagyon nagy része beteg, még akkor is, ha nem veszi komolyan az apróbb tüneteket. Ahogy betegednek az emberek, a Föld is betegszik, hisz Ti is a sejtjei vagytok.

> *Több milliárd sejt, aminek a fizikai, mentális, energetikai*
> *állapota a szakadék felé sodródik. Nem csak a légkör, a*
> *természetvédelem, az állatok védelme lenne a fontos. Fel*
> *kell emelni az embereket egy magasabb egészségügyi,*
> *tudati, energetikai szintre ahhoz, hogy a Föld életben*
> *tudjon maradni."*
> ERdŐ

Állj, állj, állllllj!!! Hogy fogok mindenre emlékezni?

> *"Csak maradj nyitott és hagyd, hogy a szükséges*
> *információkat átadjuk. Majd otthon kezdj el írni és hagyd,*
> *hogy kijöjjön mindaz, amit betöltünk."*

Úgy éreztem, ők a **Föld gyógyítói, orvosai.** Kérdeztem, hogy **miért pont én?** Azt mondták azért, mert én voltam fogékony a hívásukra a közelben. A Világ több pontján is ott vannak most, segítőket keresnek. Megráztak az információk, amik jöttek. Sose gondoltam még erre így. Hálásan köszöntem mindent és elindultam haza. Egyszerre éreztem magam leszedálva és feltöltve. „Tapintható" volt valami finom, tiszta erő, ami körbe vett. Hazaértem, leírtam gyorsan néhány dolgot, de nem volt időm belemenni a részletekbe. Iszonyúan fájt a fejem másnap reggel. Tudom, hogy ki kell írni magamból.

Többször elolvastam, amit gyorsan leirkáltam mikor hazajöttem. Szép feladat...

Következő nap már szinte rutinszerűen indultunk ki. Olivér hamar megszokta a jót és már sorakozott is reggel, hogy ő kipihente magát, indulhatunk. A lakás egyre nagyobb romokban hevert, egyelőre a bontási munkák zajlottak. Törmelék, por, kosz mindenhol. De mi mentünk az erdőbe.

Hálás vagyok, hogy az utcánk végén van az erdő, talán 500 m-t kell megtenni a bejáratig. Ahogy közeledtünk az úton, már éreztem a végtelen nyugalmat.

Gondoltam kerülök egy nagyobbat a kutyával, hadd fáradjon le egy kicsit, hátha jobban lenyugszik és nem cirkuszol annyira. Megvolt a reggeli fácán és nyúl hajkurászás, úgy gondoltam az eb kinyúlt. Oli elmúlt 8 éves, már nem olyan fürge, mint kicsinek. Átverekedtük magunkat a bozóton és megérkeztünk a szokásos helyünkre.

Hiába a kutyakimerítési akcióm, Olivérnek megint „elmentek otthonról". Teljesen kétségbe volt esve, nem tudott mit kezdeni a helyzettel.

Körbenéztem, hátha a szemem is érzékel. Jajjj, de kíváncsi bírok lenni :)

Már...már..., talán... mintha... láttam is valamit. 2-3 helyen elmosódott volt a fény, a táj, mintha ködfelhő lett volna egészen vékonyan. Izgatott a dolog, de maradtam a magam módszerénél.

A csecsemők, pici gyerekek még látnak, éreznek.

Ahogy erősödik a tudatunk, egyre „okosabbak" leszünk, úgy tűnnek el a képességek. Akad, akinél ez megmarad, és van, akinek jól meg kell dolgoznia érte, hogy visszakapja. **Bárki képes rá, kinek több, kinek kevesebb időbe telik.** Van, kinek a látása erősebb, van, aki hall, vagy érzékel... Nálam az érzékelés kezdett először visszajönni, mivel azzal dolgoztam leginkább. Becsuktam a szemem, vettem 2-3 nagyobb levegőt. Végeztem néhány nyújtózkodó gyakorlatot és igyekeztem minél inkább kinyitni a szívemet. Fura így állva, de meglepően jól sikerül belelazulnom.

Harmadik üzenet
ÁLLJ MEG!!!

Lecsendesítettem a légzésem...

Olivér már nem zizegett. Leült mellém. Először azt hittem, ma nincs tanítás. Csak az jött folyton, hogy álljak csak meg. Eleinte nem értettem, hisz álltam már egy ideje. Mire rájöttem, hogy ez a mai anyag...

Az előző napi szóáradat után kicsit többre számítottam. Ugye, ugye, hogy meg tudja vezetni az embert az elvárása. Még ha néha úgy érezzük nincs is.

> *„Mielőtt elindulsz, állj meg!*
> *Nyisd ki magad és töltődj fel energiával!"*
> *ERdŐ*

Éreztem, ahogy töltődőm. Nagyon erős energiák járták át testemet, lelkemet.

Szerintem azzal tudom „leföldelni", ha leírom, ami jön, ami az üzenet. Azért kaptam most ezt a plusz erőt, hogy ki tudjon jönni belőlem, amit valahogy átadtak/átadnak.

Mennyire igazuk van, hogy előbb meg kell állni... Itt most csak egy egészen pici információ jött látszólag, de valami mérhetetlen háttér gondolatot érzek mögötte.

Próbálom felfogni, mi történik. Kicsit mesés és eleinte nem is mertem elmondani senkinek, csak a barátnőmnek, és a férjemnek. De az biztos, hogy én még sose gondoltam így a Földre, eszembe nem jutott így szemlélni, mint ahogy tegnap leírták. Fontos számomra a környezetünk védelme, hogy ne szemeteljünk, amennyire lehet újrahasznosítsunk, nem használok permetszert, környezetbarát tisztítószerekkel takarítok, szelektíven gyűjtöm a szemetet... de nem vagyok aktivista és abszolút nem e körül forognak a gondolataim a mindennapokban.

Negyedik üzenet
Gyógyítsd magad!

Ezen a reggelen semmi kedvem nem volt kimenni az erdőbe...

6 órakor már a gép előtt ültem, tanultam és nagyon nem láttam a végét. Vizsgára készülődtem, de Olivér nem hagyott nyugton. Lökdöste a kezem... bemászott az íróasztalom alá, rátette a fejét a tananyagomra...

Menjüüünk máááá!!!!

Régebben többször tapasztaltam, hogy a kutya jobban tudja, mit kellene tenni.

A betegségem után a – mondjuk így – lábadozási időszakban, hihetetlen mód vigyázott rám. Azt vettem észre, hogy miközben tettem-vettem a dolgom, elkezdett jönni utánam a lakásban. Amerre mentem jött ő is. Legjobb esetben még Alma (másik vizsla) is, 50 cm hatótávon belül maradva. Tudod milyen jó így főzni, takarítani? Eleinte mérgelődtem rajtuk, de azután elkezdtem figyelni, mit is akarnak.

Pihenj! Elég volt!

Ahogy ezt megtettem, mindkét kutya rám cuppant felvéve a testem formáját és meg se moccant, míg fel nem keltem. Tudom van, akinek a haja is égnek áll, hogy a kutyákat magam mellé engedtem feküdni... de éreztem, ahogy gyógyítanak. Éreztem, ahogy távoznak a fájdalmak, fáradtság és töltődőm fel erővel. Olyan volt, mintha kiszippantottak volna belőlem mindent, amire nem volt szükségem. A tiszta, feltétel nélküli szeretetenergia, amit közvetítenek, gyógyítja a testünk, lelkünk. Később, amikor már elindult körülöttem a kutya serte-perte, félbe hagytam, amit addig csináltam és lepihentem. Ahogy egyre jobban lettem, erősödtem, eltűntek ezek a helyzetek, viszont azóta jobban figyelek rájuk.

Na jó, induljunk!

Tehát... megadtam magam Olivérnek, és neki indultunk reggeli kalandunknak. Hálás voltam a kutyának, hogy kibillentett a tanulásból, jólesett kinyújtóztatni, megmozgatni magamat.

Imádom a tavaszt! Annyira sokszínű, csodás. Minden nap valami újdonsággal lep meg a rét. Olyan szín és forma bőségben nyílnak a virágok, hogy nem is tudnék újabbat kitalálni. Átverekedtük magunkat a bozóton. Egyre nagyobb ez is napról napra, már csak a mi ösvényünk látszik. Megnőtt a fű is, a térdemet simogatja.

Ahogy beértünk a fák közé, bokáig az avarban gázolok. Ez, de jó! :)

Megérkeztem a kidőlt fához. Próbáltam, hogy leülök és úgy hangolódom, de valahogy állva jobban ment, úgyhogy visszatértem az eredeti megoldáshoz.

A testsúlyommal egyenlő arányban terheltem mindkét lábam. A talpamból a gyökerek szinte automatikusan elindultak és úgy éreztem, meg sem akarnak állni. Figyeltem a légzésem és igyekeztem hagyni, ami történik. Ez így elég hülyén hangzik, magyarosoktól néha elnézést kérek. Nem könnyű pontosan kifejezni, ami történik és mivel egy cseppet maximalista vagyok, ebbéli törekvésem néha kicsit sutára sikeredik. Bízom benne, hogy a mögöttes infó azért átmegy.

Csak a természet hangjai hallatszanak, ebben is a madarak a leghangosabbak. Érdekes, hogy megy itt, így állva ellazulni... Sose tudtam egy helyben hosszabb ideig állni. Mindig megfájdult a derekam. Érzem, ahogy az energiák mocorognak bennem, körülöttem, ahogy takarítanak, töltenek... Mindig köszönök, amikor itt megállok és szoktam kérdezni, miben tudok segíteni. Ma nem kérdeztem semmit, vagyis mielőtt kérdeztem volna, már indult az információ. Egyfajta „sürgetést" éreztem a dologban. Nem, nem ez a jó szó... inkább: fontos nagyon az információ.

Most úgy csinálom veletek, ahogy én kaptam. Csak úgy, bele a közepébe... semmi felvezetés...

„A Föld, mint élőlény nagyon beteg. A különböző természeti katasztrófák mind a beteg test lázadásai. Ugyanúgy, mint amikor az ember testében jelennek meg fizikai tünetek. Láz, sebek, fájdalmak, gyulladások... A Föld teste is – mint minden más élőlényé – homeosztázisra, egyensúlyra törekszik. Mindent megtesz válogatás nélkül, hogy a „gazdát" életben tartsa. Elkezdi pusztítani a beteg sejteket. Akkor áll csak le, ha az egyensúlyt újra megtalálta, illetve lassít, ha már elmúlt az életveszély. Úgy tudjátok lecsökkenteni a katasztrófákat, ha elkezditek magatokat, mint sejteket meggyógyítani."
ERdŐ

Nah, ettől kicsit besokkoltam... megrázó volt ez az információ csomag.
Azt hittem kiszakad a mellkasom. Egész testemben remegtem és persze igyekeztem sírás formájában kiengedni. Hogyan tudom ezt kivitelezni?

Hogy tudom ezt átadni nektek úgy, hogy MEGHALLJÁTOK, MEGÉREZZÉTEK, MEGÉRTSÉTEK, CSELEKEDJETEK ÉS NE FÉLJETEK?!

Nem kételyek motoszkáltak bennem. Hiszek abban, hogy mindig akkora feladatot kapunk, amivel elbírunk. De ettől függetlenül, nagyon megrázott ez az összefüggés. **Mekkora felelősségünk van? Mekkora felelősségem van???**

Hogy állsz ezzel a kérdéssel? Egészségesnek vallod magad? Minden rendben? Vagy azért az emésztésed nem az igazi, puffadsz, alig alszol, reggel olyan vagy, mint akin átment az úthenger? Lehet, hogy gyógyszert is szedsz már rendszeresen? Nem tudsz leadni a súlyodból? Megtaláltak az autoimmun folyamatok? Allergiás vagy? Hisztik, depresszió, dühkitörések...?
Milyen sejtje vagy a Földnek? Erőt adó? Ha nem, akkor megteszel mindent, hogy az legyél??

Ötödik üzenet
Tisztulás

Ahogy egyre többet járok ki az erdőbe már az úton érzem a ráhangolódást.

Figyelem a madarakat, a hangokat, érzéseket. Elengedem az elvárásaimat és igyekszem teljesen kinyitni a szívem. Csodálattal tölt el a természet megújulása, ahogy napról napra centiket nőnek a növények és minden reggel egy új arcukat láthatom.

Ma jött egy érzés, hogy ne a mező felől közelítsem meg a helyet, hanem menjek az erdei út felől. Izgalmasnak ígérkezett így a hely keresése. Gyerekkoromban itt éltem Győrújbaráton, már akkor belém ivódott az erdő szeretete. Ezt nagypapámnak köszönhetem. Mindig fogta a fokost, a kutyát és indultunk neki az erdőnek. Csak úgy... hol ibolyát, hol valami gombát zsákmányoltunk. Például szegfűgombát és ahogy haza értünk a mama pillanatok alatt elkészítette belőle a rántottát. Úristen, de finom volt!! Akkor a domb másik oldalán laktunk, ezt a részt kevésbé ismertem, most az elmúlt 10 évben fedeztem fel jobban.

Megérkeztünk, tisztelettel köszöntöm őket. Valaki látja kívülről, elég bizarrnak tűnhet, hogy köszöngetek a fáknak, bokroknak, de ez akkor ott nem is jut eszembe. Olivér megtette a szokásos köreit, majd lecövekelt mellém és nem mozdult míg nem végeztem.

Elveszik az idő ilyenkor, nem tudom mennyit töltök itt. Utólag nézve, van, hogy csak 5-10 percet, van, hogy fél órát. De az információ mennyiségét nem ez határozza meg. Valószínűleg az aktuális befogadó képességem a korlát.

Egyre könnyebben megy a ráhangolódás, nyitás és elindul egyfajta láthatatlan, hallhatatlan kommunikáció, információ áramlás gondolatok, képek, érzések formájában, amit igyekszem a lehető legjobban lefordítani nektek.

> *„Nagyon sajnáljuk, de jelenleg egy erős tisztulás zajlik. A Földnél elindult egy autoimmun folyamat. Az immunrendszere már saját sejtjeit támadja. Le kell állítanunk, sőt vissza kell fordítanunk ezt a folyamatot, mert halálhoz vezet. Meg kell tisztítani a sejteket, Titeket is! Kezdjétek a test tisztításánál. Beszélj az embereknek a tisztító kúrákról."*
>
> *ERdŐ*

Húúú, szép feladat szintén...

Rengeteg módja van a szervezet tisztításának, méregtelenítésének. Vannak nézetek, mely szerint nincs szükség extra beavatkozásokra, mert azért vannak a kiválasztó szerveink és azok meg-

40

oldják ezt a problémát. Igen, normál ügymenetben, de amikor a test extra kihívásoknak van kitéve nem győzik a melót. A rossz hír, hogy a 20-21. századunk vívmányai által felpörgött életmenetünk rengeteg plusz terhet tesz ránk. Számomra a böjt az igazi, mindent megmozgató válasz, ami sajnos nem kap elég figyelmet, sőt, sokan károsnak ítélik… beszélünk róla bővebben később.

Hatodik üzenet
Élvezd az odavezető utat!

„Ne akarj mielőbb túl lenni rajta. Légy nyitott, éber és bátor. Fontos a fizikai edzés, a tiszta levegő. A tüdő szorosan összefügg az élettel. Menj a friss levegőre, mozogj, erősítsd az izmaidat. Ha ezt megteszed, érkezni fognak az inspirációk, az ötletek és mutatni fogják neked az utat. Van egy út, amit előtted valaki kitaposott, indulj el rajta, nem biztos, hogy végig az lesz a te utad, de erőt, bátorságot ad az induláshoz."

ERdŐ

Amikor ezt az üzenetet kaptam, azon a napon valahogy más irányt vettem. Az erdőn keresztül, a domb másik oldaláról közelítettem a helyet, azt éreztem erre kell mennem ma. Ha rendszeresen csinál valamit az ember, egy idő után rutin lesz. Nehéz úgy figyelni a részletekre, elveszik a varázs és van, hogy a lényeg is. Az unalmas dolgok nehezen motiválnak, legalábbis engem igen, de ezen felül éreztem a terelést is…

Az erdőben jó kis dombot kell mászni, ahogy ráfordultam az ösvényre, már jöttek is az információk.

Éreztem, ahogy megfeszülnek az izmok a vádlimon, a combomon. Lassan lépdeltem, figyeltem mi történik a testemben, hogyan reagál a tüdő és az izmok, hisz itt is tisztul a testem. A böjtön és a táplálkozáson túl nagyon fontos a mozgásunk, a lételemünk! Hihetetlen mennyire minden mindennel összefügg és hogy a testünk egy halál pontosan összerakott gépezet, amit a lelkünkkel és tudatunkkal erősíthetünk és gyengíthetünk is.

41

Hetedik üzenet
A pillanat

„Sokszor a legfontosabb pillanataid akkor jönnek, amikor nem érsz rá. Észre tudod venni? Abba tudod hagyni, amit addig csináltál? Tudod értékelni azt az adott pillanatot? A nagy dolgok a lehető legváratlanabb helyzetekben és időben jönnek. Nem akkor, amikor akarod, hanem amikor meg kell, hogy érkezzen. Nincs erre elkülönített idő, hogy egyszer rád talál és akkor majd épp rá fogsz érni. A kérdés, hogy észre tudod-e venni. Az a pillanat soha többé nem fog eljönni, csak akkor, csak annak, aki képes azt meglátni és megélni. Hiába várod, nem akkor jön amikor te szeretnéd és nem biztos, hogy abban a formában ahogy azt elgondoltad. Ha felkészültél a fogadására, bármikor megtörténhet."
ERdŐ

Amikor rám talált az ERdŐ...

Nem volt az időmben elkülönítve napi 3-4 óra szabad hely, hogy reggelente erdőt járjak, írjak, szerkesszek... fotózzak, de valahogy azt éreztem, hogy fontos feladat. Azt nem is gondoltam végig, hogy ez alapjaiban megváltoztatja majd munkámat, hogy nem csak néhány napról lesz szó, hanem hosszú távú, rendszeres feladatról. Nem is sejtettem, hogy hova keveredtem energetikailag, a megértés csak évek múlva jött meg, később írok róla.

Eleinte ijesztő volt, nagy felelősség... mikor, hogyan fogom megoldani? De aztán hamar rádöbbentem, hogy ezt akartam.

Amikor kimentem videózni tavasszal az erdőbe, pont ez volt a problémám, hogy nem tudtam hogyan mondjam el nektek azt a százfelé ágazó, de mégis egy tőről fakadó információ halmazt, ami úgy érzem, sokaknak fogódzó lehet. Gondolkoztam, hogyan specializáljam a tudásom, tanulmányaim, de nem tudom egy meglévő ágazatba belegyömöszölni, amit szeretnék átadni nektek.

42

Ahogy teltek a napok, hetek, egyre jobban megerősödött bennem, hogy az ERdŐ volt a hiányzó láncszem. Erőt, iránymutatást és bátorságot adott nekem az üzenetek által és keretbe foglalta/foglalja mindazt, ami segítheti egy egészségesebb társadalom kialakulását.

Az, hogy Te kezedben tartod a könyvet nem a véletlen műve!

Nyilván megtaláltad valahol az ajánlatot, a reklámot, valaki felhívta rá a figyelmedet... De tudod, hogy miért? **Mert a fejlődésed abba a szakaszba ért, hogy ezek a sorok tudnak majd támogatni. Egyszerűen az energetikád találkozott az Üzenetek energetikájával és ennyi...** Nem tud mindenkinek segíteni. Sokan nem is fogják érteni még az első üzenetet sem, csak azokhoz ér el, akik erre felkészültek, nyitottak.

Nyolcadik üzenet
Térj le a Főútról!

Érdekes, amikor jön az információ... Ez a néhány sor egy pillanat műve volt. Nem hosszan „beszélnek", hanem olyan, mintha egy pillanatra mindent tudnék az adott dologról. Ez most nagyon nagyképűen hangzik... inkább mondjuk úgy, hogy rálátást adnak az adott témára. Nem mondatok jönnek egymás után, hanem egyszerre egy csomag. Gondolatok képek, érzések formájában... ezt igyekszem szavakba önteni és remélem, hogy átmegy az üzenet.

Ma ahogy mentünk az erdőbe Olivérrel, az úton már messziről integetett nekünk egy növény.

Több tíz méterről látható volt, ahogy kilóg a sorból. Szélcsendes idő volt, szinte minden állt, de egy csokor levél messziről láthatóan hatalmas kilengéseket tett, egész behajolva az útra. Óvatosan közelítettük meg, szinte biztos voltam benne, hogy valami kis állat

43

mocorog mellette és az döngeti a bokrot. Legnagyobb meglepetésemre sehol semmi állat, csak a növény mozgott, mint egy kinyitott tenyér, ami szó szerint integet felém és üdvözöl. Sok mindent megéltem már, de ilyenkor azért én is erősen elgondolkozom...

Értem én, hogy Él az ERdŐ, na de ennyire? Igen, ennyire. Borzasztóan hálás tudok lenni ezekért az élményekért, hogy megélhetem őket és átadhatom nektek.
A mai üzenet már az úton jött, úgy bele a közepébe...

> *„Néha térj le a mások által kitaposott ösvényről!*
> *Az igazi kalandok, amik neked szólnak, az útról letérve*
> *fognak megtalálni..."*
> *ERdŐ*

Mennyire igaz!?

Húúú mekkora mondás! TE utad a Tiéd. Elindulunk egy közös, kitaposott ösvényen, család, barátok, ellenségek, tanárok, vezetők segítenek rajta, de meg kell találni azt a leágazást, ami neked van „megírva", ami elvisz arra, amerre menned kell.

> *„Ismeretlen és ijesztő is lehet egy ilyen helyen egyedül járni,*
> *de ott vagy a legnagyobb biztonságban, mert az Neked lett*
> *kitalálva, megépítve, az a Tiéd. Ahogy mész majd rajta, rá*
> *fogsz ismerni, elkezded otthon érezni magad és minden olyan*
> *természetes és igazi lesz. Aztán észre fogod venni, hogy*
> *nem is vagy egyedül, mert ahogy fejlődsz, úgy igazodik majd*
> *hozzád a környezeted. Emberek jönnek mennek az életedben.*
> *Van, aki hosszabban, akár egy életre, és lesznek, akik csak*
> *rövid időre érkeznek segíteni."*
> *ERdŐ*

Megtalálod a sorok között meghúzódó mély tartalmakat? Érzed a súlyát? Képes vagy kicsit elmélkedni rajta? Cselekedni? Legalább próbáld ki! Gyere ki az erdőbe!!

Van merszed más irányt venni, mint amerre a tömeg halad? Fel mered vállalni magad, bele mersz menni az ismeretlenbe, képes vagy hinni, bízni, hogy minden, ami történik érted van?

A főútról letérve

Mivel azzal a céllal érkeztem ide a Földre, hogy fejlődni, tanulni fogok, ezért kíváncsian vetettem bele magam a kísérletezésbe.

A fenti tanítást szó szerint vettem és tudatosan kezdtem az útról letérve közlekedni, figyelni mi történik. Nagy a gaz, fű... tele megy mindenféle ragadós szúrós termésekkel a ruhám, a cipőm... Jajjj, kell ez nekem??? De hajtott a kíváncsiság és csak mentem.

Olivér borzasztóan élvezte az új terület meghódítását, szinte extázisba került az új szagok, jelek, információk által, pedig csak a farka hegye látszott ki a bozótból.

Elszégyelltem magam a kutya láttán...

Elkezdtem rendbe szedni a gondolataimat és a figyelmemet áttereltem azokra a dolgokra, amiknek örülni lehet. Ilyenek a virágok például. Megdöbbenve vettem észre, hogy egy csomó gyógynövény van, amit eddig nem láttam itt a környéken máshol. Ez teljesen elvitte a figyelmem, nézegettem a leveleiket, virágokat, igyekeztem mindet beazonosítani, csodáltam a sokszínűséget. Ahogy séta közben belefeledkeztem a növényekbe, pillangókba, egyszer csak azt vettem észre, hogy már nem ér térdig a gaz, nem vágja a lábszáramat a fűszál. Valahogy mintha egy ösvényre keveredtem volna. Nem emberek járta, inkább csak csapásnak nevezném. Erővel és energiával töltött fel a körülöttem elterülő, érintetlen vadregényes növényzet. Hálás voltam, hogy ott lehetek. Hálás voltam a tanításért, hogy bátorított és erőt adott, hogy elinduljak egy másik irányba.

Mi is történt valójában??

Amint letértem a „mások által kitaposott" útról, egyből jöttek a nehézségek, nehezebben haladtam, több időbe került és ezektől nyűgös lettem. Kibillentem az úgynevezett komfortzónámból. Vissza is fordulhattam volna... és sokan itt fel is adják. Elkezdenek valamit, neki mennek, majd az első nehézség után kijelentik, hogy „ez nekem nem megy", „nekem nem működik", „nem tudom megcsinálni" „nem való nekem...".

Nagy tanítók, mesterek mind azt mondják, (bár van, aki nem így hívja) a sikerek a komfortzónánkon kívül születnek.

Amikor olyan dolgokat teszünk meg, amik nincsenek a rutinjaink között és kicsit fázunk is tőlük, biztosan a fejlődésünket fogja eredményezni.

Legyen bátorságod megtenni az első lépést!

Kilencedik üzenet
Akkor, amikor kell...

A következő napok, az is lehet, hogy hetek, szinte eseménytelenül teltek, minden nap megtettük a magunk körét, de valahogy nem jött semmi információ. Nem értettem az okát. Valamit nem jól csináltam, vagy ennyi volt??? Ez utóbbit valószínűtlennek tartottam, így nem adtam fel, igyekeztünk új helyeket felfedezni, letérni az útról...

Egyszer csak teljesen váratlanul, dombtetőn üldögéltünk Olivérrel, amikor feltettem a kósza kérdést magamban, hogy miért nem jönnek már üzenetek? És szinte be sem fejeztem a gondolatot, amikor rám ömlött a válasz.

> *„Minden akkor fog megtörténni, amikor neked a legmegfelelőbb, amikor megértél rá, amikor odaértél. Úgy fog megtörténni, ahogy neked a legjobb. Olyan mértékben, amivel elbírsz. Sürgetésed, türelmetlenséged, hitetlenséged tolja el tőled a megvalósulást. Ne akard, hogy megtörténjen, csak hagyd és bízz benne, hogy úgy fog megtörténni, ahogy neked a legjobb."*
> ERdŐ

Jó, jó... vettem a fejrekoppintást, tudom, hogy tanulnom kell a türelmet, tipikusan „adj uram Isten, de azonnal" típusú ember vagyok/voltam. Erősíteni, tölteni kell magam, hogy képes legyek befogadni és továbbítani a következő információkat.

Tizedik üzenet
Harag, düh

> *„Haragotok, dühötök, a legveszélyesebb vírus, amit el lehet képzelni. Úgy fertőz benneteket, hogy észre sem veszitek. Úgy ássa alá egészségetek, hogy fel sem tűnik és úgy fertőzitek tovább a többi embert, hogy sok esetben tudatos is. A düh, harag által gerjesztett, feszültséggel teli energetikában a sejtjeid nem tudnak dolgozni, képtelenek a feladatuk ellátására, ez előbb utóbb fizikai betegséget eredményez. Nincs egészséges ember dühvel és nincs egészséges Föld dühös haragos emberiséggel."*
> ERdŐ

Huhh, erre valóban szükséges volt a rákészülésem.

Amint képes voltam nem elvárni, hanem hagyni, hogy megtörténjen, aminek „kell", energetikailag, tudatilag rákészültem, hamarosan jöttek is az újabb, izgalmas és erősen elgondolkoztató üzenetek, amik sokszor csak úgy, általánosságban beszélnek, illetve van, mint ezen a napon is, konkrét céllal jönnek. A koronavírus idején zajlik mindez és kezd a helyzet eldurvulni.

Oltás/nem oltás pártra szakadt az ország és a bezártság, bizonytalanság, a kizárólagos fizikai nézőpontból szemlélt „valóság" erős indulatokat, dühöket szabadított rá családokra, barátokra. Megborzongatnak ezek a sorok...

Mennyire képesek gyilkolni kívül belül és mennyire épít bennünket a szeretet, megbocsájtás, hála...

Tizenegyedik üzenet
A félelem

Aznap késő délelőtt mentem ki az erdőbe Olivérrel. Mindig kiszemelem azt az 1-2 órát, amikor végre süt a nap. Tél van, bár naptár szerint még csak ősz, de a reggelek sötétek és hidegek. Nagyon várom a tavaszt, hogy jöhessek reggel, szeretem a természettel indítani a napot.

A megszokottól teljesen más irányba indultunk. Élveztem a csendet, nyugalmat, senki nem járt arra, csak a kutya és én... gondoltam, amikor egy madár a fejem felett elkezdett szó szerint mondani valamit. Tudom, az erdőben vannak fák... madarak... de ez valahogy más volt. Nem szoktam minden madár csirrenésre felfigyelni. Tudtam, éreztem, hogy akar valamit mondani. Megálltam és figyeltem, megtaláltam a fa tetején, csak mondta... csak mondta... próbáltam nem akarni, csak hagyni, hogy megértsem mit szeretne, de nem igazán sikerült.

Elindultam tovább amerre vittek a lábaim, belefeledkeztem a tájba, a kopár, színtelen, szagtalan... kicsit élettelen tájba és hálás voltam, hogy még így alvó állapotában is mennyit segít nekem. Egyszer csak valami égtelen rikácsolásra lettem figyelmes. Elindultam irányába, de nem találtam meg mi lehet, talán fácán... mindegy is volt, megvan, átjött az infó, egyenesen a mellkasomon landolt és zokogás formájában jött ki belőlem. Még mindig meglepődök ezeken a jelzéseken, pedig, mondhatni megszokhattam volna már...

A félelem érzése jött át, de nem úgy, hogy én féltem volna bármitől, hanem hogy erről kell írnom nektek.

„A félelemetek a tudatos agyatok által kreált korlátozó intézkedés. Ha csak egy kicsit is megérzitek mi van ideát, aggodalmatok okafogyottá válik és nem rombol tovább benneteket. Amikor rá tudod bízni magad az Univerzum szerető ölelésére és el tudod hinni, hogy kizárólag támogató szándékkal fordul feléd, minden gondod el fog szállni, mert egy másik nézőpontból egy sokkal szebb kép fog eléd tárulni."
ERdŐ

Mennyire tud maga alá gyűrni a félelem? Képes vagy hinni, hogy van egy nálunk magasabb erő, ami halál pontosan tudja, hogy mi a legjobb nekünk?

Tizenkettedik üzenet
Lehull a lepel

Ahogy megyünk bele a télbe, egyre csendesebb a természet. Hihetetlen nagy az ív, amit bejár minden évben. **Mindig meghal egy kicsit és újraéled tavasszal.** A növények, állatok nem tiltakoznak és nem akarnak mindig ugyanazon a fordulaton pörögni, mint az emberek.

Ennek a körforgásnak az elfogadása, megélése sokat segíthet a saját egyensúlyunk megtartásában.
Ráadásul mi itt élünk... ez nekünk feladatunk. Rengeteg ember él a világban olyan helyeken, ahol mindig süt a nap és sosincs tél. Imádom a nyarat, a napsütést, a fényt, a tengert, de annyira jó az avarban gázolni, hóangyalt csinálni, lesni ahogy kipattannak a rügyek, érezni a föld illatát és végig nézni ahogy felöltözik tavasszal a természet. Igyekszem tanulni... hálásnak lenni, hogy mindezt a körforgást átélhetem és ezt a tanítást megkaphatom minden évben.

Figyelem az erdőt...

Most olyan néha, mintha egy lélek se lenne benne, elvétve sikerül egy-egy őzzel találkozni, de nincs madár zaj, nem susognak a levelek...

Megállt, visszavonult minden, pihen, erőt gyűjt a következő évre, az új növekedéshez, szaporodáshoz.

Ami érdekes, hogy ettől függetlenül hatalmas erőt érzek a fák között. Valami mélyebb, más erőt, ami most nem a zöld növényekből, hanem valahogy a Földből érkezik a fák gyökereinek, törzsének közvetítésével. Lehet ez furán hangzik...nem sikerül jobban megfogalmaznom.

Ahogy a fák között sétáltam, a következő mondatok jöttek:

> *„Amikor minden felesleges lepel, körítés lehull és csak a lényeg marad, kitisztul a kép. Messzire ellátni. Eltűnnek a zavaró tényezők, a maszkok, álcák... Minden tisztábban látszik, és rég nem értett gondolatok, helyzetek egy szempillantás alatt világossá válnak.*
> *A megújulást segítik ezek az időszakok.*
> *Erőt meríthettek belőle"*
> *ERdŐ*

Annyira egyszerűnek érzek mindent ahogy ebben a „csupasz" erdőben bandukolok... és valójában az is...

Az jutott eszembe, hogy mindenkinek elő kellene írni napi 1 óra természetjárást... egy egészen más társadalom kerekedne ki belőle rövid időn belül. Figyeld meg a gyerekeket, nem biztos, hogy lelkesek, ha erdei sétára akarod rávenni őket, lehet komoly melódba kerül mire a természetbe varázsolod a bandát, de amikor már kint vannak, nem jut eszükbe haza menni. Legalábbis én ezt tapasztaltam, teljesen mindegy, hogy hány évesről beszélek. Ha nem mutatunk példát, ha sose csaljuk ki őket, nem tapasztalják ezt meg. És ha egyszer felnőnek és nekik is lesznek gyerekeik... ki fogja kivinni őket az erdőbe?

Tizenharmadik üzenet
Állj fel és tapasztalj!

„Az emberi létforma feladata a tapasztalás, tanulás. Minden megélt helyzetek előre visz benneteket. Tanulhatsz könyvekből, de a tapasztalás mélységeit nem tudod megélni mások tudása által. Amikor megélsz dolgokat, mindened tanul. Nem csak a tudatos agyad. Minden sejtedbe beég és sosem felejted. Ezeket biztosan magaddal viszed majd egy következő életbe. Mást nem sok mindent. Az emberiség felemelkedése, gyógyulása, nem történhet iskolapadokból. Fel kell állni, menni, tenni, tapasztalni kell.”

ERdŐ

Érdekes, hogy kapok válaszokat, azokra a kérdésekre, amik foglalkoztatnak. Néhány napja megint alig jött információ. Épp az őszi böjtömben vagyok és izgalmas tapasztalások jöttek ezzel kapcsolatosan. A gyakorlat híve vagyok, de még én is ámulok rajta, hogy mennyire más amikor megtapasztalok valamit, vagy amikor csak olvasok, tanulok róla.

Nincs két egyforma böjt, mind külön külön csodás tapasztalás aszerint, hogy épp hol tartunk, hogy állnak a csillagok, mit kell épp megtapasztalnunk, mire vagyunk készen... és még sorolhatnám. Épp ezen filozofáltam, hogy mekkora különbség tud lenni elmélet és gyakorlat között, illetve, hogy mennyire nem egyszerű az embereket a változtatásra rávenni...

Másnap reggel az erdő hozta a fenti választ, amiért nagyon hálás vagyok!

Bele mersz állni a feladatba? Vagy még olvasgatsz róla néhány évig?

Tizennegyedik üzenet
Élet és halál

Amikor ezeket a sorokat írom, még a csapból is a halál kérdése folyik és mindez a Covid számlájára írva. Hihetetlen félelmek szabadultak el a világban, a rémület szinte tapintható a levegőben. Nem félek a haláltól, másképp szemlélem, mint általában az emberek. Hiszem, hogy a lelkünk soha nem hal meg és hogy ez a fizikai test csak egy lakhely. Gondolkoztam, hogy bátorítsalak benneteket, hogy tudok segíteni, hogy ezt az őrült félelmet el tudjátok engedni és az Életre koncentráljatok?? Ne féljetek... Könnyű ezt mondani, de amikor ez az erős érzés megjelenik, nagyon nehéz ész érvekkel lebeszélni róla magunkat.

Ahogy az erdőben sétálok és látom, hogy készülődik téli álmára, egy teljesen természetes folyamatnak érzékelem. Nem szomorú a kopár erdő, más, mint tavasszal, de nem szomorú, elfogadó, letisztult, bölcs, ősz, csendes. Semmiképp nem lázadó, kapálódzó, nyoma sincs félelemnek.
Szeretem a téli erdőt...

A nagy csendnek köszönhetően, vagy a ti támogatásotok érdekében, de elég bő lére eresztett infót kaptam ma.

„A születésetek a halállal kezdődik, nincs újjászületés halál nélkül. Ez egy természetes örök körforgás. Ahhoz, hogy újjászülessetek ebben a földi életekben, meg kell tapasztalnotok az elmúlást. Nem csak a számotokra véglegesnek hitt halálról, hanem a fejlődésetek hullámzásai

által generált elmúlásról és az új születésről beszélünk. Ez a változás fájdalmas, nehéz lehet a fizikai testeknek, és a tudatos agyatoknak, de nincs fejlődés elmúlás nélkül, ahhoz, hogy valami új szülessen, ami addig volt elmúlik, átalakul, tehát megszűnik létezni és egy új lép a helyébe. Féltek az elmúlástól, nem meritek elengedni azt, ami volt, legyen az fizikai, szellemi, lelki, így képtelen helyébe lépni az új. A Földi lét lényege ennek a fejlődésnek a megtapasztalása. Szellemetek más minőségében nem éli így meg a halált, az elmúlást. Ezért nem képes megtapasztalni az újjászületést sem. A halál és élet, születés és elmúlás váltakozása, egyensúlya a ti földi életetekben tanulható. Ezt mutatja a körülöttetek élő természet, az élővilágotok. Nézzétek mit csinálnak a fák, bokrok, növények... Tanuljatok tőlük!"

ERdŐ

Tizenötödik üzenet
A kapcsolódás

És csak jönnek, hol hosszabb, hol csak néhány szavas üzenetek, van, hogy hetente csak 1-2 gondolat, és van, hogy egymás utáni napokon. Eltelt több hónap az első találkozásunk óta, nem tudok minden nap hosszan erdőt járni, de igyekszem minél többet kint lenni.

Néha nem értem mi miért történik, köze van-e az adott helyhez, vagy egyáltalán... „kell", hogy kijárjak? Hisz, ha végiggondolom a józan paraszti eszemmel, bárhol kellene, hogy tudjak kapcsolódni hozzájuk.

„Amikor megérzed A Kapcsolódást és képes leszel egy magasabb kommunikációra, minden kívánságod valósággá válik, mert nem a vágyad ihleti, hanem csak meglátod amiért leszülettél. Tér és idő elhomályosul és pillanatok alatt leszel képes Mindent látni és érezni, megérteni."

ERdŐ

Igen, vannak ilyen pillanatok, a rengeteg munka, amit együtt végeztünk megerősített, tágította látószögem és hitem, hogy képes vagyok a kapcsolódásra. Bárki képes!

És nem „kell" kijárni, viszont az erdő, a növények, fák olyan erőt képviselnek, amik segítségünkre vannak, erősítenek, hogy ez meg tudjon történni.

Azt kívánom legyen lehetőséged kapcsolódni, megérezni, megtapasztalni, ez segít túllátni az anyagon, félelmeken, életen, halálon és hihetetlen erőt, biztonságot ad majd neked.

Tizenhatodik üzenet
Engedd magad vezetni

„Ha nem találsz utat Magadhoz rajtad keresztül, kénytelen leszel kívülről beavatkozni. A tudatos agyatok túl nagy védelmi falat épített körétek. Ha nincs erőd, merszed ezeket lebontani, legjobb esetben is csak egyhelyben fogsz topogni, ez viszont ellentmond az Univerzum törvényeinek, energiáinak, hisz az folyamatosan tágul és növekszik. Ha nem várt, kellemetlen helyzetben találod magad az nem a véletlen műve. Engedd magad vezetni..."
ERdŐ

Egyre ritkulnak az üzenetek és lassan enged el a támogatás, amivel egyre inkább fel kell vállalnom magamnak a felelősséget. El kell tudnom hinni, hogy bennem van minden, ami az EGY-ben van és nincs szükség „külső" erőre, mert képes vagyok bármikor, bárhol hozzáférni az információkhoz.

Tizenhetedik üzenet
Vissza a gyökerekhez...

Ez a mondat jött az elmúlt hetekben folyamatosan. Neked mi jut eszedbe róla?

Annyi minden van ebben a három szóban, hogy ezer féle módon lehet értelmezni. Azt, hogy kinek-kinek mit jelent, nagyban meghatározza, hogy jelen pillanatban hol tart az élete, de jellemzően a családra, a hagyományokra asszociálunk.

A növényeknek, fáknak, bokroknak az **Életet jelenti.** Nincs élet egészséges gyökérzet nélkül, ezen keresztül képesek a táplálékot felszívni. Ha sérül a gyökérzet, a mértékétől függ, hogy a tulajdonosa életben marad-e. Tehát leszögezhetjük, hogy nincs egészséges élet gyökér nélkül.

A tápláláson felül a föld alatti világ végtelen kapcsolatrendszerét hozzák létre ezek a kis kapaszkodók. Nagyon nagy hatással volt rám az Avatár című film, ha nem láttad feltétlenül nézd meg, ha láttad, akkor tudod miről beszélek. Szenzációsan bemutatja, a természethez való kapcsolódásunk lehetőségét és hogy mennyire nem élünk ezzel. Amikor az erdőben sétálsz egy olyan élővilág van a lábad alatt, amit álmodban sem gondoltál.

Élőlények milliárdjai bújnak meg az avar és közvetlenül a földfelszín alatt, egymással harmóniában. Ezen felül, már tudósok is bebizonyították, hogy a fák, növények és egyéb élőlények kommunikálnak egymással, egy komplett információs hálózat működik és ebben nagy szerep jut a gyökér rendszernek. **Érintkeznek... Lehet, hogy „csak" ezért tudok igazán az erdőben kapcsolódni?**

„Gyertek ki az erdőbe, hagyjátok magára a civilizációtokat és tanuljatok a fáktól, bokroktól, virágoktól. Hallgassátok mit mond az erdő amikor csendben van és mit amikor kiabálnak a madarak. A válaszokat itt keressétek, ne a lexikális tudásanyagotokban. Az információ áradatban, ami körbe vesz titeket nem találjátok meg az Igazságot, az bennetek van. Ha sikerül kiszakadni a hírek fogságából, észre fogod venni, hogy minden sokkal egyszerűbb, mint hitted. Keresd meg a gyökereidet, a természethez fűződő ősi gyökereidet és kapcsolódj velük A Bölcsességhez. E nélkül a kapcsolódásod nélkül csak egy iránytű nélküli hajó leszel, ami lehet, hogy egyszer csak kiköt valahol, de nagy biztonsággal nem ott, ahova tartott."

ERdŐ

Tizennyolcadik üzenet
Mester és tanítvány

Már egy ideje zajlik a munka, de a kérést még nem tudtam teljesíteni. Hogy tudok tömegeket mozgatni? Hogy tudom felhívni a figyelmet az üzenetekre?

Ki vagyok én egyáltalán és hogy tudom nektek átadni mindazt, ami körülöttem és bennem zajlik úgy, hogy tényleg ne féljetek, hanem egy lehetőséget érezzetek minden egyes sorban és legyen erőtök, bátorságotok elindulni ezen a nem könnyű, de csodás úton? Hogy jövök én ehhez egyáltalán?

Ilyen és ehhez hasonló gondolatokkal bandukoltam, a zörgősre száradt és fagyott avart rugdalva, amikor a mai üzenet érkezett.

„Mindannyian mesterei vagytok egymásnak. Nincs olyan, hogy a tanítás egy irányba menne. A mester is tanul a tanítványtól és fordítva. Hosszabb, rövidebb ideig kíséritek egymást, ami mindkettőtökre hatással van.

Összességében, mindannyian az EGYtől tanulunk, egyetlen
igaz Mester maga az Univerzum.
A földi nézőpontotokból szükségetek lehet emberi ruhába
bújt mesterekre, akiken keresztül ez az Univerzális energia
megnyilvánul, de ezt ne a személlyel azonosítsátok. Nem az
ember az, aki tanít, az ő feladata, ezen az erőn keresztül, hogy
kibillentsen, utat és irányt mutasson addig, amíg szükséges.
Ha észreveszed, ha nem, irányt mutatsz másoknak te is.
Minden mester felelőssége, hogy merre tereli a körülötte
lévőket. A terelés, ha akarod, ha nem, megtörténik! Felelős
vagy magadért és a körülötted élőkért.
Mi a Föld gyógyítói kérünk téged, hogy vállald fel ezt
a felelősséget mindannyiunk érdekében. Egy hatalmas
megújulás előtt állunk, ami a tisztítással kezdődött,
sajnáljuk veszteségeiteket, de ne féljetek! Aki az úton van
nincs mitől tartania. Gyújtsatok fényt az emberekben!"
ERdŐ

Mostanában résen vagyok, bevetettem a technikát és ahogy megérzem az információt, elkezdem felmondani a telefon hangjegyzetébe, otthon pedig leírom.

Olyan, mintha megnyílna egy csap, ahogy elkezdek beszélni, minden szavamat követi egy másik.

Ahogy egyre jobban működött ez a megoldás, konkrétan segítséget kértem. Szerettem volna a lélek, a test és a tudat vonatkozásában információkat szerezni. Mi az, ami segít, mi hátráltat minket, hogy tudjuk ezek működését összehangolni. Szóval célirányosra vettem a dolgot. Eddig nem csináltam ilyet... elhatároztam, hogy a következő három napban ezzel kapcsolatban kérek segítséget. Láss csodát, működött... Így hozom az utolsó három üzenetet, ami biztosan nem a vége a folyamatnak, de itt a könyvben ennyit épp elég lesz feldolgoznunk.

Mind megérinti a lelkem, de azt gondolom, ez a három hozza a lényeget, mi az, amiben a feladatunk van.

Tizenkilencedik üzenet
Nyissátok ki szívetek!

„A Lelketek az Igaz Valótok, mely konkrét céllal és
feladattal érkezve igyekszik hidat ácsolni a fizikai
testetekbe szorult darabkája és a Mindenség között. Fizikai
világotok oly gyorsan gyarapszik oly sokszínű és nyüzsgő,
hogy a Lélek kommunikációja egyre nehezebb. Hiába kiabál,
dörömböl sok esetben nem halljátok, vagy nem akarjátok
meghallani. Itt kezditek felemészteni fizikai testeteket,
ami egy rossz energetikát képviselve az egész Földre
kártékony hatással van. Emlékeztek honnan indultunk?
Te hozzájárulsz a Föld gyógyulásához? Hajlandó vagy
változtatni? Elindulni, tenni magadért? Mutatsz jó példát
a körülötted élőknek? Hálásan köszönjük, ha a válaszod
IGEN! Biztatunk és bátorítunk, hogy tedd meg az első
lépést, ha eddig nem sikerült."
ERdŐ

Huszadik üzenet
Tisztítsátok a csatornát!

„Fizikai testetek egy eszköz, ami nélkül nem lehetséges
a Földi lét ezerszínű világának megtapasztalása. Fizikai
testetek egy csatorna, amin keresztül a Földi Világ
és a szabadon élő lelketek képes összekapcsolódni,
kommunikálni. Kapocs a két világ között! Észreveszitek
ennek a lehetőségnek a kivételességét? Érzitek mekkora
Áldásban van részetek?
Vagy Testeteket akadálynak és nyűgnek tekintitek?
Az első üzeneteink között találod a fizikai test
tisztításának szükségességét. Nem véletlenül! Ha
megszabadítod a testedet a sok méregtől minden
szempontból, kitisztulnak a csatornáid mind fizikailag,

mind energetikailag és képes leszel tisztábban fogni az
üzeneteket. Az a fajta fejlődés, ami emberi ruhátokban
lehetséges, egyedülálló. Éljetek ezzel! Érezzétek át a súlyát
túl a személyes léteteken."
ERdŐ

Huszonegyedik üzenet
Tudatotok a végtelen lehetőségek tárháza!

Szomorúan látjuk, hogy az ember nem képes élni a
természet adta lehetőségeivel. A tudatát nem pont arra
használja, amire kapta. Vagyis jellemzően nem használja,
maximum teletömi tényadatokkal és azt gondolja ettől
okosabb lesz. A ti nézőpontotokból biztosan fontosak
ezek a dolgok... De a tudat ettől még kószál össze vissza.
Ne hagyjátok! Hatalmas lehetőségek rejlenek mögötte és
nagy fék, ha magára marad. Amikor összedolgozik a lelked
és a tudatod, csodák képesek teremni. Ezért vagyok itt
a Földön, hogy ezeket a csodákat megéljétek, tanuljatok,
fejlődjetek általa. Erősítsétek vele testetek, kerüljetek
középpontotokba és támogassátok a körülöttetek lévő
embereket és az egész Világunkat. Mutassatok példát.
Minden lélek számít! TE vagy a legfontosabb!"
ERdŐ

Huhh, ennyi egyelőre, nem látszik soknak, de minden egyes üzenet sor mögött mérhetetlen mélységű információ, érzés és legalább ennyi feladat van. Igyekeztem teljesíteni a kérést és tényleg belevetettem magam a tanulásba, hogy a saját tapasztalataimat alátámasztó tudást is megszerezzem.

A racionális világ kicsit el is vitt aztán az ERdŐtől, mert minden erőmet a tanulásra fordítottam. Megakartam érteni a test működését, a benne zajló folyamatokat és miérteket. Minél inkább beleástam magam, annál inkább rá kellett jönnöm, hogy a fizikai kibillenések, betegségek, mentális problémák a test oldaláról megközelítve sok milliárd tényezős egyenlet megoldásával lenne csak lehetséges, de ez kizárólag fizikai úton soha nem fog tudni megtörténni. Saját magam felépülésében sem volt elegendő a böjt, a táplálkozás... hanem a lelkem és a tudatom tisztulása, fejlődése, a körülöttem és bennem zajló folyamatok megértése, dühök, haragok, bánatok feloldása, elengedése, megbocsájtások sokasága is szükséges volt, hogy a középpontomba kerüljek. Két és fél év kemény tanulás meghozta az eredményt és végre természetgyógyász lettem. Biztos lehet gyorsabban is, kicsit a vírus és a karantén is bezavart, de én nem kifejezetten levizsgázni akartam, hanem tényleg érteni, megtanulni mi miért és hogyan működik.

Nagyon izgalmas, hogy amint meglett a papírom, egyből fordult vissza az életem és nőtt a meditációk száma, jöttek a spirituális tanítások sorban.

Évek, vagy lehet évtized is már, hogy jött az írás gondolata, de sose vittem végig a dolgot. Most nagyon erősen kezdtem érezni az indíttatást és jöttek is a visszaigazolások. Egy újabb segítségem érkezett, szinte óramű pontossággal amikor itt jártam a könyv szerkesztésében.

Így talált rám az Akasa...
mint kiderült évekkel ezelőtt...

Több mint két éve keresem a magyarázatot, hogy mi is történ ott akkor az erdőben 2020 tavaszán... a válasz a könyv szerkesztése alatt valahol pont itt érkezett, ezért szúrom be ide. Néha úgy érzem él ez a kézirat, mozgatja körülöttem a teret és tálcán hozza menet közben azokat az eszközöket, lehetőségeket, tapasztalatokat, amik segítenek abban, hogy a végeredmény egy olyan könyv legyen, ami igazán támogatni tud téged.

Több mint 20 évvel ez előtt találkoztam az Akasa Krónika fogalmával. Tudtam, hogy létezik, tudtam, hogy az Univerzum mindent (is) tartalmazó tudástára, amiben bármire megtalálhatjuk a választ. Ezt anno elraktároztam és soha nem jutott eszembe, hogy van lehetőség arra, hogy én Halandó Edina hozzáférjek ehhez az anyaghoz. Nem is csoda, hisz nagyon sokáig tényleg nem volt erre lehetőségünk, viszont ahogy emelkedtünk, illetve ennek súlya, sürgetése nagy szellemi-, egyházi vezetőkön túl szinte bárki számára elérhetővé tette. Ne egy könyvre, főleg ne számítsátechnikai adatbázisra gondolj! Ez egy energetikai tudástér, talán ez az elnevezés áll hozzá a legközelebb.

Ahogy írtam már, erősen racionális családból származom, gyerekként nem volt téma sem a „sose halunk meg", sem az, hogy „minden energia". Spirituális nyiladozásom a személyiség fejlesztő könyvek és szemináriumok által megágyazva, egy orvosok által gyógyíthatatlannak titulált betegségre keresett megoldásnak köszönhetően a Pránanadi szervezetén belül történt energiagyógyászattal kezdődött 2006-ban. Megérezni az energiát, erőt, megérteni a működését... szimbólumok által kapukat nyitni egy másik világra, meditációban megtapasztalni a test vonalainak elmosódását... Segíteni önmagunkon és másokon, fejlődni, tágítani a látószöget, a tudatot, feldolgozni elmúlt és jelen életeink örömeit, bánatait... Meglátni a működési mechanizmusokat, mintákat, üzeneteket...

Mind mind izgalmas, nem könnyű és persze **egész életre szóló feladat.**

Szóval... Akasa sztori...

Néhány hónapja (egy időre tenném az elhatározással, hogy könyvet készítek a blogomból) egyszer csak eszembe jutott az Akasa Krónika kifejezés. Nem hagyott nyugodni, állandóan ott motoszkált a fejemben. Aztán egy szép verőfényes májusi napon azon vettem észre magam, hogy a könyvesboltban vagyok és Akasa könyvet keresek. Az egész boltban (pedig jó nagy) egyetlen könyv volt ezzel a témával: Linda Howe: Akasa Krónika. Megvettem és gondoltam jó olvasmány lesz, hisz másnap indultunk Skopelosra, kedvenc görög szigetünkre.

Ahogy a kezembe vettem a könyvet, nagyon izgatott lettem, alig vártam, hogy neki állhassak olvasni. Teljesen ledöbbentem, amikor rájöttem, hogy szándékosan, vagy a nélkül, de már egy csomó alkalommal jártam a Krónikában, csak nem tudtam, hogy ott vagyok... az ERdŐ is AKASA infó ez egyértelműen beigazolódott! A könyv javasol egy módszert, imát, amivel kifejezhetjük szándékunkat a belépésre. Egy életem, egy halálom, kipróbálom... Kora reggel lementem a partra, kiültem a kedvenc sziklám tetejére és fejest ugrottam az Univerzum tudástárába.

Ahogy elkezdtem az imát mondani, borzasztóan erős érzések kerítettek hatalmukba. Minden sejtem, porcikám megérezte a másik világ határát. Megható és megrázó volt egyben. Éreztem, hogy Ott vagyok, éreztem a békességet, a szeretetet és hogy biztonságban vagyok. Folytak a könnyeim és végtelenül hálás voltam, hogy ez számomra megadatott. Az idő és a külvilág, mint olyan megszűnt létezni, mondhatni: ott felejtettem magam.

Amikor visszatértem, nagyon erős energetikai kontrasztot érzékeltem, az energia sűrűsége tapintható, szinte kézzel fogható volt. Azt sem tudtam hirtelen, hol vagyok. A fizikai, lelki érzeteim szinte halál pontosan megegyeztek az első ERdŐ-s találkozásommal. Sokkolt a felismerés, hogy én már jártam itt évekkel ezelőtt, mondhatni rendszeresen, de nem tudtam, hogy hol vagyok és azt sem, hogy van lehetőségem szándékkal belépni ebbe a térbe. Fel sem fogtam, mekkora megtiszteltetésben van részem, hogy mennyire fontos a feladat, amit rám bíztak.

A mellkasom majd kiszakadt a helyéről és egész nap átjárt a meghatottság, öröm, szeretet és hála magas energetikája. Megértettem, hogy nem véletlen találtam a szigetet, hogy fontos fejlődési lehetőség ott tartózkodásom, az sem véletlen, hogy Skopeloson kellett mindennek megtörténnie és hogy a rég áhított Mesterem nem egy fizikai testben, hanem az Akasában van.

Ha számodra ez túl elvont, vagy túl spiri, nem baj, ne told el magadtól, tedd be egy „fiókba"! Lehet 20 év múlva úgy mászkálsz majd ebbe az Univerzális tudástárba, mint ahogy most szörfölsz az interneten.

Ez a sztori egészen friss, nem beszéltem róla nyilvánosan, Te, kedves olvasó értesülsz róla elsőkézből, először. Azóta néhány hónap eltelt már, ahol rendszeresen gyakoroltam az „olvasást", szinte minden nap és a könyv íráshoz is igénybe veszem a segítséget.

Aktuális mentális és fizikai állapotom erősen meghatározza az aznapi sikert, sőt, az, ami igazán számít. Ima nélkül is érkezik a segítség, az információ, ha Ott tudok lenni, ha jelen tudok lenni. Van, hogy csak egy kép, gondolat és van, hogy információ zuhatag jön. Az igazán nagy kihívás és megtiszteltetés, mások krónikájában olvasni. Gyakorlom...

Út a gyógyuláshoz...

Minden tapasztalásom és tudásom beleadva hoztam létre a No Pain programot, amiben összegyúrtam a fizikai test, a lélek és a tudat fejlődésének lehetőségeit, egymásra hatásait. Amikor kezelőként dolgoztam, voltak olyan páciensek, akik jöttek, lefeküdtek, alig várták, hogy rájuk tegyem a kezem, de ezen felül semmit nem tettek az életükben, ami a fejlődést, a gyógyulást elhozhatta volna nekik. A „csinálj velem valamit" mondatoktól kivert a víz, mert nem tudtam és nem is tudok senkit meggyógyítani. És más sem tud... Lehetőségem és feladatom is támogatni, ha felteszed a kezed és változtatni akarsz azon az állapoton, ahol vagy. Ha érzed az elakadásod akár fizikailag, akár mentálisan és erős benned az elhatározás, hogy ez nem mehet így tovább, képes vagy döntést hozni és cselekedni. Ahogy olvashattad, én magam sem voltam képes kizárólag az energiák által gyógyulni, pedig átmentem ezen, azon, vannak komoly segítőim, de mégis szükséges volt a lelkem házát is kitakarítani és döntéseket meghozni.

Ebben a könyvben megosztom veled az általam összeállított programom vázát, amiben 4 hónapon keresztül kísérem a hozzám fordulókat. A célom, hogy a rám rótt feladatot a legszélesebb körben tudjam teljesíteni. Ha elég nagy a motivációd, akár egyedül is végig tudod vinni a könyv alapján, ha pedig jól jönne egy „edző", aki támogat, bíztat, és erőt ad, akkor jelentkezz hozzám egy személyes konzultációra.

A módszer alapján végigvitt együttműködések hihetetlenül széles skálán változtatnak az emberek életén. A megoldás nem mindig a fizikai test gyógyulásában rejlik kizárólag, hanem élethelyzetekből való kibillenéseket, elakadások feloldását és sok esetben erős irányváltoztatásokat hoznak. Jött baba, eltűnt és lett munkahely, extrém magas vérnyomás normalizálódott, kilók leolvadtak, egész generációkon átívelő problémák feloldódtak... erősödött önbizalom, pénzügyi helyzetek rendeződtek, énképek kerültek méltó helyükre. Gondolnád egy léböjtből kiinduló programról, hogy ilyen és ehhez hasonló változásokat képes elindítani?

Te hol vagy most az életedben? Jól érzed magad? EGÉSZ vagy? Valószínűleg nem teljesen, különben nem fognád most ezt a könyvet a kezedben.

Gyere, csapjunk bele! Ne a kifogásokat keresd, hanem mindig a megoldást. Mindegyikünk számít! Minden Nálad és nálam kezdődik, az egymásra mutogatás nem fog megoldani semmit a Világban.

A könyv következő része egy gyakorlat orientált anyag, tényeken, kutatásokon alapszik, de minden, amiről beszélek, írok, az életem része. Tudom, hogy működik, nem csak nekem, hanem másoknál is. Sokszor apró picinek tűnő változtatások nagyon nagy hatáskülönbséget képesek eredményezni. Ha nem csak olvasgatni akarsz, akkor figyelj a részletekre.

Amit megosztok veled nem egy irányzat, a cél az, hogy a folyamat során megtaláld azt, ami neked a legjobb és kialakítsd a TE irányodat. Megerősödj és elindulj az igazi célod felé, amiért itt vagy a Földön és ezzel az erővel egyben egy igazán erős sejtje legyél ennek a bolygónak, ami megnyugszik, nem lázong és talán sikerül az utókornak megőriznünk ezt a csodát.

Ha úgy érzed, nálad minden rendben, ne olvass tovább! Add oda ezt a könyvet a környezetedben egy olyan embernek, aki fontos számodra és változtatni szeretne!

Viszont, ha belevágsz, most engedd el minden elvárásod saját magaddal és a könyvvel kapcsolatban is és mint egy elsős igazán ülj be a padba és legyél nyitott. Engedj be mindent, ne told el azonnal, akár mekkora hülyeségnek is érzed. Engedd be, és „csócsáld meg", aludj rá egyet, ha nem bírod befogadni, ne erőltesd! Lehet a könyv végére kitisztul a kép...

2. FEJEZET

Mit mond a tudomány?
Egészségünk helyzete

„Minden él. A Föld is él. A Föld egy élőlény. Ti (minden apró élőlény a Földön) a részei, alkotó elemei vagytok ennek az óriási élőlénynek. Ti is a sejtjei vagytok. Minden ember, állat, növény, minden élőlény egy sejt. A növények automatikusan megújulnak, gondolkodás nélkül nőnek, fejlődnek. Ezt ti emberek irtjátok. Így mindig nehezebben tud megújulni maga a Föld. Az állatoknál és növényeknél is van egy természetes szelekció, de ebbe ti beleavatkoztok, ami nem gond, amíg az egyensúly megmarad. De a mondandónk lényege most itt maga Az Ember. Ebben van a feladat. Betegek az emberek. Nem a túlnépesedés a probléma, hanem az, hogy az emberiség nagyon nagy része beteg, még akkor is, ha nem veszi komolyan az apróbb tüneteket. Ahogy betegednek az emberek, a Föld is betegszik, hisz Ti is a sejtjei vagytok. Több milliárd sejt, aminek a fizikai, mentális, energetikai állapota a szakadék felé sodródik. Nem csak a légkör, a természetvédelem, az állatok védelme lenne a fontos. Fel kell emelni az embereket egy magasabb egészségügyi, tudati, energetikai szintre ahhoz, hogy a Föld életben tudjon maradni".

Az izgalmas sztorik után, most erősen racionális, tudományos oldalt szeretném veled megismertetni. Ahogy már írtam, mindig izgattak a miértek és ez nem volt másként az egészségemmel kapcsolatban sem. Az ERdŐ és a betegségeim erősen motiváltak. Szerettem volna „tisztán" látni, megérteni a miérteket, ami nem egyszerű ezen a százfelé ágazó területen.

De tényleg száz felé ágazik? Igen, de egy tőről fakad...

Rengeteget kutattam, olvastam, és tapasztaltam ezen a területen is. Igyekszem veled hétköznapi, érthető formában, röviden megosztani a lényeget. A spiritualitáson túl, fontos megérteni ezeket a mechanizmusokat és ebből kiindulva, majd segíteni a fizikai testünk és a lelkünk gyógyulását. Hiszem, hogy nagy szükségünk van/lesz erre.

Nézzük a tényeket... tényleg ennyire rossz a helyzet, mint ahogy az üzenet mondja?

WHO szerint az egészségi állapotot meghatározó tényezők az alábbiak szerint alakulnak:

- egészségügyi ellátó rendszer 15 %
- genetika 20 % (ezt én itt úgy módosítanám: 10 % genetika 10 % „anyámnak volt nekem is biztos lesz" gondolati minta); illetve azóta kutatások bebizonyították, hogy a microbiom az, ami meghatározza az együtt élők egészségügyi állapotát. Erre még kitérünk a bélflóra fejtegetésénél, de a genetikának maximum 1-2 %-ot szavaznak a legújabb kutatások
- környezeti tényezők 30 % (nagyon szerencsés helyre születtünk)
- életmód 35 %

Akárhogy is, a legnagyobb százalékot az életmódunk adja. A környezeti tényezőkkel együtt 65 %-ot ad ki. Ha nem is számoljuk a többit, akkor is azt gondolom, hogy ez nagyon nagy szám.

Az egészségügy 15 %... és ezt nem spiritualitással megáldott statisztikusok állapították meg!

Mutogathatunk egymásra, szidhatjuk a politikusokat, az egészségügyet. Hihetünk mindenféle összeesküvés elméleteknek. Nincs rá hatásunk. Teljesen felesleges idő és energia ezen polemizálni. Nem tudunk változtatni rajta, legalábbis erőből, kívülről nem. Az igazi változás belülről, saját magunkból kiindulva lehetséges.

Képesek megérinteni a fenti sorok? Vetted az üzenet súlyát? Vagy majd valaki más, a szomszéd, a főnököd, a szüleid... a barátod... megoldja?

Egyetlen dolog van, amire hatni tudunk, az saját magunk.

Ha mi változunk, azzal hatunk a környezetünkre is. Mi a hozzáállásunk saját magunkhoz? Mit mutatunk a gyerekeinknek, unokánknak? Hogyan másolódunk?

Tudunk erre gondolni magunkon túl? Ha nem magadért, akkor kezdd el a családodért, a gyerekeidért, a jövőért. És legyünk egyre többen!

A magyar valóság...

Kicsit kutakodtam és utánajártam, hogy a KSH milyennek látja a helyzetet. Nem akarlak statisztikákkal fárasztani, de azért néhány adat elég sokkoló, megosztom veled.

2019-es felmérési adatok alapján:

1. A magyar lakosság 60 %-a túlsúlyos, vagy elhízott. Ebbe az összes korcsoport benne van, nyilván a kor előrehaladtával ez a szám csak nő. 65 év felettiek több mint 72 %... és lehet, hogy te még messze vagy a 65-től, de a jelened határozza meg, hogy alakul a súlyod 5-10-20 év múlva.
2. A lakosság közel fele krónikus betegséggel küzd. 2019-ben a **magyar lakosság 48 %-a** számolt be arról, hogy van krónikus, legalább 6 hónapja fennálló, vagy vélhetőleg a későbbiekben legalább ugyanennyi ideig tartó betegsége. **Minden második ember!** A nők közül többen küzdenek ilyen betegséggel (51 %), mint a férfiak (44 %). A krónikus betegek aránya az életkorral párhuzamosan emelkedik: a 15-17 évesek egyötödének, a **65 évesek és annál idősebbek 77 %-ának** volt krónikus, hosszantartó egészségi problémája.
3. A magyar lakosság 61 %-a, ezen belül a férfiak 57 %-a, a nők 65 %-ának volt a felmérést megelőző 12 hónapban olyan, hosszantartó betegsége, amit orvos állapított meg. Az orvos által diagnosztizált krónikus betegséggel élők **87 %-a**

gyógyszert is szed a betegségére. A leggyakoribb krónikus betegség **a magasvérnyomás-betegség**, amelyben majdnem minden harmadik magyar (a férfiak 29, a nők 33 %-a) szenved. Ez pedig egyértelműen az életmóddal hozható öszszefüggésbe.

Mindezek mellett, a magyar lakosság nagyon pozitív beállítottságú, mert a felmérés szerint egész jól van mindenki:

„A magyar lakosság (a lakosság alatt az elemzésben a 15 éves és annál idősebbeket értjük, az ettől való eltérésre külön felhívjuk a figyelmet) egyre pozitívabban vélekedik saját egészségi állapotáról, 2009 és 2019 között emelkedett azoknak az aránya, akik jónak, vagy nagyon jónak ítélték egészségüket. 10-ből 9-en minimum kielégítőnek, 6-an jónak, vagy nagyon jónak tartották azt 2019-ben"[1]

Ezen azért érdemes kicsit elgondolkodni... tényleg kielégítő, ha valaki rendszeresen gyógyszert szed? Probléma kipipálva? Na és még ehhez kapcsolódóan találtam a következő eredményeket:

„A magyarok 98 %-a gondolja úgy, hogy tud tenni az egészségéért: döntő többségük szerint nagyon sok (26 %), illetve sok (58 %) múlik rajtunk. 14 %-uk azonban kevésbé tűnik bizakodónak, hiszen úgy vélik, keveset, 2,2 %-uk szerint pedig semmit sem tudunk tenni egészségünk érdekében."

Hahóóó 98 % magyar!! Mit teszel az egészségedért??? Ha tudod, hogy rajtad múlik leginkább, miért nem mozdulsz meg? Vagy „kielégítő" az a néhány tabletta, megoldja helyetted? Nem akar-

---

1 Központi Statisztikai Hivatal (2021). Egészségi állapot, betegségek, 2019. Letöltve 2023.04.24-én: https://www.ksh.hu/docs/hun/xftp/idoszaki/elef/egeszsegi_allapot_2019/egeszsegi_allapot_2019.pdf

lak elkeseríteni, de nem fogja, az esetek nagyon nagy százalékában tüneti kezelés zajlik, a cél annak elfedése és nem a gyógyulás.

Túl a számokon és a tudományos felméréseken, nem kell meszszire menni, elég körül nézni. Amikor fiatal voltam, nem volt minden második barátom allergiás, ekcémás és autoimmun beteg. A gyógyíthatatlannak titulált autoimmun folyamatok úgy kúsztak be az életünkbe alattomos módon, hogy mire felkaptuk a fejünket, egyre fiatalabb korban kezdték szedni áldozataikat.

Egészség és betegség

Kezdjük Ádámnál és Évánál... Tulajdonképpen mikor beteg egy ember? Gondolkoztál már ezen? Sokszor látom problémának, hogy a finom jelzéseket nem vesszük komolyan. Azt gondoljuk, hogy a korral jár a túlsúly, az alvás probléma, és eszünkbe sem jut, hogy a „házisárkányság" nem egy hiszti, hanem a test/szellem/lélek komoly kibillenése és egy segélykiáltás, amit egy életmódváltás teljes egészében orvosolni képes... Jellemzően elhessegetjük, nem vesszük komolyan, sokan egy-két tablettával megoldják a dolgot és mellé gyártják a lelkiismeretfurdalást maguknak, egyrészt, hogy „milyen elviselhetetlen perszóna lett belőlem" másrészt: „már megint gyógyszert szedek"...

Igen, egyszerűbb és lehet, hogy átmenetileg még segít is a gyógyszer. De nem fogja a problémát megoldani, csak elfedi a tünetet, így eszünkbe se jut... nem foglalkozunk vele... kapunk újabbat... szép kis körforgást lehet így kreálni. Pedig itt még könnyen megállíthatóak, visszafordíthatóak a folyamatok.

Az egészség fogalma a WHO szerint:

„A teljes testi, szellemi és szociális jólét, egy dinamikusan változó egyensúlyi állapot, a szervezet alkalmazkodóképessége a természeti és társadalmi környezet változásaihoz."

Most, hogy ezt elolvastad (érdemes újra, kicsit „csócsálgatni") szerinted EGÉSZséges vagy?

Dinamikusan változó egyensúlyi állapotban vagy? Mit jelent ez egyáltalán?

A fizikai testünk képes erre, ha hagyjuk. Olyan öngyógyító mechanizmusokkal vagyunk megáldva, amik az egészen ledőlt

várból is építenek újat, ha hagyjuk. **Alkalmazkodik.** Ahhoz, hogy ez igazán jól működjön, jó megállni, a felesleges terheket, ragaszkodásokat, elvárásokat letenni és elő „kell" vennünk azt az ősbizalmat, amivel megszülettünk. Amikor még tudtuk, hogy minden úgy van jól, ahogy van és minden, ami történik minket szolgál és ez volt a világ legtermészetesebb dolga.
Nézzük a másik oldalt...

A betegség fogalma:

„Olyan állapot, amelyben az életfolyamatok a normálistól tartósan és jelentősen eltérnek, az egyén és a környezete között az egyensúly felbomlik, az alkalmazkodóképesség elveszik."

Vajon mennyire támogatja az életfolyamatainkat a napi stressz, a rengeteg mű kaja, a televízió/közösségi média/chips kombó, a sok felesleges gyógyszer... és nem folytatom. Nem lehet nézőpontom szerint mindent kikerülni itt a 21. században, de a minimalizálása abszolút lehetséges és hozzáállás kérdése sok esetben.

Illetve... mennyire vagyunk képesek alkalmazkodni a változásokhoz? Hogy reagálunk rájuk? Hisztizünk, kiakadunk, ellenállunk?

Segítsünk a szervezetünknek alkalmazkodni. Vigyázzunk erre az „egyszer használatos ruhára"...

Erre az egyszer használatos bolygóra...

„A Föld, mint élőlény nagyon beteg. A különböző természeti katasztrófák mind a beteg test lázadásai. Ugyanúgy, mint amikor az ember testében jelennek meg fizikai tünetek. Láz, sebek, fájdalmak, gyulladások... A Föld teste is – mint minden más élőlényé – homeosztázisra, egyensúlyra törekszik. Mindent megtesz válogatás nélkül, hogy a „gazdát" életben tartsa. Elkezdi pusztítani a beteg sejteket. Akkor áll csak le, ha az egyensúlyt újra megtalálta, illetve lassít, ha már el-

múlt az életveszély. Úgy tudjátok lecsökkenteni a katasztrófákat, ha elkezditek magatokat, mint sejteket meggyógyítani."

Tehát a Föld is kibillent az egyensúlyi állapotból és ez szorosan összefügg velünk, emberekkel. Miért? Mi történik? Ahogy már írtam több összetevős a dolog, most vizsgáljuk meg a fizikai test oldaláról a kérdést. Kezdjük tehát itt is az elején...

Új szervünk született, a Microbiom

Ausztráliában egy tolókocsihoz kötött betegnél széklettranszplantációt végeztek. Ez kicsit gusztustalanul hangozhat, de így érthető. Egy egészséges ember székletének oldatát behelyezték a beteg vastagbelébe. Ezzel egy egészséges flórát juttatva oda. Ezt így nagyon leegyszerűsítettem, de nagyjából ez a lényeg. Jelenleg itthon legjobb tudomásom szerint egy betegségnél alkalmazzák, de a nemzetközi gyakorlatban az autoimmun folyamatok, fekélyes vastagbél gyulladás, vagy egyéb vastagbél működési zavarok esetén is egyre inkább bevált módszer. A szenzáció a dologban, hogy az addig tolókocsiban élő ember fel tudott állni és járni kezdett, mi több szép eredményeket ért el a sport területén.

Elkezdték vizsgálni, mi is történt. A terápiát nem ezért végezték rajta, nem várt fejlemény volt a beteg ilyen szintű gyógyulása. Kb. ide vezetik vissza a microbiom mint szerv felfedezését, illetve annak az egészségre gyakorolt óriási hatását.

Amikor a rossz baktériumok elszaporodnak, kevésbé, vagy egyáltalán nem tud működni a szervezet védekező és öngyógyító mechanizmusa. Ha helyre állítjuk a rendet, levesszük a testről az állandó vészüzemmódot, akkor tud azzal foglalkozni, ami igazán a feladata lenne.

Az elmúlt évtizedekben olyan változáson ment keresztül az élelmiszeripar, ami abszolút nem az egészséget támogatta. A cél a hosszan eltartható gazdaságos, azaz olcsón előállítható tömeg élelmiszer lett. Ahhoz, hogy az emberi immunrendszer elkezdjen felismerni egy új összetevőt, évtizedekbe, évszázadokba is telhet. Gondolj bele, hogy hány ezer új „mű" anyag került bele az ételeinkbe, ha csak az elmúlt 30-40 évet nézem. Amikor tömegével mennek be a szervezetbe az ismeretlen anyagok, az immunrendszer kapkod összevissza, hogy védelmezzen és a végén belekeveredik a nagy melóba, aminek az eredménye, hogy elkezd a gazdatest ellen fordulni.

Az ételek nagyon nagy részének semmi köze a táplálék szóhoz. Mindennek a célja, hogy hosszan eltartható legyen és etesse magát, hogy minél többet fogyasszunk belőle és persze nagy profitot termeljen... Jól lebetegítették az embereket, most meg döngeti a piacot az „egészséges" ételek hada, aminél felmerül a kérdés... tényleg egészséges???

Az elmúlt 15-20 évben a világ minden táján kutatják ennek az új szervünknek a működését, hisz minden eredmény oda mutat, hogy jólléte alapjaiban határozza meg a teljes EGÉSZségünket.

A China Institute 2017-ben megjelent tanulmányában[2] 3-100+ év közötti egészséges kínaiak bélbaktériumait vizsgálta. A 100 év és a feletti résztvevők olyan bélmikrobájuk volt, mint a 30 éveseknek. Az tudta megélni ezt a hosszú életkort, akinek a bélflórája egészséges maradt.

„Maga a mikrobiom, az emberi testben élő ökológiai rendszer, mikróbák összessége, melyek velünk, bennünk, rajtunk élnek.
Védenek, táplálnak minket, valamint időnként kihasználnak bennünket. Az emberi szervezetet a humán(emberi) sejtekből összeállt szövetek és szervek alkotják olyan szerveződést követve, amelynek során közös ökoszisztémát alkotnak a szervezetünkben élő mikrobákkal, azaz a mikrobiommal.

---

2 Tanulmány: Gaorui Bian, Gregory B. Gloor, Aihua Gong, et. al: „az egészséged idős kínaiak bélmikrobiomja fiatalokéhoz hasonló képet mutat" mSphere,2, no.5.(2017.szeptember-október). https://msphere. asm.org/content/msph/2/5/e00327-17. full.pdf

Az ide tartozó baktériumok, vírusok, gombák részt vesznek az emberi szervezet integritást biztosító határok védelmében, nélkülözhetetlen anyagokat állítanak elő és megakadályozzák idegen (és betegséget okozó) mikroorganizmusok tartós megtelepedését."[3]

Gondoltam ezt így ahogy van bemásolom nektek.

Most olvasd el újra, úgy, hogy az ember/Föld vonatkozásban szemléled...

Lehet, hogy mi vagyunk a mikrobiom? A második erdős találkozásunknál sejteknek „fordítottam", a lényeg az volt, hogy szerves részei vagyunk a Földnek, mint élőlénynek. A rossz állapotunk gyengíti a Föld életben maradásának esélyeit. Ha elkezdünk erősödni gyógyulni, úgy lesz a Föld is egyre jobban, amivel csökkenthetjük a mindenféle természeti és egyéb katasztrófák esélyét, ami így visszahat ránk.

Ha belegondolunk, mi is abszolút együtt élünk a saját mikrobiomunkkal, elválaszthatatlan részünket képezi, és ne csak a bélflórában gondolkozz! Ezek a mikroorganizmusok jelen vannak a testünk szinte minden területén kívül és belül is. A bennünket körülvevő baktériumfelhő a holobiom, ami egész családok egészségi állapotát határozhatják meg. Minél jobb állapotban van, annál egészségesebbek, erősebbek vagyunk.

A mikrobiomunk kb. 10x annyi sejtet tartalmaz, mint maga az emberi sejtünk. Mennyisége 200-1400 gr között mozog. Velük kellene nekünk is valami jó kis egyensúlyban élni.

Sajnos azt gondolom, mire felfedeztük a létezésüket, egy csomó mindent elkövettünk a kiirtásuk érdekében.

---

3 Forrás: Testünk, mint ökoszisztéma, avagy a metagenomika „szép új világa": Falus András, Barcs István, Duda Ernő

Bélflóra... Jó bacik és rosszak
A betegségek és a bélflóra kapcsolata

Még egy nagy lépés vissza időben és sztoriban a megértés érdekében...

Három milliárd évvel ez előtt a baktériumokon és egysejtűeken kívül más életforma nem létezett. Ezek oxigén nélkül is képesek voltak növekedni és osztódni. Az oxigén gyakran halálos az egysejtűek életére nézve.

Amikor az atmoszférában az oxigén szint emelkedni kezdett, az halálos fenyegetés volt számukra és a világ veszélyes hely kezdett lenni. Így aztán „üzletet kötöttek" más egysejtű organizmusokkal, hogy táplálékért és védelemért cserében extra energiával látják el a gazdatestet. Ez a felállás eredményezte a fejlettebb sejteket, melyek az algák, gombák, növények, állatok és később az ember sejtjeit is alkotják.

Ezeket az elnyelt baktériumokat **mitokondriumoknak** hívják és feladatuk, hogy a belélegzett oxigén segítségével az elfogyasztott kalóriákat energiává alakítsák át. Szuper képeségük, hogy az égési folyamatot láng nélkül tudják lebonyolítani. Nélkülük nincs élet.

Nem minden baktérium típus jutott erre az egyezségre. Az élet egyre fejlődött és az atmoszféra oxigénszintje egyre csak nőtt. A többi baktérium élete is veszélybe került, így az állatok vastagbelébe menekültek, amely arra az anareob (oxigéntől elzárt) környezetre hasonlított, amelyik évmilliárdok óta kedvező feltételeket biztosított nekik.

Tehát:

A beleinkben élő baktériumok és a mitokondriumaink közös ősöktől erednek...

A baktériumok otthonaként az, hogy a testeddel mi történik, attól függ, hogy velük mi történik. Ez így egy kicsit kitekert, de remélem érted!? Vigyázol rájuk? Adsz nekik enni? Távol tartod az ellenséget tőlük? A bacikkal való kapcsolatunk szimbiotikus, a jólétünk függ tőlük és fordítva.

A sejtjeink nagy része nem emberi sejt, hanem baktériumok, vírusok, gombák... sejtjei.

A holobiom a testünk milliárdnyi mikróbáját foglalja magában, a testünkben, a bőrünkön és a körülöttünk lévő felhőben. A bélflóra a holobiom beleinkben lévő része.

Az, hogy ilyen összetetté válhattunk és hogy különbözünk az állatoktól a baktériumoknak köszönhetjük. Az emberiség kialakulásával a baktériumaink megváltoztak és leginkább ezek tettek minket igazán emberré. **A legtöbb dolog, ami velünk történt és történni fog szorosan összefügg a beleinkben, a szánkban, a bőrünkön és közvetlenül körülöttünk élő baktériumok állapotával.**

Ijesztő, vagy lehetőség? Ha megtanulunk jó gazdái lenni, együttműködni, akkor az egészségünk, az öregedésünk és az éveink száma egyre inkább a mi kezünkbe kerül.

A korai öregedés, a betegségek kialakulása ehhez a holobiomhoz és az ő génjeihez köthetők, nem az emberi génekhez.

2018-as tanulmány kimutatta, hogy a gazdatest genetikája relatíve jelentéktelen szerepet játszik az egészségi állapot és az élettartam meghatározásában.[4]

A bélbaktériumok nem csak néhány egészségügyi problémára vannak hatással, közvetlenül befolyásolják az egészséget, hogy hány évig élünk és azt milyen minőségben.

Sorsunkat nem a genetika, hanem a bélflóránk állapota határozza meg. Erről írtam már, de beteszem ide ismét, mert nagyon fontosnak gondolom.

A genetikai öröklődés súlyát egyre inkább átveszi az öröklött és egyháztartásban „tartott" microbiom minősége és mennyisége. Azok az emberek, akiknek genetikailag semmi közük nincs egymáshoz, de egy háztartásban élnek, meglepően hasonló bélmikrobiommal rendelkeznek. Házastársak, nevelt gyerekek, lakótársak...

A WHO szerint a genetika még 20 %, de a kutatások egyértelműen alátámasztják, hogy az egy háztartásban élők (akkor is, ha nem vérszerinti rokonok) hatnak egymás mikrobiomjára. Ha így nézzük, a háztartások holobiomja, az együtt élők holobiomja, és az alkalmazott tisztítószerek, mosószerek... a levegő tisztasága... tehát a hely baktérium flórája határoz meg összességében.

Ahogy ezt egyre jobban megértettem, vagy inkább mondjam azt, hogy megéreztem, sokkolt, hogy mekkora hatásunk van a csalá-

---

4 Tanulmány: Dalphna Rothschild, Omer Weissbrod, Elad Barkan, et al: „Az emberi mikrobiom alakulására a környezet a gazdagenetikánál nagyobb hatást gyakorol" Nature, 555 (2018. március) 210-215. https://www.nature.com/articles/nature25973.

dunkra, a körülöttünk élőkre és ha tovább cizelláljuk... azokra az emberekre, akikkel napi szinten sok órát össze vagyunk zárva. És természetesen, ez nem egyirányú vonat, oda-vissza hatunk egymásra.

De nézzük csak még egyszer, hogy áll össze a matek:

- Egészségügyi ellátó rendszer 15 %, erre igazán nem sok rá-hatásunk van, ez tény.
- Genetikai öröklődés 20 %... ebből én felét az „anyunak volt, nekem is lesz" gondolati minta rovására írtam eddig is, de ha figyelembe vesszük a kutatásokat, genetika konkrétan 1-2 % csak.
- Környezeti tényezők 30 %... azt gondolom mi itt Magyarországon nagyon jó helyzetben vagyunk földrajzilag és sokat tehetsz te magad a saját környezetedért, az otthonodért, kikkel veszed körül magad...
- Életmód 35 %... na ez már teljesen a te felelősséged.

Miért érdekes ez, hiszen nő az átlag életkor... hol voltak eddig ezek a bacik, miért nem beszélt erről eddig senki és miért nem okozott ennyi problémát régen, mint most?

Kevesebb volt a betolakodó...

Amikor olvastam, hogy mik azok a tényezők, amik például a bél körüli flórát tönkre teszik, kicsit sokkolt a dolog.

- stressz
- gyógyszerek (főleg az antibiotikumok, amit sajnos a nagyüzemi húsokkal is megeszünk)
- helytelen táplálkozás, és egy csomó félrevezető infó ezzel kapcsolatban...
- mozgásszegény életmód...

Hogy él a mai ember? Zéró stressz? Tudatosan vásárolt, vagy megtermelt jó minőségű étel? Pihenés, ha jelez a szervezet? Nem jellemzően... ha beteg, orvoshoz fordul, mert így szocializálódott és beszedi, amit az orvos felír neki. Természetesen lehetnek ilyen helyzetek, nincs ezzel gond, csak tisztában kell lenni a következményekkel és hogy ezzel csak átmenetileg fedtük el a tünetet.

A világ vezetői konkrétan gyártják a beteg embereket.

Ha így nézzük, pont úgy viselkednek, mint egy vírus és nem kell, hogy konkrét kórokozót szabadítsanak a világra. Az élelmiszer- és gyógyszeripar mindig virágozni fog, az emberek (ha nem kezdik tudatosan megváltoztatni az életüket) egyre betegebbek lesznek. Ez is egy spirál, ami a gazdasági szereplőknek felfelé, az emberiség és a Föld szempontjából lefelé visz. Ez nem egy nyertes-nyertes felállás.

Agy-bél tengely, a mentális állapotunk kulcsa

Ami még ennél is izgalmasabb, hogy kutatások kimutatták, hogy az agy és a bélrendszer között van egy úgynevezett közvetlen agy-bél tengely, amelyen keresztül a bél mikrobiótája befolyásolni tudja a gazdaszervezet viselkedését. **Tehát a táplálkozásunk, a stressz, a gyógyszerek, ha közvetetten is, de befolyásolják a mentális és lelki állapotunkat.**

Ami még inkább elgondolkoztató, hogy az információ áramlás ugyan oda-vissza történik ezen a tengelyen, de a nagy része a bél felől megy az agy irányába. A rossz baktériumok minél inkább átveszik a hatalmat úgy borul meg a mentális és tudati egyensúly. Úgy lesz egyre ködösebb, tompább az agy és úgy lesznek egyre lehangolóbb érzések.

Bár akkor még ezt így nem tudhatta, de erre utalhatott az „Az vagy amit megeszel" megállapításával Feuerbach német filozófus, aki az **1863-ban megjelent „Spiritualitás és Materializmus" című tanulmányában fejti ki ezzel kapcsolatos nézeteit. 150 évvel ez előtt!!**

Saját sztori:
Egy viselkedés zavaros (ADHD) óvodás kisgyerek szülei kerestek megoldást a problémára. Nem használtak egyéb kezelések és elkeseredettek voltak, hogy az ő gyönyörű gyerekük, hogy képes kifordulni önmagából. Táplálkozásban állítottunk fel új szabályokat és probiotikumok, nagy dózisú D vitamin, K2 vitamin B vitamin szedését ajánlottam. 2 hónap múlva hívott az édesanyja, hogy nem ismer a kislányára.
Nem csoda történt, csak helyreállítottuk az egyensúlyt és a jobb bélflóra jobb üzeneteket küldött az agynak.

Nézz körül, mit esznek a mai gyerekek! Hova vezet ez??

Az 1990-es évek végéig nem ismerték fel a mikrobiom létezését, bár Hippokratész (i.e. 460-377) görög orvos már i.e. néhány száz évvel a **„halál a belekben lakik"** nézetével kellően felhívta a figyelmet erre. Már több mint 2000 évvel ezelőtt nagy jelentőséget tulajdonított a helyes táplálkozásnak, mozgásnak és hangsúlyozta a természet gyógyító erejét. Szerinte a megfigyelések, tapasztalások sokkal hasznosabbak, mint az elméleti spekulációk.

Hippokratészt egyenesen Aszklépiosztól a gyógyítás istenétől származtatták. Egyik szenzációs aforizmája:

„Gyógyszered legyen az ételed, s ételed legyen a gyógyszered."

Mi a fene történt ebben a 150 vagy inkább 2000 évben? Amnéziás lett az orvostudomány? Hány autistáról hallottál 25-30 évvel ez előtt? Vagy mennyi depressziósról tudtál? Ismerted azt a szót, hogy autoimmun betegség? És most?

Eltelt 2000 év és az emberiség, az orvostudomány, aki a Hippokratészi esküt teteti le az orvosaival mintha még sose hallott volna például a nagyszerű orvos munkásságáról.

A bélbarátainkat és a mitokondriumokat is az édesanyánktól örököljük.

- Minden mitokondrium nőnemű és az anya petesejtje adja át a gyereknek.
- A szülőcsatornán áthaladva az anya bélbaktériumaival találkozik a csecsemő. Ez a kezdő készlet.
- Ha valaki császármetszéssel születik, hat teljes hónap míg képes kiépülni a megfelelő mikróba készlet és ezzel együtt az immunrendszer.
- Az anyatejben lévő speciális cukor molekulák a legjobb táplálékok a jó bacinak.

A mitokondriumok döntő szerepet játszanak a növekedésben, a fejlődésben, az öregedési és a betegségi folyamatokban. Ha jelzést kapnak a bélflórától, erre reagálnak. A mitokondriumok a felelősek az energiatermelésen túl a sejtek pusztulásáért, átalakulásáért, növekedéséért. Fontos szerepük van az öregedés folyamatában.

**„Nem az vagy, amit megeszel,
hanem amit a bélbarátaid képesek feldolgozni."**

A bélbarátaink legfontosabb szerepe az emésztő rendszer támogatása.

Megemésztik az általunk elfogyasztott ételeket, vitaminokat, ásványi anyagokat, hormonokat, fehérjéket állítanak elő és szállítják a megfelelő helyre.

Ha innen nézzük, nem feltétlenül igaz a mondás, hogy „az vagy amit megeszel", hanem kicsit átértékelve Dr. Steven R. Gundryt idézve: „Nem az vagy, amit megeszel, hanem amit a bélbarátaid képesek feldolgozni."

Fontos hormonok elővegyületeit is megtermelik és kommunikálnak a test többi sejtjével is, hogy milyen az élet a bélrendszerben. Ha a rossz bacik veszik át az irányítást, információs zavart keltenek a hormon rendszerben, ami a test karmestere, ez pedig működési zavarokat eredményez.

A bélbarátok megemésztik az elfogyasztott ételt, a mitokondriumok lebontják a tápanyagokat, itt jön létre az energiatermelés.

Ha valami olyat teszel, ami elűzi a jó bacikat és teret ad a rosszaknak, akkor felborulhat a rendszer. A rossz baktériumoknak nem érdeke a te jólléted, nem vigyáznak rád, kizárólag saját szükségleteiket szolgálják ki és azáltal, hogy blokkolják, zavarják a bélflóra és a mitokondriumok közötti kommunikációt... elkezdesz olyan ételek után sóvárogni, amikre nekik van szükségük. Cukrok, sütemények, mű kaják... zsírok, (van amelyik neked is fontos!), gyorsétterem...

Ezek gyulladásokat okoznak, beteg, fáradt, ingerült, depresszziós leszel, autoimmun folyamatok indulnak meg. Az öregedés hátterében is az alattomosan, szinte folyamatosan fennálló gyulladási folyamatok állnak. Nem érzed feltétlenül és persze a labor sem mutatja ki. Nem rémisztgetlek, de egyértelműen felelősek ezek a folyamatok a rákos elváltozások kialakulásáért is.

Ha kiéhezteted a rossz bacikat, eltűnnek. Ha eteted a jó bacikat virulni fognak és minden a helyére kerül. Ha nagyon le akarjuk egyszerűsíteni ennyi az egész...

Lyukas bél szindróma, ahonnan minden ered...

Nem elég, hogy jó bacik legyenek, az is fontos, hogy a bélfal megfelelő oldalán maradjanak. Ha egy részük átjut a bélfal nyálkás védőfalán, ami csak egyetlen egy sejtnyi vastag réteg, mindegy, hogy jó, vagy rossz, nagy zűröket okozhat. A védőrétegen átjutva elérnek a szervekhez, szövetekhez, nyirok keringésbe... végül is mindegy, hogy hova, ha ott vannak, ahol nem kellene, immunreakciót váltanak ki, amely kiterjedt gyulladásokhoz vezet, ami melegágya betegségeknek és az öregedésnek.

Az immunrendszerünk 60 %-a a bélrendszer vékony bevonatában koncentrálódik. Ebben az egy sejtnyi vastagságú, de nagyon nagy felületet (egy teniszpályányi) kitevő falban vannak immunsejtek, amiknek fontos feladata a fal sértetlenségének megőrzése.

Az immunsejtek döntik el, hogy mi az, ami elhagyhatja a bél traktust és mi az, aminek maradnia kell.

Ha jó ez a kerítés, akkor minden ott marad, ahová való. Ha elhasználódik a kerítés, akkor mikroszkopikus méretű sérülések keletkeznek és olyan vegyületek is átjutnak, aminek nem kellene. Ennek az egészségünk látja a kárát.

Amikor ezek a betörések megtörténnek, az immunrendszer magasabb fokozatra kapcsol, erősítést kér, gyulladásos hormonokat választanak ki. Ez van, hogy az életünket menti meg, például egy sérülésnél segíti a gyógyulást, de amikor minden apróság miatt bekapcsol ez a magasabb fokozat, az eredmény krónikus gyulladás lesz, mely az öregedésen át, az Alzheimer-kór, a „gyógyíthatatlannak" bélyegzett autoimmun rendellenességek, cukorbetegség, ízületi gyulladások, bőrbetegségek... és sorolhatnánk... elsődleges oka.

Hogy történhet sérülés a bélfalon??

A bélfalat károsítják:

1. Lektinek amik a bélfalon bevonatot képző nyálkás sejtek közötti szoros kapcsolatot képesek szétbontani, mikró sérülést okozni...magyarul rést ütni a pajzson. A legnagyobb gond, hogy az emberek nagyon nagy százalékánál ez a nyálkás réteg már rég erősen sérült, hiányos. Ez a nyálka képes megkötni a lektineket, de ha a táplálkozásunk során évtizedeken át öntöttünk befelé a „kártevőket" egyszerűen elhasználtuk ezt a védőréteget.

Ennek hiányában a lektin nyíl egyenesen képes betámadni a bélfalat egy zonulin nevű vegyület segítségével...

A növények is élőlények, az évezredek folyamán védekező mechanizmusokat fejlesztettek ki, hogy megvédjék magukat a ragadozóktól. Az ő szemükben, mi is ragadozók vagyunk.

Mik ezek a védekezések... a színükkel beolvadnak a környezetbe, szúrósak, ragacsosak, kemény héj mögé bújnak, mint a kókuszdió.

Illetve vannak a **biológiai fegyverek**, amikkel megmérgezik, lebénítják, vagy összezavarják a ragadozókat, illetve lecsökkentik emészthetőségüket, hogy ne tudják vég nélkül felfalni őket.

Az első ragadozók pici, apró rovarok voltak, az ellenük indított védekező mechanizmus lett a lektin mint biológiai fegyver. Ezzel képesek voltak akár lebénítani ellenfelüket.

Az emlősök méreteiket tekintve nem említhetőek egy lapon a rovarokkal, legtöbb esetben nem halunk meg egy növénytől, bár vannak mérgező bogyók, mint például a nadragulya, aminek 8-10 bogyója már halálos kimenetelű lehet egy felnőtt ember számára, gyerekeknél 3-4 bogyó. Vagy megemlíthetjük itt a földimogyorót, ami nem dióféle és egy lektin bomba... nem véletlenül okoz sok embernél erős allergiás reakciót, akár anafilaxiás sokkot válthat ki, ami szintén lehet halálos kimenetelű.

A védtelen, magokkal rendelkező növények (tehát ahol nincs kemény magház) több vegyületet is tartalmaznak, amikre antitápanyagként utalnak sok esetben. Ebből a fitátok például megakadályozzák az ásványi anyagok felszívódását, aztán vannak, akik gátolják, az emésztőnedvek működését és a lektinek, amik belekavarnak a sejt szintű kommunikációba, a bélfalon réseket képesek létrehozni.

A növények nem gonoszok, konkrétan az életükért küzdenek, igyekeznek megvédeni magukat.

Viselkedésüket laboratóriumi körülmények között vizsgálták. Különböző rezgésekkel stimulálták őket. Szél, napsütés, hernyó... ahogy a hernyó rezgését megérezte a növény, mérgező olajat szállított a levelekhez. A szél, napsütés rezgésére semmi védekező reakció nem történt.

Továbbá megfigyelték, hogy a növényeknek is van cirkadián ritmusuk is. Meghatározza a napnak azokat a szakaszait, ami szerinte a legrizikósabb és ott termel leginkább méreganyagot. Amikor kutatók eltávolították azt a gént a növényből, ami ezt irányította, onnantól nem volt képes mérget termelni.

Lektinek: igen, több is van belőlük... az egyik legnagyobb vegyi fegyver csoportja a növényeknek. 1884-ben fedezték fel őket, eddig a glutént ismerted, mint lektint, ez a legnépszerűbb, rajta van a fókusz, a business...

A lektinek támadási stratégiája:

1. Képes átjutni a bélfal nyálkás védőrétegén. Vitaminok, ásványi anyagok, zsírok, cukrok és egyszerű, nem nagy méretű fehérjék szívódnak itt fel. A lektin egy nagy méretű fehérje. Ha minden rendben van, a bél nyálkás bevonata távol tudja tartani ezt a betolakodót. Ha a védelmi bástyákból nem minden működik megfelelően, akkor viszont a lektinek képesek megnyitni a sejtek közötti teret a bélfal bevonatán, így hozzáférhetnek szövetekhez, nyirokcsomókhoz, bekerülhetnek a véráramba, ahol semmi keresnivalójuk. Ott, úgy viselkednek, mint bármely más idegen fehérje, immun választ váltanak ki, ezzel gyulladást idézve elő.

2. A lektinek legnagyobb problémája, hogy szinte megkülönböztethetetlenek a testünk saját fehérjéitől. Ezért képes összezavarni az immunrendszert, ami így a gazdatest ellen fordul. Ezt hívjuk autoimmun folyamatnak.

3. Zavart okoznak a sejtközi kommunikációban is, az által, hogy utánoznak, vagy blokkolnak bizonyos hormonális jelzéseket.

Pont úgy tűnik, mintha hadban állnánk a növényekkel, de vitaminokat, ásványi anyagokat, flavonoidokat, antioxidánsokat, polifenolokat és más mikrotáplálékokat tartalmaznak, melyek elengedhetetlenek az egészséges bélflóra és természetesen az egészséges szervezet szempontjából.

WGA az egyik legnagyobb kártevő az egészséges táplálkozás jelenlegi sztárja:

Az egyik legnagyobb csapda, amit a búzacsíra agglutinin (WGA) okoz, ami nem más, mint szintén egy lektin. Az elmúlt évtizedekben jelentős kutatások zajlottak a búza káros hatásaival kapcsolatban, a glutén aránytalanul nagy figyelmet kap, szinte kizárólagosat, pedig több ezer összetevő van, ami káros lehet.

A WGA közvetlen károsodást okozhat az emberi test szöveteinek többségében anélkül, hogy különösebb tünete lenne. Ez magyarázatot adhat a sok esetben sunyin megbújó gyulladásos folyamatokra, amik azután betegségek, allergiák, és az öregedés melegágyai lehetnek.

A WGA a természet zseniális megoldása arra, hogy megvédje a búzanövényt az összes természetes ellenségétől.

A WGA lektin rendkívül kemény ellenfél, mivel ugyanazok a diszulfid kötések alkotják, amelyek a vulkanizált gumit és az emberi hajat olyan erőssé, rugalmassá és tartóssá teszik. **Rendkívül kicsi, hajlamos felhalmozódni, nehezen ürül ki és képes beépülni a szövetekbe, ahol zavarják a normális biológiai folyamatokat. Valójában a WGA lektin olyan erős, mint egy rovarirtó... mert hogy a növény konkrétan erre használja...**

Leginkább a gabona héjában és a korpában található. Nagy sztár a táplálkozásban „teljes kiőrlésű" néven. Minden, ami teljes kiőrlésű az trendi és egészséges. A reklámoknak és az élelmiszeriparnak köszönhetően jól beégett az emberek fejébe.

Az agglutinin a legalattomosabb az összes lektin közül, ugyanis akkor is képes a bélfal védő rétegén áthatolni, ha azon nincs sérülés.

Tehát a fehér kenyér csak glutént tartalmaz, míg a teljes kiőrlésű glutént is és agglutinint is.

Csak néhány gondolat, mire képes a búzacsíra-agglutinin:

- blokkolja, hogy a cukor az izomsejtekbe jusson, nem jut táplálékhoz, így nő a testzsír
- akadályozza a fehérjék emésztését
- érszűkületet okoz, megkeményíti az artériákat, ezzel lehetővé teszi a lerakódásokat

- megzavarja az endokrin funkciókat, cukrot pumpál a zsír-
sejtekbe, ahol az hamar zsírrá alakul: inzulin rezisztencia és
hízás lehet az eredmény. És sorolhatnánk...

Kerüld el a teljes kiőrlésű gabona minden fajtáját!

**Minden glutént tartalmazó étel lektint is tartalmaz, de
nem minden lektin tartalmúban van glutén. Ez igaz. Et-
től száguld az „egészségesnek" mondott élelmiszeripar.**
Sok lektin ártalmasabb, mint maga a glutén és az úgynevezett
gluténmentes termékek tele vannak ezekkel az anyagokkal.

Kukorica, zab, hajdina, quinoa, szója, és sok hüvelyes...

Tehát a teljes kiőrlésű ételek reneszánsza megduplázta a lekti-
neknek való kitettségét az embereknek.

**Ha elmélyülnél jobban a lektin témában, szeretettel aján-
lom Dr. Steven R. Gundry Növény paradoxon és Hosszú
élet paradoxon könyveit. Nem könnyű olvasmány, némi
anatómiai tudás nem árt hozzá, hogy az összefüggése-
ket meglássuk, elég szakmai, erősen amerikás, de hihe-
tetlenül profi.**

2. **Szinezékek, térfogatnövelők, tartósítószerek, állo-
mányjavítók, ízfokozók...stb.**

Itt kell megemlítenünk az ember által tudatosan az élelmisze-
rekbe juttatott MŰ anyagokat, amikkel szintén nem tud mit kez-
deni a szervezet. Több ezer ilyen anyagot alkalmaz az élelmi-
szeripar. Amikor az immunrendszer nem képes végezni a dolgát,
szépen szőnyeg alá, vagy inkább a kötőszövet alá sepri azokat
a dolgokat, amikkel nem tud mit tenni. Csinálsz ilyet takarítás
során? Neked is van olyan fiókod, amiben a „fogalmam sincs
mi ez, de nem dobom ki" cuccok vannak? Pontosan ez történik
a testben is. A rossz hír, hogy itt egy zsír molekulához kapcso-

lódva, a kötőszövetben rakódik le, ami gyarapítani fogja a súlyunkat, terheli a testet. Ott marad egészen addig, amíg lehetősége nem nyílik kitakarítani.

3. Gyógyszerek

Például a **nem-szteroid gyulladáscsökkentők**, mint az ibuprofen (azt hiszem nem kell bemutatni, szerintem minden háztartásban előfordult már), naproxén (pl. ízületi kopások, gyulladások csökkentésénél ajánlják), celekoxib, meloxikám hatóanyagokat tartalmazó gyógyszerek. **Ezek a hatóanyagok a vékonybél és a vastagbél falát is károsítják.** Nem is értem, hogy lehet árulni őket, főleg némelyiket vénykötelezettség nélkül? Az 1970-es években kerültek bevezetésre... csoda, hogy az elmúlt 50 év hozta a halom új betegséget??

Amikor néhány éve lebetegedtem és nem talált az orvos semmi említésre méltót a leletekben, a szuper kóla/ropis diétám mellett azt javasolta, (bár, semmi extrát nem lát, TSH és egyéb értékem is bőven határétéken belül volt), **lehet** el kellene kezdenem gyógyszert szedni a pajzsmirigyemre. Fel is írta... **„Lehet el kellene kezdeni..."** Ez komoly? Kezdjek el szedni rendszeresen napi szinten gyógyszert, mert **lehet** jó lesz majd nekem?? Nem szedtem... több mint 5 éve... semmi baja a pajzsmirigyemnek! Egészséges, erős és kiegyensúlyozott vagyok.

Többször volt olyan érzésem az életem során, hogy egyértelműen azt éreztem, hogy nem tud velem, a tüneteimmel mit kezdeni az orvostudomány és csak egy kísérleti nyúl vagyok.

Intermezzo...

Halál pontosan itt tartottam a könyv szerkesztésében, amikor egy szombat esti napon megállapítottam, hogy az aktuális olvasmányomat befejeztem és feltettem magamban a kérdést, hogy mit kellene olvasni?

Másnap délelőtt vasárnapi sürgés forgás a konyhában, nagy főzésben voltam, egyhetes kismamának, kispapának... egyetemista koleszosnak (lehetőleg elvitelre is), lányomnak, vejemnek, unokámnak, mert betegek... ja, meg mi... közben zenét hallgattam. Teljesen átadtam magam a tevékenységnek, egyszerre több ételt is főztem és nagyon Ott voltam, hogy minden flottul menjen.

Egyszer csak egy hatalmas csattanás/csörömpölés szakította meg az idilli állapotot, miiii a fene történt? A nappaliban leesett néhány könyv a polcról és magukkal rántottak egy dísz üveget is. Épp előtte nap beszélgettünk szellemekről, mondtam is a családnak, hogy „megérkeztek" ☺ De mint tudjuk, hogy semmi nem történik véletlenül, kíváncsian vettem szemügyre, milyen könyvek jöttek nekem segíteni. Az egyik egy álmos könyv volt, mostanában nem forogtak e körül a gondolataim, semmi extra álom... a másik egy szépirodalmi könyv, valami nagyon régi, viszont a harmadik Dr. Lenkei Gábor „Cenzúrázott egészség" című könyve. Ó, ez lesz az! Köszi! Amint volt lehetőségem, azonnal belevetettem magam az olvasásba. Nem volt nehéz, mert a könyv letehetetlen. Tudom, hogy kb. 20 évvel ez előtt olvastam, de szinte egy szavára sem emlékeztem. Vagyis egészen pontosan, a lényegére igen, hogy az egész egészségügy és gyógyszeripar mögött a business van és nem az a cél, hogy Mi egészségesek legyünk, hanem hogy egy gyenge, irányítható, lehetőleg alacsony tudatszintű massza részét képezzük. Feltétlenül olvasd el a könyvet, ha még nem tetted! Egy rövid részletet idézek belőle:

*„Az Amerikai Orvosok Szövetségének (JAMA)tudományos lapjának **1998. áprilisi** számában elismerik, hogy lehetséges akár a*

130.000-et is meghaladó halálozás gyógyszer mellékhatások következtében. (Évente.) *Ide csak azok az esetek számítanak, amikor nem történt semmiféle orvosi hiba és a gyógyszert az érintettek az előírásoknak megfelelő adagban szedték. Mellbevágó, amit leírnak!*

*A szív és érrendszeri, a rák miatti és az agyi vérkeringési zavarok következtében bekövetkező **három vezető halálok után a negyedik a gyógyszermellékhatások okozta elhalálozás.** Ez a számítás csak a kórházi kezelések során beazonosított és bejelentett eseteket veszi figyelembe. Azaz amikor rájöttek, hogy a beteg nem a betegségébe, hanem a gyógyszeres kezelésbe halt bele, és kitöltötték az ilyen esetet bejelentő formanyomtatványt. Nem tudjuk, hány esetben nem veszik észre, vagy nem jelentik be, hogy valamelyik gyógyszer mellékhatása okozta a halált. Mennyi lehet a valós szám?"*

Azt nem is merem végiggondolni, hogy az elmúlt 25 évben hova „fejlődhetett" ez a szám… *(ÉÉÉs tudom, hogy néha életmentő is lehet egy-egy gyógyszer, vannak helyzetek, amikor nem lehet megúszni… ÁTMENETILEG, ESETENKÉNT!)*

Nem azért, mert Amerika! Sajnos az Európai Unióban is hasonlóan nagy számokról beszélünk. Egy kicsit frissebb adat szerint 197.000 ember évente…naponta 540 ember!

Csoda, hogy nem kívánta egyetlen egy porcikám sem a pajzsmirigy gyógyszert??

**Úgy döntöttem, inkább magamon fogok „kísérletezni".
Itt kezdtem bele a beöntésekbe, böjtbe, turmixokba…**

Még egy zsákutca a savlekötők, gyomorsavcsökkentők társasága

Állítólag Magyarországon a lakosság felénél van ilyen probléma. Rákerestem, az internet kapásból hozott egy országos hálózattal rendelkező gyógyszertárnál **27** készítményt, ami szintén vény nélkül kapható és garantáltan csökkenti a gyomorsavat.

A gyomorsavnak nagyon fontos funkciója van, nélküle erősen elszaporodhatnak a rossz baktériumok és nem leszünk képesek a gyomorban elfogni a támadó lektineket, és egyéb más betolakodókat, sima egyenes út nyílik nekik a bélfalhoz, ahol a túlterheltség miatt a nyálkás réteg már nem képes lekötni, tehát vígan átjut az ellenség a bélfalon.

A gyomorégés, büfögés az esetek nagy százalékában rossz táplálkozási szokások, feldolgozatlan lelki problémák eredményei. Azt látom a saját pácienseimnél is, hogy téves képzetük van ezzel a témával kapcsolatban. Sokan dobálják be a Renint például, ha kicsit túl ették magukat. Gondoljuk csak végig! Nem kell hozzá doktorátus, csak a józan paraszti eszünk. Megterheltük a gyomrunkat, mert nem bírtunk megállj-t parancsolni magunknak, kicsi helyet hagyva ezzel, hogy a munka alig tudjon elkezdődni, plusz még a szükséges „üzemanyagot" is lecsapoltuk. Mi lehet ennek az eredménye?? Amikor az emésztési folyamatok nem tudnak megtörténni úgy, ahogy az a nagykönyvben meg van írva, úgy, ahogy azt a jó Isten megalkotta nekünk, mindenre kiterjedő gondossággal és figyelemmel... az egész szervezet működését fúrjuk meg, nem csak az emésztő rendszerünket!

Konkrétan kitárjuk a kaput a betolakodók előtt és csak úgy özönlenek minden ellenőrzés és „letartóztatás" nélkül. A gyomorsav egyik legfontosabb funkciója a nem kívánatos baktériumok és lektinek elkapása és hatástalanítása.

Sok esetben inkább pont az ellenkezője igaz, hiba van a gépezetben.

Nehogy legyints csak egyet, hogy te neked minden rendben! Nagyon sok ember járt pórul, mert azt gondolta, az „én immunrendszerem bika erős"! Kutatók szerint szin-

te minden embernél, aki nem fordít erre különös gondot, figyelmet, van valamilyen szintű szivárgás a bélfalnál. [5]

4. Stressz...

Legalább annyira elcsépeltnek tűnik, amikor beszélünk róla, mint az „egészséges táplálkozás" „életmód váltás". Szinte zéró jelentőséget tulajdonítunk neki, pedig az általa okozott károk felbecsülhetetlenek. Nem nagyon lehet megúszni a hétköznapokban, de rengeteget tudunk tenni azért, hogy visszabillentsük a szervezetet az egyensúlyi helyzetébe.

A stressz néha jó is nekünk, különleges teljesítményekre, határok feszegetésére sarkall bennünket. Viszont a folyamatosan fennálló, a háttérben meghúzódó félelmek, feszültségek károsak, gyengítik a szervezet öngyógyító folyamatait, elakadásokat okoznak az energia áramlásában, ezzel csökkentve az adott szervek működését, és konkrétan gyengíti a bélflórát.

És... még nyilván ezer meg egy dolog van, ami hatással van a fizikai testünkre, de ha csak ezekkel az elvekkel tisztában vagy, többet tudsz tenni a gyógyulásod érdekében, mint bármilyen más módszerrel. Később még keresünk megoldást a stressz csökkentésére!

A fentiek közül van, ami része az életednek?

Tudom, hülye kérdés, szinte lehetetlen az összeset megúszni, és nem is kell ezen görcsölni, hogy így legyen, mert abba nagyon

---

5 Tanulmány: Jawahar L. Mehta, Tom G. P. Saldeen és Kenneth Rand: „A fertőzés, a gyulladás és az ütőér- elmeszesedés hagyományos rizikófaktorainak interaktív szerepe" Journal of the American College of Cardiology, 31, no.6. (1998. május): 1217-1225 https://www.sciencedirect.com/science/article/pii/S073510979800093X

bele lehet keveredni és több kárt hoz, mint hasznot. Viszont, ha bármilyen betegség ott van az életedben, tudd, hogy rengeteget tudsz te magad tenni annak érdekében, hogy meggyógyulj. Amikor elkezdtem a bélflórával kapcsolatos könyveket, kutatásokat, egyéb anyagokat túrni, egyre lelkesebb lettem... Megjött az „aha" élmény, megéreztem, hogy „EZAZ" és a félelem helyett valami mérhetetlen hála öntött el, hogy a megvan a megoldás.

Mit tehetünk?

Azt gondolom, a spirituális és a tudományos megközelítés is eléggé lehangoló tud lenni, ha hirtelen ránéz az ember, de én arra bíztatlak, hogy lásd meg benne a lehetőséget, hogy érezd meg, hogy az életed lehet sokkal EGÉSZebb és mindez a TE kezedben van.

Bízom benne, hogy sikerült, megnyomtam azt a „gombod", ami indulásra ösztökél. Ha megjött az érzés, ne halogass! Ha halál pontosan érzed, hogy nem jó, ahol vagy, ahogy vagy, vágj bele most.

Ne aggódj! Hidd el, hogy van megoldás, meg tudod állítani a szakadék felé száguldó vonatod, sőt képes vagy új irányba tenni! Készen állsz? Gyere, vágjunk bele!

3. FEJEZET

Hangolódj az EGÉSZségre!
Nulladik pont Szoftverfrissítés!

Mielőtt bármibe is belefogsz, félretéve az üzeneteket, feltétlenül fontos ez a rész! Enélkül a siker szinte biztosan el fog maradni, legalábbis hosszútávon!

Vedd komolyan, mert itt dől el minden!

Az Önmagadról alkotott kép, ami egyfajta szoftverként fut a tudatalattidban teljes mértékben meghatározza jelenlegi állapotod. Ez a kép egész életed (jó jó… bekavarhatnak előző életek is) során ért tapasztalatok, érzések, külvilágtól érkező impulzusok, sikereid, sikertelenségeid, örömeid, bánataid, tanulmányaid… stb. masszájának eredménye.
Így látod magad MOST, ez vagy te.

Tegyünk egy próbát. Csukd be a szemedet és képzeld el magadat. Nézd önmagadat csukott szemmel… figyeld meg, milyen érzések jönnek? Milyennek látod magad? Milyen érzések töltenek el? Talán ez a legfontosabb!
Egészséges, kiegyensúlyozott, csinos, fit, békés, lendületes… boldog vagy?

Ha igen, dobd el a könyvet, vagy inkább ajándékozd oda olyannak, akinek úgy érzed szüksége van rá… és csináld tovább, amit eddig is tettél…

Viszont, ha a kép, amit látsz magadról: szomorú, elkeseredett, beteg, szenvedő, megkeseredett, depressziós… ingerült, hisztis, kövér, boldogtalan, szürke… akkor vedd komolyan a feladatot!

Nagyon fontos, hogy kristálytiszta képed legyen arról, hogy mit szeretnél elérni, ezt nem egyszerű megfogalmazni pontosan és részletekbe menően. Ha nem írod át a szoftvered, folyamatosan vissza fogod cselekedni magad az eredeti képhez. Ez az egyik oka, amiért nehéz egy túlsúlyos embernek tartósan lefogynia. A fejében lévő kép egy molett, kövér ember. Amíg ezen nem változtat, jojózni fog a súlya. Hiába minden diéta, vissza fogja cselekedni magát a futó szoftverben lévő képhez. Ezért nagyon veszélyesek a „gyógyíthatatlan beteg" kifejezések az orvosok szájából. Amikor valakit megbélyegeznek ezzel a kifejezéssel, komoly érzelmeket generálva, szinte azonnal bevésődik a tudatalattiba és már automata mechanizmusként működik is.

Tehát, a szoftvered frissítése folyamatosan és automatikusan megtörténik, csak jellemzően nem aszerint, hogy mi a jó neked, mi támogat téged, hanem a külvilág manipulációjának megfelelően.

Gyerünk, kezd el átírni a programot úgy, hogy a gyógyulás és az igazi EGÉSZség legyen a cél.

Időt kell vele tölteni, álmodozni kell róla, hogy egyszer csak a vágyott képek bekússzanak az elmédbe és megérintsenek érzelmileg.

Amikor ezeket sikerül megtalálnod, írd le, amilyen pontosan csak tudod. Az a lényeg, hogy amikor ránéz a leírt sorokra bekapcsoljon az érzelem, tudd érezni a boldogságot, hálát, örömet. Ezek az érzések lesznek majd segítségedre.

Hiába a sok pozitív gondolat, kép, szavak... semmit nem érnek, ha az érzések nem társulnak hozzá.

Amikor látod, érzed, hogy milyen jól vagy és ehhez hála kapcsolódik a szívedben, bizonyos lehetsz benne, hogy a teremtés folyamata megkezdődött és csak idő kérdése, hogy mikorra válik valóra. (Persze csak akkor, ha mindezt cselekvés is követi majd.)

Ne bliccel el, szánj időt a tervezésre, 1-2 órát feltétlenül, igyekezz nyugalmat teremteni magad körül, oldd meg hogy egyedül legyél.

Lehet csináltál már ilyet, jajj, már megint ezzel jön valaki...

DE! Most csinálod napi szinten? A rutinod része? Amikor kipróbáltad, jól csináltad? Ki van zárva, mert akkor nem lennének problémáid és most nem ezeket a sorokat olvasnád.

Szánj rá minden nap néhány percet, hogy erősítsd magadban ezt a képet és a hozzá tartozó hálát!

Írd felül az évek óta futó elszabadult szoftvered! Ez az egyik alapja, ha sikert akarsz elérni, legyen az a tested átalakítása, mentális középpontod megtalálása, az Út keresése, vagy épp egy irányváltás az életedben.

Az vagy, akinek ÉRZED magad!
A tudatod nem tud különbséget tenni a valós és az elképzelt képek között!

Gyerünk, csukd be a szemed, végy néhány lélegzetet és képzeld el magad, csak nézd, figyeld és érezd... milyen érzés jön? Tetszik neked? Ha nem, akkor menj a fejezet elejére és olvasd újra!

Teremts magadnak győztes környezetet!

Ha bármibe belefogsz, a környezeted kritizálni fog és lesznek körülötted emberek, akik pontosan tudni fogják, hogy miért hülyeség, amit csinálsz. Erősnek kell lenni a motivációdnak, hogy ne tudjanak eltántorítani.

Mindig azt érdemes megnézni, hogy **aki kritizál, hol tart az életében.** Járt már be hasonló utat, amire te készülsz rálépni? Van szakmai, vagy gyakorlati rálátása az adott területre?

Ha nem vágsz bele semmibe, akkor is ott lesznek körülötted és „szívni fogják a véredet". Erőt és energiát vesznek el tőled, úgy, hogy észre sem veszed. Nem szándékosan teszik, egyszerűen gyengék és nem tudják honnan töltsék fel magukat. Ahogy erősödsz, ne feltétlenül rájuk „pazarold" az erődet.

Az életünk során vannak kapcsolatok, amik bejönnek a világunkba, ott vannak egy ideig, majd távoznak. Néhány egészen hosszútávú és rengeteg a rövid kapcsolódás, ami meghatározza létünket. Sokszor nem ismerjük fel ezeket a minőségeket és félünk elengedni embereket, pedig már rég nincs dolgunk velük. Csak átmenetileg volt szükségünk egymásra, de már túl vagyunk a feladatunkon.

Erőteljesnek tűnik, de van, hogy el kell engedned ezeket az embereket. Ez a folyamat nagy segítség lesz ebben. Ne lepődj meg, ha átrendeződnek a kapcsolataid.

A változás elindul azzal, hogy döntesz... és már jönnek is a tesztek...

Amikor elkötelezed magad valami mellett, belekerülsz az energetikájába. Húz magához és támogatja a döntésedet. Ezzel együtt a próbatételek/tesztek is megjelennek, szinte tuti, hogy nem tudod megúszni. Hirtelen jön valami, ami el akarja vinni az idődet, figyelmedet... valami plusz munka, valami extra lehetőség, rosszabb esetben valaki kiesik a munkatársaid, vagy a család tagjaid közül és több feladat hárul rád... stb. Nem akarok semmit a fejedbe tenni ezzel kapcsolatban, a lényeg, hogy ha észreveszel hasonló történéseket magad körül, tudd, hogy a folyamat része.

Ismerd fel, hogy **ez csak egy teszt**. Tényleg akarod azt az erős, kiegyensúlyozott, csinos, boldog, egészséges embert, akit megálmodtál magadnak? Vagy hagyod, hogy elsodorjanak az események...

Én bízom benned és nagyon drukkolok neked!

A tudatalattid soha nem alszik, mindig dolgozik valamin. Irányítja a szívverésed, légzésed, tárolja a bejövő információkat, tervez, dolgozik a céljaidért. **Adj neki jó célokat!**

Aki keres, az talál!

Minél egészségesebb, energikusabb leszel, annál könnyebben mennek a dolgok. Gyorsabban, könnyedebben fogsz mindent csinálni, olyan lesz, mintha időd szabadulna fel, pedig ugyanúgy 24 órával fogsz gazdálkodni.

Egy napló hasznos lehet...

Saját meglátásaid, bölcsességeid a legnagyobb tanítóid neked. Ne kényszer legyen. Akkor írj bele, mikor úgy érzed fontos megtapasztalásod, érzésed, gondolatod talált rád.

Mielőtt elindulsz, állj meg!

Mondta az ERdŐ... A megállásnak több jelentését is érzékeltem ebben az egy mondatban és ha rád vonatkoztatjuk az előző oldalak is ebben támogatnak.

Ha most visszatérünk oda, hogy beteg a Föld és mi emberek felelősek vagyunk ezért a saját fizikai, mentális, lelki állapotunkkal... érdemes megállni és elgondolkozni azon a helyzeten, amiben vagyunk, mit tudunk tenni? Hogy lehet ezen javítani?

A Föld is ezt tette. Amikor ezt az üzenetet kaptuk, a koronavírus idejét éltük. (De ez a helyzet csak egy a sok közül.) Nem tudjuk meddig tart, hova visz és jön-e még. Persze, vírus, politika, gazdaság... sok mindenre rá lehet fogni. Teljesen mindegy, mi volt a kiinduló pont, hogy mesterséges volt-e vagy sem. A bolygónk lázadt... A lényeg, hogy megtörtént globálisan az, ami az egyénnél is el kellene, hogy jöjjön, ha szükséges.

Olyan emberek, cégvezetők, vezetők álltak le, akik ezt előtte sose tették meg. A gyárak, autók, repülők... leállásával megállt a nagyüzemi működése a Földnek. Vagy legalábbis lelassult. *Mehetünk ezzel szemben, vagy vele egy irányban. Az biztos, hogy az energiák most a megállást, lassítást, mélyülést támogatják és mindegy, hogy már túl vagyunk a víruson, vagy sem.*

Karanténban... Mindenkinél más élethelyzet állt fenn, mindenkinek más az, amiben meg kellett állnia, majd változtatni. Nézd meg, téged milyen szituációban talált el? Biztosan emlékszel rá!

Nézz vissza egy kicsit! Kivel zárt össze? Van/volt vele valami „elintézni valód"?

Kevés időd volt a gyerekre, vagy a férjedre, feleségedre? Ne adj' Isten magadra? Mióta szerettél volna a hobbidnak élni? Jó lett volna néhány hét csak úgy? Elveszítetted a munkád? Biztos jó helyen voltál? Megélhetést varázsoltál kínodban a hobbidból? Ott ért el a karantén, ahol éppen a tanítás van számodra.

Akár fizikai, vagy mentális problémád van és tényleg megállsz, kicsit hátra lépve nézed meg azt a helyzetet, amiben vagy, észre fogod venni azt az üzenetet, ami kizárólag neked szól. Legyél nyitott rá és cselekedj!

Mindegy mikor olvasod ezeket a sorokat, globális átalakulás előtt, egy igazi emelkedés, fejlődés előtt állunk, nem néhány évről van szó és valószínűleg nem lesz sima ügy. Nem fog mindenki dalolva nekiállni változtatni egy jobb élet reményében, ott viszont az Élet fogja majd „kikényszeríteni" különféle helyzetekkel.

Mondhatni, hogy rajtunk a világ szeme, embereken, bele tudunk-e állni a feladatba, hajlandóak vagyunk tenni magunkért, sejtenénk a nagy EGÉSZért, a jövőért, a gyerekeinkért...!?

A feladatunk igazán egyszerű, hogy jobban legyünk.
Ez egyelőre egy kedves kérés felénk, későbbiekben meglátod majd, hogy nagyon komoly a tét.

Tehát:

Ha úgy érzed nem vagy a középpontodban, betegségek kínoznak, legyen az mentális, fizikális, vagy épp az életedben zajló események mutatják, hogy elég nagy katyvasz közepén ülsz, mielőtt bármit is tennél.

ÁLLJ MEG!

Mivel meg akarsz felelni a társadalmi elvárásoknak, félsz, hogy elveszik a munkahelyed, nagyon nehezen veszed rá magad erre a megállásra. Már a sokadik bőrt húzod le magadról és még mindig mész. Érzed, hogy nem kellene, hogy alig bírod, de mész, mint a vaklégy.

Aztán jönnek a fizikai tünetek és te még mindig nem állsz meg, bekapsz néhány pirulát és mész tovább, amíg be nem üt a ménkű és ágyba fektet az élet.

Aztán amikor ez megtörtént **AZONNAL** szeretnél meggyógyulni, mert **„nem érsz rá"** feküdni, nem, hogy ránézni a helyzetre és elkezdeni dolgozni azon, ami időigényes, ráadásul nem kényelmes, mert erősen komforton kívüli helyzet.

A gyógyulás szinte azonnal megtörténhet, ha ráláttál, megértetted, megbocsájtottál, elengedtél... stb.

A betegség, a fizikai tünetek nem más, mint üzenetek a felsőbb énünktől a lelkünkön keresztül, amik először érzésekként jelentkeznek, majd mikor ezeket félresöpörtük, kénytelenek manifesztálódni és vészharangot csengetni: „Mit csinálsz ember! Nem ez a dolgod! Nem ezért születtél!"

A testünk beszél hozzánk

Ez a kommunikáció az érzéseinknél kezdődik. Hogy megértsd a miérteket, elengedhetetlen ennek elfogadása.

Amikor a lélek leszületik a testbe, nem jön le az egész, hanem csak egy része. A többi a köztes létben marad. Ez a – mondjuk így – Felettes Én az érzelmeinken keresztül igyekszik nekünk utat mutatni, segíteni. A köztes létben a Minden Egy-ben az összes létező információ elérhető és rendelkezésünkre áll. Az „ott" maradt pici részünk pontosan tudja, hogy mi a dolgunk, miért születtünk le ide erre a csodás bolygóra és igyekszik a földi ruhába költözött részünket segíteni az Útján. A kommunikáció az érzelmeken, érzéseken keresztül történik első sorban.

Amikor jól érzed magad, jó az irányod. Tele vagy energiával, erős, egészséges vagy. Remélem sokszor érzed magad így!

Mikor rendszeresen egy kupacban van a gyomrod, fáradt, gyenge, kimerült, ingerült, feszült, depressziós, beteg vagy, kibillentél az egyensúlyodból... Nem jó az irányod! Erősen változtatni kellene, de jellemzően ezeket a tüneteket nem veszszük komolyan, legalábbis a fejlődésünk elején. Nem merünk változtatni, lépni, mert meg akarunk felelni a környezetünknek, a társadalmi elvárásoknak, illetve sok esetben el sem bírjuk képzelni, hogy van más út, hogy lehet mással élni, hogy nem feltétlenül kell 30 évig egy helyen dolgozni... Hogy bátran élhetnénk a hobbinkból, vagy akár, hogy komoly feladatunk van, amit nem tudunk kikerülni, bele „kell" állnunk.

Állj meg és gondolkozz el kicsit!

Akár fel is teheted a kérdést, hogy miért van ez a gombóc a gyomromban? És szinte 100 % hogy tudod a választ, csak nem mered még lehet magadnak sem bevallani, nem, hogy kivitelezni.

Jó ilyenkor hátra lépni és egy távolabbi nézőpontból szemlélni a dolgot, erőt gyűjteni és megtalálni azt az erős motivációt – legyen az pozitív vagy negatív – amitől képesek leszünk a szükséges változtatásokat meghozni.

Amikor már fizikai tüneteket produkál a test, akkor úgymond manifesztálódott az üzenet.

Nem figyeltünk eléggé az érzések által közvetített mondandóra, letértünk az Útról. Ezekkel a fizikai tünetekkel igyekeznek (vagy ha egész pontosak akarunk lenni, mi magunk igyekszünk magunkat) visszapofozni arra a sztrádára, ami az irányunk.

Itt nagy segítség lehet több könyv is. Érdemes eleinte olvasgatni őket:
Louise L. Hay: Éld az életed és Jacques Martel: Lelki eredetű betegségek lexikona

De, azután vedd elő a józan paraszti eszedet, a szép magyar nyelvünket és az is segíteni fog.

„Nem bírom megemészteni. Nem veszi be a gyomrom. Nem tudok dönteni. (derék fájás) Ezt már nem tudom lenyelni. Nem bírok lépni."

Szóval... Állj meg és gondolkozz el ezeken! Mindig az a legfontosabb, hogy neked mit üzen az a tünet! Miben korlátoz? Mikor jelent meg? Mit csináltál előtte, hova készültél menni...?

Ez pofon egyszerű és egyben nagyon nehéz is tud lenni, mert van, hogy hiába látod a felszínen a problémát, olyan régóta húzod magaddal, hogy egy feneketlen kút van alatta és nem mersz vagy nincs erőd a mélyére lemenni és még vissza is jönni. Ehhez jó, ha van segítséged, lehet elég egy barát, de ha nem megy, keresd meg azt a szakembert, aki segíthet.

Amikor már nem megy a tisztán látás... Ne kapkodj!

Ha a fizikai tünet úgy felerősödik, hogy a fájdalomtól már nem tudunk tisztán látni, gondolkozni, illetve elindultak romboló folyamatok, feltétlenül kell a fizikai testtel is foglalkozni, fájdalmakat csökkenteni. Ilyenkor előjöhet a düh, harag, magunkra, (hogy lehetünk ilyen gyengék...) a testünkre, hogy miért nem szolgál már tovább minket, aztán jön a minden mögött meghúzódó félelem a haláltól. Nem látjuk és lehet nem is érezzük, de amikor valami betegség közepén elkap a félelem és a kétségbeesés, biztos lehetsz benne, hogy a végleges elmúlástól való félelem bújik meg mögötte, ha egy kicsit megkapargatod a felszínt. Mindezek semmit nem segítenek, sőt még rombolnak... ha tetszik, ha nem, megállítottad magadat.

Ne kapkodj! Vész esetén mindent meg kell tenni a test védelme érdekében. Ha már eddig elvitted a dolgot (igen, te voltál... te nem tudtad megfejteni az üzenetet, vagy ha mégis, akkor meg nem hoztál döntést és nem cselekedtél...) a kétségbeesés helyett próbálj megnyugodni és vedd elő a gondolatot, hogy ez **„csak egy üzenet"** mit akar magyarázni?

Az esetek nagyon nagy százalékában semmi mást, csak azt, hogy **„Állj meg"**, mert túltoltad a dolgot és kizsigerelted a szervezeted, a tested, illetve rossz irányba tartasz...

Tapasztaltam testközelből az érzést, amikor fekszik az ember fájdalmak közepette gyengén és fogalma sincs, hogy mikor lesz vége, vagy vége lesz-e egyáltalán. Elkeserítő és kilátástalan bír lenni.

Hiába akarjuk egy-két, vagy sok tablettával, csodatévő szakemberekkel megoldani, amíg nem fogtuk fel a mögöttes üzenetet és nem változtattunk, állandóan vissza-

térő problémánk lehet. Ez nem azt jelenti, hogy nem foglalkozunk a fizikai testtel!

Ezt a kettőt együtt jó kezelni. Helyre tudjuk tenni a fizikai tüneteket, de szükséges hozzá a mögötte meghúzódó mechanizmus megértése, a döntés és a változtatás is. Nem véletlen a rengeteg krónikus betegség és a visszatérő rák. Meg kell érteni, meg kell élni, megbocsájtani... elengedni... stb. **Elég bonyolultnak tűnik, pedig nem az, csak alapjaiban kíván változtatásokat, ami ijesztő.**

Kell, hogy eléggé „szúrjon a szög". Sajnos ez a tapasztalatom. A jobbik eset, hogy nagyon vágyunk valamire. Nálad melyik lehet?

Állj meg mindenképp! Legyen bátorságod ránézni a mentális és fizikai tüneteidre és kezdj el kidolgozni egy akciótervet, ami leállítja a szakadék felé száguldó folyamatokat és egy igazán nagyszerű élet lehetőségét nyitja meg számodra!
Ez a könyv segítségedre lesz. Ne csak átfusd! Olvass el többször egy-egy részt és találd meg benne a rád vonatkozó sorokat, vagy inkább, olvass a sorok között...

Saját sztori:

Évek óta tisztában voltam ezekkel a jelekkel és mégis volt, hogy belefutottam. Nem könnyű megfejteni néha. 2019-ben egy derék/csípő fájásnak nem bírtam kitalálni, hogy mi lehet az oka. Két hónapig maszszíroztattam, nem akart helyre jönni, majd szereztem egy időpontot a kedvenc manuálterapeutámhoz, akire jellemzően heteket kell várni. Elmentem hozzá, felfeküdtem az ágyra és mielőtt bármi történt volna, nagyon közel jött hozzám és szinte a fülembe súgta: „csak a Jelen pillanat számít". (Abban az időben mélyült el tapasztalásom a JelenLéttel kapcsolatban és fejemben volt a terv, hogy Skopeloson csinálok egy JelenLét tábort.) Szinte beleborzongtam, mert abszolút nem illet oda ez a kis jelenet, olyan volt, mintha valami üzenetet közvetített volna. Sok ismerősömet küldtem hozzá, soha, senkinek nem mondott ilyet. Nah, végül hajtogatott rajtam néhányat, és rá pár napjára elmúlt a fájdalom. Nagyon boldog voltam, hogy visszakaptam a jól funkcionáló testemet.

Eltelt két hónap és újra megjelent a fájdalom egyik pillanatról a másikra. Nem hittem el, hogy ugyanabba a helyzetbe teszem vissza magam. Nyilvánvaló volt, hogy hiába került a helyére a test, ha a mögöttes üzenetet nem fejtettem meg... Minden fizikai tünet egyfajta kommunikáció a felsőbb énünkön keresztül. Nekem a derék a „döntést", illetve annak hiányát szimbolizálja. „Nem tudok dönteni", számomra a legnagyobb tanító minden könyv mellett tényleg a magyar nyelvünk. Mi a fene ez??? Már szétgondolkoztam magam, nem sikerült rájönnöm, hogy mi lehet, amiben nem voltam képes döntést hozni.

Majd a barátnőm feltette a kérdést:

- Döntöttél már Skopelossal kapcsolatban?
- Igen, jövő nyár elejére tervezem.
- Időpont van már?
- Még az nincs...

Nem hagyott nyugodni a dolog, másnap reggel elővettem a telefonom, találtam jó áron repülőjegyet és kitűztem az első JelenLét tábor időpontját, meghoztam a konkrét döntést.

Két nap múlva elmúlt a fájdalom mindenféle kezelés, masszázs nélkül. Azóta sem jött vissza.

Láttam már ezt-azt, de amikor az ember magán tapasztalja mindig jobban beég.

Nyisd ki a szíved és töltődj fel energiával!

Szólt az üzenetünk másik fele... Könnyű ezt mondani, de hogy lehet kivitelezni? „Nincs energiám". Ismerős neked is? Szoktad hallani, használni? Ha igen, végig gondoltad magát a mondatot, mi is az az energia és hogy van lehetőségünk visszaszerezni, ha „elveszett"? Hogy tudjuk töltőre tenni magunkat?

Amikor nagyon padlót fogsz, ahhoz, hogy képes legyél bármire, elsők között kell, hogy legyen némi energia utánpótlás. Már ha megállsz is sokat segít, de mit tehetsz még és mi is az az energia?

Minden energia!

Ez a mondat kiverte a biztosítékot nálam kb. 20 évvel ezelőtt. Azóta rengeteget tanultam és ami szerintem ennél sokkal fontosabb, tapasztaltam a témában. Sajnos az orvostudomány még nem hajlandó tényként kezelni ennek a gyógyító erőnek a létezését, pedig e nélkül nincs élet. A testünk tele van energia vezetékkel. A sejt közötti térben találjuk ezeket a finom, láthatatlan szálakat.

Úgy hálózzák be a testünket, mint az erek. Legalább olyan fontosak, mint ahogy dobog a szívünk és folyik a vér az ereinkben. A vezetékek úgynevezett csakrákban futnak össze, ezek közlekedési csomópontok, mint a körforgalmak. Itt történik az energia felvétele, mondjuk úgy, hogy az Univerzumból. Vannak kisebb és egészen nagy találkozási pontok.

A 7 legnagyobb csakránk a fejtetőn, homlokon, toroknál, szívnél, köldök felett, alatt és a nemi szerveknél található. Ezek a fő energia felvevő helyeink. A „tankolás" annál könnyebben és hatékonyabban megtörténik, minél lazább a test. Amikor feszültség, feszülés van, nem tud közel sem olyan jól áramolni ez a szuper üzemanyag, mint amikor nyugalom, lazaság állapotában vagyunk.

Amikor alszol, relaxálsz, pihensz, meditálsz, jógázol... vagy csak megállsz néhány pillanatra, figyeled a légzésed... és valóban laza tud lenni a test, akkor komoly töltésben lehet részed.

A testünk egy csodás gépezet, folyamatosan, megállás nélkül a homeosztázisra (egyfajta folyamatos belső egyensúlyra) törekszik. Megállás nélkül igazodik a külső, belső körülményekhez, mellyel igyekszik minket életben tartani. Ha végig gondoljuk, hogy néha minek tesszük ki, nincs könynyű dolga. Ezért fontos, hogy ezekkel az egyszerű és igazán könnyű megoldásokkal vegyük le a felesleges terheket és segítsük a munkáját.

Az automata üzemmódot így tudatosan is erősítheted. Minél jobban érzed magad, annál kevesebb a feszülés, annál könnyebb és hatékonyabb az áramlás, egyszerűbb a rálátás, tisztul a kép, oldódnak blokkok és elindul a gyógyulás...

A hétköznapok rohanásában, a rengeteg teendőnk közepette nem könnyű lazának maradni és utat engedni ennek az erőnek.

Érdemes valahogy, mégis időt és helyet találni!

Nem kell nagy dolgokra gondolni... Sokat segíthet a természet, a kert, növények, kreatív hobby, jó zene, vagy a háziállatok, kisbabák is nagyon tiszta, pozitív energiát áramoltatnak, feltétel nélkül. A mantrák, meditációk rezgés növelő hatása is nagy segítség, komoly fejlődési lehetőség, ha beépíted a mindennapjaidba ezek gyakorlását.

Az egészséges testben az energia felvétel folyamatos és az áramlás is zavartalan.

És fordítva is... akkor lesz a test egészséges, ha az energia áramlás zavartalan.

Energiát veszünk fel továbbá az étellel, itallal, sőt a belélegzett levegővel is. Érdemes ezen elgondolkozni, mennyi energiát tartalmazhat néhány ételünk, italunk??

Amikor egy csakrában elakadás keletkezik, nem tud a test ott töltekezni, a mögöttes szervek egy idő után megbetegedhetnek, illetve a beteg szerveknél található csakráink egyre gyengébben képesek működni. Ez egy oda-vissza ható folyamat, mely jó esetben egy szuper felfelé ívelő spirált eredményez, rossz esetben viszont lefelé húz.

Ezeknek az elakadásoknak az előzményei azok a jelek, amiről már beszéltünk, az érzelmeink, érzéseink. A Felettes énünk üzenget nekünk, csak nem biztos, hogy hajlandóak vagyunk elolvasni az SMS-eket. Az esetek nagy részében teljesen tisztában vagyunk a helyzettel, de fogalmunk nincs, mit kellene vele kezdeni. Nem merünk, vagy nem akarunk változtatni, vagy egyszerűen el sem tudjuk képzelni, hogy lehetséges.

Ne söpörd a szőnyeg alá! Ne halogass!

Nagyon veszélyes játék ez! Amikor éveken át nem beszélsz a szüleiddel, testvéreddel, nem bírsz megbocsájtani apró, piti, vagy akár nagy dolgok miatt... szerinted kivel szúrsz ki? Fortyog benned a düh harag... aki miatt, vagy akivel szemben, azt meg abszolút nem érdekli. Te pedig vágod a fát magad alatt. A „legjobb", és sajnos nagyon gyakori, amikor mindez saját magunkkal szemben áll fenn. Képesek vagyunk akár évtizedeken át cipelni. Amikor haragszol magadra egy-egy döntésed miatt és 40 év múlva is vered a fejed a falba, hogy „miért nem a Hufnágel Pistihez mentem feleségül", (a helyett, hogy változtattál volna az elmúlt 40 évedben) egyenesen egy rossz önértékelésű, házsártos, beteg és megkeseredett öreg emberhez vezet, akinek senki nem szeret a közelében lenni.

A magunkkal történő munka elég magányos bír lenni, bízom benne, hogy a könyvben lévő gondolatokkal kísérni tudunk ezen az úton és nem leszel egyedül.

Ha az olvasottakból valami nagyon távol áll a nézeteidtől, ne told el azonnal, csípőből. Légy nyitott és kezd el vizsgálgatni, elmélkedj rajta kicsit! Nyisd ki a szíved és hagyd, hogy amire szükséged van befogadja. Amire nem vagy kész, engedd tovább menni. A rossz hír, hogy ami a legjobban fel tud „bosszantani" azzal van leginkább dolgunk.

Ha megérzed a spirituális üzeneteket, megérted a tudományos hátteret és megvan az igazán jó víziód, megállsz, töltőre teszed magad, már itt egy csomó problémád szinte magától meg fog oldódni és lesz erőd nagyobb fába vágni a fejszéd.

Kezd el, most!

1. Állj meg fizikailag és mentálisan is. Nézd meg hol vagy! Tűzz ki egy célt ebből a kiinduló pontból.
2. *Lásd magad erősen, egészségesen, boldogan, ÉREZD a hálát! Ne csak a gondolatok menjenek.* Akkor működik, ha érzed. Figyeled meg, ez milyen változásokat indít el!
3. Menj ki a természetbe minden nap 1/2-1 órát, figyeled a növényeket, állatokat, kertészkedj, vagy csak csodáld őket... Hogy reagál a tested? Milyen így egy napod?
4. Ne mond, hogy nincs rá időd! Szervezd át a napod! Kelj fel kicsit korábban. Kevesebb Facebook, TV... vagy nem látom az időbeosztásod, de találj időt.
5. Feküdj le időben! Pihenj!
6. Mit üzen a tested? Kérj segítséget, ha nem megy egyedül a rálátás!
7. Kezd el a tested takarítani... Ebben segítünk a következő részben!

4. FEJEZET

A szervezet tisztítása

„Nagyon sajnáljuk, de jelenleg egy erős tisztulás zajlik. A Földnél elindult egy „autoimmun" folyamat. Az immunrendszere már saját sejtjeit támadja. Le kell állítanunk, sőt vissza kell fordítanunk ezt a folyamatot, mert halálhoz vezet. Meg kell tisztítani a sejteket, Titeket is! Kezdjétek a test tisztításánál. Beszélj az embereknek a tisztító kúrákról."

Na, gyerünk, itt az idő a tettek mezejére lépni! Nekem is és nektek is. Vállalom a feladatot, nézzük a szervezet tisztítását...
Hogyan tudjuk visszaállítani az egyensúlyt, támogatni a jó baktériumokat?

Amikor legutóbb orvosnál voltál ajánlotta neked, hogy méregteleníts?
Hogy csinálj böjtöt? Vagy beöntést? Nem, nem jellemző...
Tiszteletem és hála a kivételeknek! Sőt van, hogy belefutok olyan elméletekbe is, hogy a méregtelenítés csak egy humbug, nincs is a szervezetünkben semmi, amit méregteleníteni kellene. Biztosan így van és ehhez szorosan kapcsolódik a „lapos Föld" elmélet is, hisz a mai napig vannak hívői. Az egészségügyi ellátásnak nem célja, hogy te egészséges legyél! Nem a nővérkének, aki éjjel nappal erőn felül sertepertél körülötted, ha véletlenül a kórházi ellátást kell élvezned, és nem az ott lelkiismeretesen dolgozó orvosoknak, hanem a politikusoknak és a nagyhatalmaknak! Nekik gyenge, irányítható tömegre van szüksége. Szóval...

Neked kell felvállalni a felelősséget és bátran belevágni ebbe a nagy kalandba! Nem lesz könnyű, néha majd fel

akarod adni, de remélem itt leszek/leszünk neked mielőtt megtennéd. Viszont, ha belevágsz, az egész életed irányát megváltoztathatod.

Amikor szükségem volt rá és kerestem a lehetőségeket, hogyan tudnék jobban lenni, rengeteg olvastam, keresgéltem könyvekben, interneten, tananyagokban... tanfolyamokra jártam. Azt tapasztaltam, hogy bármi, amit jónak gondoltam, biztosan volt, aki az ellenkezőjét állította. A szuper egészségesnek titulált ételekről kiderült, hogy nem kellene fogyasztani, vagy nem úgy, ahogy eddig tettem... Minél mélyebbre mentem, annál inkább el lehetett veszni a részletekben és egyre tanácstalanabb lettem. Végül úgy döntöttem, hogy a józan paraszti eszemet és ítélőképességemet fogom az előtérbe helyezni. Az biztos volt, hogy ki kell takarítanom valamilyen úton, módon a testemet és azt éreztem, hogy a gyökeres változáshoz szükségem van valamire, ami alapjaiban rázza meg a rossz beidegződéseimet, szokásaimat. Akkor még nem tudtam, csak éreztem, hogy ez a léböjt tud lenni kizárólag.

Sajnos ezzel kapcsolatban is erősen egymásnak ellentmondó információkat találtam az interneten, de a „bele lehet halni" írások sem tudtak eltántorítani, mert az **Érzés** sokkal erősebb volt ennél. Valahol ott legbelül Tudtam, hogy ez lesz a megoldás. Aztán elővettem ismét a józan paraszti eszem és végig gondoltam, hogy amikor embereknek nincs mit enni... nem halnak éhen, legalábbis 40 napig biztosan... tehát az öt nap sima ügy.

Később a lexikális tudás is megérkezett hozzá, több csatornán keresztül, ami megerősítette érzékelőkémet.

Sokan csak fogyni szeretnének...

ami jó gondolat, sok terhet le tudsz venni magadról, a szervezetedről. De jobb ötletnek tartom, ha mint tisztítás indulsz neki. Ha elkezded takarítani a sejtjeidet, úgy fognak leolvadni rólad a kilók, hogy csak ámulni fogsz. Nem egyszerre fogysz sokat, hanem elindítja a folyamatot és szépen apránként tudsz megválni a feleslegtől. Amikor valaki alig eszik és mégsem tud fogyni sokszor alapvető problémák húzódnak meg a háttérben. Szinte 100 %, hogy valami gond van az emésztési folyamatban, amihez szorosan kapcsolódik a lelked és a tudatod is. Ha túl sovány vagy és hízni szeretnél, ugyanez a helyzet. Mindez egy folyamat, ami kezdődhet a böjttel, de nem ott ér véget! Most első körben a fizikai testre koncentrálunk. A valóságban a test és lélek tisztulását nem lehet külön választani, a böjt hozza a lélek bugyrait, de a könyvben az érthetőség kedvéért külön fejezetben szerepelnek. Ha kitisztul a tested, lelked, helyreállnak folyamatok, be fog állni a Te súlyod.

Tudtad, hogy tulajdonképpen az egész emésztőrendszerünk a szánktól a végbélig egy vezeték?

Igen, ez teljesen természetes, de sose gondoltam így végig. Ha ezen a vezetéken a folyamat zökkenő mentesen zajlik, akkor az étkezésed során szépen tudod etetni a sejtjeidet. Energiához, vitaminokhoz, ásványi anyagokhoz... juttatod őket.

A táplálékot az erek szállítják el a sejtközötti térbe, abból táplálkoznak a sejtek, elégetik (megeszik) amire szükségük van és a hulladék visszakerül ugyanebbe a térbe, ahonnét szintén az érhálózat szállítja el, ha minden rendben van. Amivel nem tudnak mit kezdeni, az beépül a kötőszövetbe.

Víz

A testünk vízháztartása nagyban befolyásolja, hogy a sejtközötti tér, hogy néz ki és hogy ez a sejt táplálkozás/anyagcsere, hogy tud lezajlani. Minél tisztább ez a tér, annál jobban működnek ezek a folyamatok. Ha már csak egy sűrű, „sáros" pocsolya van, akkor szinte alig és hiába eszel, sejt szinten éhezni fogsz. Ezért nagyon fontos, hogy a szervezet tisztításának nulladik pontja a megfelelő minőségű, mennyiségű víz fogyasztása kell, hogy legyen, a vízivás szabályait figyelembe véve.

Így idd a vizet:

✓ Testsúly kg-onként 30ml/nap a MINIMUM VÍZ fogyasztási szükséglet. (Nem folyadék! Üdítők, energia ital, alkohol, leves... és egyéb ötletek nem számítanak!) Ha több kávét is iszol + 0,5 l, ha fizikai munkát végzel, nyár van, nagyon meleg, vagy edzel + 0,5 l / nap. Nekem sokat segít, hogy van egy vizesflakonom, így tudom mérni a mennyiséget és jobban is csúszik, mintha pohárból innék.

✓ Tisztított vizet igyál, ne csapvizet. Ha nincs víztisztítód, akkor ásványvizet, de valami jobb minőségűt.

✓ Ha jó minőségű a csapvized, idd bátran, de „szeretgesd" meg mielőtt megiszod. Megváltozik a struktúrája. Emoto Masaruról biztosan hallottál már. Mentális üzeneteket küldött a víznek és lefotózta őket mikroszkóp alatt. Te melyik kristályt küldenéd inkább a testedbe? Nem kell túlgondolni a dolgot. Amikor kiengedem a vizet, míg lezárom a kupakját, rágondolok, hogy: **„Te egy gyógyító víz vagy, ami segít nekem a szervezetemet kitisztítani. Hálás vagyok ezért."** Ha úgy könnyebb elképzelni, fogd a két kezed közé a flakont, mintha megölelnéd, megszeretgetnéd.

✓ Mikor igyunk? Reggel a legfontosabb, én közel 1 litert megiszom reggel. Először meleget iszom 3-4 dl-t, utána, kicsit később hideget, vagy inkább szoba hőmérsékletűt mert azt jobban szeretem. Ha reggel kávézol, mindenképp előtte igyál vizet. A napi folyadék nagy részét a délelőtt folyamán meg kellene innunk. Az én esetemben ez dolgosabb, melegebb napon 2,5 liter, ebből 1,5 litert megiszom délelőtt. Ez az elején nagy odafigyelést igényelt nálam. Mindig elfelejtettem. Amióta reggel kb. 1 literrel kezdem, simán meg van délelőtt a 1-1,5 liternyi.

EVÉS ELŐTT, KÖZBEN, UTÁN NEM ISZUNK VIZET! A vízzel felhígítod a gyomorsavad és nem tud az emésztés a terv szerint megtörténni. Ez az egész folyamatot felboríthatja. Szóval igyunk sok vizet, de ne akkor, amikor eszünk. Evés előtt 1/2 órával, utána is minimum 1/2 óra, ha nehezen emészthető ételt ettünk, akkor 1-2 óra is szükséges lehet. Ez ijesztően hangzik, pedig csak szokás kérdése. Ha rendbe teszed a fejedben ezt a kérdést, akkor nem fogsz szomjan halni ebéd közben. Ha délelőtt feltöltöd a vízháztartásod, simán lemegy az ebéd mindenféle ital kíséret nélkül. Az elején sok odafigyelést igényelt nekem is, de megérte. Ha nehezen megy az elején, citromos vizet, vagy kombucha teát (erjesztett ital) javaslok néhány kortyot, ez nekem is bevált. Nyilván, ha egy ünnepi, vagy baráti vacsorán vagy és koccintani szeretnél egy finom borral, nehogy kihagyd!

✓ A zöldturmix is étel! Nem iszunk előtte/közben/utána vizet!

✓ A gyümölcslé is étel! Főleg a 100 %-os levek! Meg kell „rágni", ne öntsd le, kortyonként igyad és keveredjen össze a szádban a nyállal. Itt se igyál közben vizet! De leginkább ne igyál gyümölcslevet, felejtsd el őket, inkább edd meg a gyümölcsöt!

Kiveséztük… a víztéma egyik oldalát… Ez menni is fog, remélem!

A beöntés

Most jön a nehezebbnek tűnő oldal, a vezeték másik végének, a bélrendszer tisztítása, ami nekem **a beöntés**. Nah, ezt se fogja neked orvos javasolni. Amikor „szembe jött" velem ez a dolog, a legrosszabb állapotban talált rám.

Nagyon gyenge voltam és elkeseredett. Össze-vissza infókat találtam. Orvosokat kérdeztem, nem tudtak egyértelmű választ adni, viszont a komoly böjtös könyvek mind nagyon fontosnak tartották.

Amikor a szervezet ezerrel választja ki a méreganyagot és te nem eszel, akkor szerinted mi lesz előbb utóbb a széklet jelentős tartalma? Bingó! A harmadik napon már a saját készleteidet kezded fogyasztani, itt már mindenki húsevő lesz. Elsősorban a beteg sejtek, mérgek, felesleges anyagok kezdenek kiürülni a test intelligenciájának köszönhetően. Ezért egy méreganyagban koncentrált széklet lesz a végtermék, ami, ha sokáig pang a bélben, képes visszaszívódni és visszamérgezni a testet, főleg, ha fennáll az áteresztő bélszindróma. Ekkor jelenik meg jellemzően az erős, csillapíthatatlan fejfájás.

A beöntéssel ezek a böjti krízisek sokkal könnyebben átvészelhetőek. Értettem én... de mégis nagyon nehezen álltam neki.

Családomban senki, ismeretségi körömben tudtam két embert, akik már csináltak ilyet, ők bátorítottak, de azért akadtak kérdések bennem, amik megválaszolatlanul maradtak. Nagy tanakodásomban megtalált egy könyv, amiben Jézust idézik az Esszénus Evangéliumból. (Nem vagyok templomba járó hívő, de Jézust, akár mint Buddhát nagy tanítónak tartom.) Teljesen lenyűgözött a gyönyörű írás és mint egy Isteni jelnek véve nekiláttam.

Izgalmas a sztori, úgy döntöttem, megosztom veled minden hozzá tartozó gyakorlati instrukcióval együtt. Nagyon bátor vagyok szerintem :D! De előbb nézzük, mit mondott Jézus!

Itt ez a csodás idézet, ami erőt adott, ha jól számolom több mint 2000 évről...

Jézus a víz angyaláról az esszénusokhoz írt leveléből:

„Keressétek meg a víz angyalát. Vegyétek le cipőtöket és ruhátokat és engedjétek meg a víz angyalának, hogy átöleljen. Vessétek magatokat teljesen ölelő karjaiba és ahányszor a levegő légzésetekkel együtt megmozdul, mozgassátok meg testetekkel a vizet. Bizony mondom nektek, a víz angyala kimos minden tisztátalanságot testetekből, amely kívül és belül bepiszkolt és úgy fog kifolyni belőletek minden tisztátalan és bűzölgő dolog, ahogy a víz kimossa a ruhátokból a tisztátalanságot és feloldódik a folyó áramában. Bizony mondom nektek, szent a víz angyala, aki megtisztít minden tisztátalanságot és édes illatot ad minden bűzölgő dolognak. Egyetlen ember sem léphet Isten arca elé, aki nem engedi magához a víz angyalát. Bizony, mindennek újjá kell születnie a víz és az igazság által, ezért fürdessétek meg testeteket a földi élet folyójában és fürdessétek meg szellemeteket az örök élet folyójában, mert véreteket a Föld Anyától kapjátok, az igazságot pedig Ég Atyátoktól. Ne gondoljátok, hogy elég, ha a víz angyala csak kívülről ölel meg. Bizony mondom nektek, a benső tisztátlanság sokkal nagyobb, mint a külső. És az, aki külsőleg megtisztítja magát, de belül tisztátalan marad, olyan, mint a kívülről mutatósan kifestett sír, amely belül tele van borzalmas tisztátalansággal és ocsmánysággal. Így igazán mondom nektek, engedjétek, hogy a víz angyala belülről is megmerítkezzen bennetek, hogy megszabaduljatok az elmúlt bűnöktől és belülről is ugyanolyan tiszták legyetek, mint a gyöngyöző folyó a napsütésben. Ezért keressetek egy nagy futó tököt, amelynek a szára embermagasságú, vegyétek ki a belsejét és töltsétek meg a folyó vizével, amit a Nap már felmelegített. Akasszátok fel egy fa ágára és

térdeljetek le a földre a víz angyala előtt és a szár végét vezessétek a hátsó feletekbe, hogy a víz átfolyhasson belső részeiteken.

Ezután térdelve pihenjetek a földön a víz angyala előtt és imádkozzatok az élő Istenhez, hogy bocsássa meg régi bűneiteket és imádkozzatok a víz angyalához, hogy szabadítsa meg testeteket minden tisztátalanságtól és betegségtől. Ezután engedjétek kifolyni a vizet testetekből, hogy kimossa bensőtökből a Sátán minden tisztátalanságát és bűzölgő anyagát. És szemetekkel látni fogjátok, orrotokkal szagolni fogjátok mindazt az undokságot és tisztátalanságot, amely beszennyezte testetek templomát, sőt, azokat a bűnöket is, amelyek testekben laknak és minden lehetséges szenvedéssel gyötörnek."

Most olvasd el még egyszer! Olvass a sorok között! Mekkora tanítások vannak benne?!

Kérdezem én, ha ezzel már évezredek óta tisztában vagyunk, akkor miért nem alkalmazzuk? Elköltünk csilliárdokat gyógyszer kutatásokra, kísérletekre... de egy orvos sem mondja (tisztelet a kivételnek) hogy csinálj néha beöntést, böjtöt? Kifizettetnek az emberekkel mindenféle csodaszerre vagyonokat, azt remélve, hogy csak beszedi és már jobban is lesz. Nem lesz jobban. Nem, ha előtte nem takarítja ki a szervezetét. Vagy csak minimális lesz a hatás.

Hiába költesz vagyonokat vitaminokra, egészségesnek mondott ételekre.
Személyes tapasztalatom az, hogy a beöntés és a böjt billentett ki a kilátástalannak tűnő állapotból.

Nyilván, vannak komoly bélrendszeri betegségek, ahol MINDENKÉPPEN KONZULTÁLJ AZ ORVOSODDAL!

De! Amikor az orvostudomány széttárja a karjait és csak kísérletezik rajtad... te is bevállalhatsz egy-két kísérletet magadon. Senki nem ismerheti úgy a te tested, a te

érzeteid, mint TE. Hiába a tuti műszerek. Hidd el nekem! Higgy magadban! A nyugati orvoslás a tünetek elfedésére, eltüntetésére koncentrál, de ezzel nem oldja meg a benned lévő kibillenést, nem tud visszaállítani az egyensúlyodba! Arra TE vagy képes egyedül.

Életem első beöntése

Tudtam, éreztem, hogy nincs más választásom. Sok kérdőjel volt bennem, ahogy azt feljebb is írtam, de végül rászántam magam és vettem egy beöntő kézi készüléket a helyi gyógyszertárban. Hazavittem és eldugtam a fürdőszoba szekrénybe, hogy a férjem nehogy észrevegye és hogy én se lássam... Eltelt néhány nap és csak kerülgettem a témát, mint macska a forró kását. Aztán egy napon, egy életem, egy halálom, kipróbálom. Egyre rosszabbul voltam, egyre gyengébb... tudtam, hogy nem húzhatom tovább.

Beköltöztem a fürdőszobába, zene, gyertya, törölközők, olíva olaj, beöntő... Borzasztóan izgultam, majdhogynem féltem. Nem tudtam, hogy álljak neki, milyen póz a legjobb, hova tegyem az eszközt, hogy rendesen kifolyjon a víz belőle. El tudok majd jutni a WC-ig?? Mi van, ha nem!!? Huhh mennyi izgalom!! Pedig egyéb esetekben elég bevállalós vagyok, nem is értettem, mi a fenét aggódok ezen a helyzeten ennyire.

Aztán végül sikeres volt az akció, bár nem az volt életem beöntése, de közel nem olyan félelmetes, mint ahogy gondoltam. Az azt követő tapasztalás viszont messze felülmúlta minden elképzelésem, hihetetlen könnyűnek éreztem magam.

Tisztázzuk, nem ez életem kedvenc tevékenysége, de nagyon hasznos böjt idején, ezt felfogtam és nem hadakoztam a továbbiakban!

Beöntéses 1x1

- Olyan eszközt vásárolj, aminek 1,5 l a tartály űrtartalma, a kisebbekkel nyűglődni fogsz.

- Ha kitűzted a böjt időpontját, mielőbb szerezd be a beöntőt, mert néha komoly kihívás, hogy találj megfelelőt. Érdemes az interneten is körül nézni.

- Három részből áll, tartály, gumicső és a végén egy csap. A tartályt fel kell majd akasztani, ha nincs benne madzag, akkor tegyél bele valamit. Erős legyen, mert a 1,5 l víznek van súlya!

- Próbáld ki! Engedj bele vizet és nyisd meg a csapot. Nézd meg, hogy milyen szelíden folyik a víz belőle. Az elnevezés kicsit félre viszi az ember fejében ezt a tevékenységet, mert „öntés"-ről szó sincs!

- Mielőtt élesben használnád, keress egy helyet, ahol a fürdőszobában fel tudod majd akasztani. Elég magas kell, hogy legyen, mert a gravitáció által ürül a víz, viszont fontos, hogy elérjen a csap a végbélig.

- Beöntés előtti este forrald fel a vizet, hogy másnap reggel ne teljen ezzel az idő, csak melegíteni kell kicsit.

- A víz legyen jó kézmeleg, olyan, amiben fürdenél is, 35-37 °C fok, ez segíti a lazulást fizikailag és lelkileg is.

- A másfél liter vízbe 1 evőkanál almaecetet szoktam tenni, segíti a takarítást. Itt sok mindenről olvastam, egész szélsőséges dolgokról is. Alma ecet helyett még gyógytea jöhet szóba. Főleg olyan esetben, ha valakinek például aranyere van. Itt segíthet az alábbi beöntő tea recept:

5 rész édeskömény, 3 rész cickafark, 2 rész kamilla (orvosi székfű) Készíts az arányok alapján egy teakeveréket. 2 evőkanál füvet forrázz le 1,5 liter vízzel és áztasd 20 percig, majd szűrd le, várd meg míg eléri a kellő hőfokot és már használható is.

Hatása: Ez a főzet gyógyítja az esetleges sérüléseket a bélfalon, regenerálja azokat. Csökkenti a vastagbél renyheségét, javítja annak tónusát. A belek gombás megbetegedéseinek, hurutosodásának, pangásának ellenszere. Nyugtatja az idegrendszert az azt túlingerlő mérgek, terhek csökkentése révén.

Lelki aspektus: szünteti a szélsőséget, félelmet, szorongást, fokozza a magabiztosságot. Felszámolja a csapongó vagy elfojtott gondolatokat, indulatokat.

- Végre készen van a folyadék... Nyisd meg a csapot, hogy a felesleges levegő ki tudjon távozni, ne engedd bele a bélrendszeredbe.
- Olivaolajjal kend be cső végét és a végbélnyílást is, nehogy megsértsd a bőröd.
- Helyezkedj el kényelmesen. Ez lehet oldalt, négykézláb és van, akinek a hanyatt fekvés válik be. Kísérletezz. Nincs papírforma, vagy ha van is, nem biztos, hogy neked beválik.
- Most már helyezd be a csapot és nyisd meg. Próbálj minél jobban ellazulni és fogadd be a vizet. Ha nem bírod mindet beereszteni, ne erőltesd, hagyd abba nyugodtan.
- Jó, ha bent tudod tartani néhány percig a folyadékot. Olajos kézzel masszírozhatod a pocakod óramutató járásával megegyező irányba.
- Figyeld a test érzeteid, igyekezz minél jobban ellazulni.
- Ha pedig menni kell, hát menni kell.
- Beöntés után feltétlenül feküdj le! Pihend ki magad! Hihetetlen mély ellazulásokat tudok megélni ilyenkor.

A beöntésnek még egy plusz pont jár.

Azt tapasztaltam, hogy a fizikai takarításon túl hihetetlen mértékben képes blokkokat, görcsös ragaszkodásokat és félelmeket oldani. Amikor együtt dolgozom valakivel, jellemzően még a böjtbe bátran belevág, addig a beöntéstől legszívesebben kifutna a világból. Félelmetes, undorító, „mindent csak ezt ne". De miért? Amikor így reagálunk valamire, ennyire toljuk el magunktól, szinte tuti, hogy magunkhoz kellene ölelni, belemenni, megélni és ezzel feloldani azt a félelmet, rossz érzést, ami kiváltotta bennünk ezt a reakciót. Aminek persze semmi köze konkrétan a beöntéshez, hanem valami egészen más mechanizmus került felszínre általa.

Tehát gondolkozz el ezen... mitől félsz? Vagy mitől undorodsz? Miért??

Persze ezek a kis csodák is csak akkor tudnak megtörténni, ha OTT tudunk lenni, Jelen lenni... Nem csak mechanikusan végig csinálni, hanem megélni a víz befogadását, átengedni magunkat az esetleges görcsökön, majd elengedni mindazt, amire már nincs szükségünk. Fizikailag, tudatilag és lelkileg is. Nagyszerű élmény, amikor menet közben görcsök jelennek meg és át tudod vinni a figyelmed a légzésedre, le tudod nyugtatni a tested és szinte azonnal feloldódik minden feszültség. A szuper az, hogy amikor ilyen görcsökön átvezeted önmagad, nem csak a hasadban lévő csomókat oldod, hanem az Életed bogozod általa.

Ha nem csinálsz beöntést...

Ha nem vagy hajlandó beöntést csinálni magadnak még ezek után sem, akkor van néhány alternatív megoldás, ilyen lehet például az **útifűmaghéj.** Ez egy oldható rost, aminek jótékony hatása van a magas vércukorszint, székrekedés, magas koleszterin, glükóz intolerancia helyreállításában is. Két böjt között nagyon jó hatásfokkal működik, de beöntést nálam nem helyettesíti, a tisztítás ezzel hónapokig is eltarthat. Napi 1 evőkanállal javaslom, de ha még sosem ettél, akkor apránként szoktasd hozzá a szervezeted, kezd 1 teáskanállal. Ami nagyon fontos, hogy bő folyadékbevitelre itt nagyon kell figyelni, mert görcsöket okozhat. Mehet joghurtba, zabpehelybe... csak úgy magába ne egyed, kellemetlen lenyelni. Sokszor használjuk nyers-vegán ételek elkészítésénél. Ha ételbe kevered, ne áztasd sokáig! Az igazi „dagadásnak" a beleidben kellene megtörténni, így tud takarítani.

Ihatsz **keserűsós** oldatot, jól takarít a mustármag... és rengeteg szuper termék van a piacon, borsos árért, amiről azt ígérik, megoldja a problémát. Mindezekkel szemben a beöntés a legkíméletesebb a szervezet számára, a legolcsóbb a pénztárcádnak és a legtöbb tudati, lelki tisztulást hozhatja el neked.

A beöntést szinte minden ősi gyógymód javasolja. A legjobb böjttel egybekötni és évente 1-2 alkalommal elvégezni.

Léböjt

Készítsd fel a tudatod!

Többször nekifutottam a léböjtnek életemben, de eleinte mindig kudarcba fulladt.

Tudatos felkészülés nélkül, a siker biztosan nem jön el.

Első alkalmam sose felejtem el. Egy szép vasárnap eldöntöttem, hogy na elég a nagy zabálásból, hétfőtől böjtölni fogok! Abba is hagytam az evést, ittam ezt-azt, de nem volt tudatos. Szédültem, iszonyú fejfájás, rázott a hideg, borzasztóan gyenge voltam, persze a beöntésről nem is hallottam... de erős vagyok, majd én megmutatom és bírtam... egészen másfél napig, amikor is hirtelen felindulásomban feltéptem a hűtő ajtaját és mindent felzabáltam (nem ettem) ami a kezem ügyébe került. Rövid boldogság után nagy árat fizettem, mert borzasztóan rosszul lettem. Nyilván jól elszidtam magam és mindenkit, aki ezt a hülyeséget kitalálta, hogy a böjt az milyen szuper jó. Évekig a közelébe se mentem...

Kevés az igazán jó szakirodalom a témában és még kevesebb a gyakorlati háttérrel rendelkező. Természetgyógyász oktatáson többféle tisztító kúra, táplálkozási módszer előtérbe kerül, ki a fehérjét, ki a szénhidrátot „kukázza" ki. Van, aki a nyers vegánra esküszik, van gyümölcs- és zöldség- és még zsemle kúra is és mellékesen megemlítik a léböjtöt, de igazán óvatosan... ennek ajánlott... annak nem... Csak orvosi felügyelettel...

A böjtöket régen vallási tisztulási folyamatokhoz kötötték, ahol imákkal és lelki gyakorlatokkal párosították.

Nem kizárólag fizikai tevékenység volt és nem is kellett hozzá orvos, kórház. Itt az agyoncivilizált 21. századunkban orvosi felügyelet mellett javasolják a böjtöt. El is hiszem, ha csak egy fizikai cselekvésre gondolsz és nincs benned Cél, Elszántság, HIT, hogy képes leszel végigvinni és hogy a javadra fog válni testileg, lelkileg és tudatilag is. Lehet túlzás, de azt szoktam mondani, hogy a böjti folyamatok 75 %-a tudatban és lélekben zajlanak. Ez bődületesen nagy szám, ha csak kicsit is belegondolunk, hogy milyen erős tisztulás zajlik a testben, de egyértelműen ezt tapasztalom.

Az 100 %, hogy a 21. század embere sokkal nagyobb számban hal bele az evésbe, az életmódjába és annak következményeibe, mint a böjtbe.

Amikor valakinél van egy fizikai tünet a böjt alatt, amögött komoly üzenetek húzódnak meg. Réges-rég eldugdosott, szőnyeg alá söpört lelki folyamatok törhetnek utat maguknak és manifesztálódhatnak. Ez egy sarkalatos pont, hogy megrémülsz, feladod, elrohansz orvoshoz, vagy megadod magad a helyzetnek, figyelsz, megérted az üzenetet és kioldod a blokkot. Akkor végérvényesen eltűnik ez a tüneted. Viszont, ha feladod, elmész orvoshoz és már néhány nap böjtön túl vagy, az eredmény egy elég ronda labor lesz és simán félre diagnosztizálhatnak. Ezeken egyedül nem könnyű átverekedni, jó, ha van, akibe tudsz kapaszkodni, másért nem, hogy erőt adjon és bíztasson. Több sztorim is van ezzel kapcsolatban, kettő nagyon tanulságos, megosztom veled.

Első: Az egyik csoportos böjtön, 62 éves hölgy, vérnyomás csökkentőt szed, egy rövid könnyített böjtöt végzett, ezt merte bevállalni akkor. A végén, felépítés kezdetekor hirtelen nagyon magas pulzus rémisztette meg. Felhívott, mit tegyen. Javasoltam neki, hogy ha úgy érzi, egyeztessen a kezelő orvosával, (de tudta valahol belül, hogy a megoldást önmagában kell megtalálnia), illetve kérdeztem tőle, milyen érzelmi probléma lehet a háttérben, mi az, amivel nem sikerült még szembenézni, megérteni, elfogadni...

De inkább olvasd az ő tollából:

„A böjtöt csak az utolsó pillanatban döntöttem el Edina hatására, hogy jó lesz testnek és léleknek.

A böjt ideje alatt, ami nekem 3 nap volt minden rendben ment. Fizikailag semmi probléma nem volt, nem voltam éhes, lelassultam, lelkileg stabilnak éreztem magamat. Úgy gondoltam, na ez könnyen ment, jöhet a visszaszoktatás, kevés étel megválogatva és minden rendben lesz. Igen ám, de egyre gyengébb lettem, leesett a vérnyomásom, a pulzus felment, szokásos pánik megérkezett. Felhívtam Edinát, mi ez? Azt kérdezte, lelkileg mi nincs rendben?

Háááát, igen vannak problémáim, de kihez forduljak, ki segít? Este volt megbeszélés a böjtös csoportban az elengedésről, ÍRJ LE-VELET! **(ez nem egy sima levél, ez egy terápia, amit a pácienseim használnak)**

Jah, ne mástól várd a segítséget, kezdd te magadon. Tényleg, eszembe sem jutott, pedig már pár levelet így megírtam. Végig vettem a személyeket kinek kéne írni, megtaláltam: magamnak. Megírtam a levelet, gyertya, füstölő, könnyek, imádság. Aztán elégettem és felszállt a kéményben az ég felé. Mintha megmozdult volna valami bennem. Teltek az órák, és még egy levél kívánkozott papírra, az is elkészült ugyanúgy, mint az előző. Most is mocorgott valami. Egész nap felszabadultnak, vidámnak éreztem magamat. Este megmértem a vérnyomásom a pulzusom rendben volt.

Tudom ez csak az út kezdete, de bízom magamban.

Köszönet és hála: Ili"

Mélyen hiszem, hogy léteznek csodás gyógyulások, a megértésen, elengedésen, megbocsájtáson keresztül.

A böjt során a fizikai test ahhoz hasonló, mint amikor a lakásban egy totál nagytakarítást, vagy inkább tatarozást csinálsz. Első körben a kupi egyre nagyobb, egyre elkeserítőbb a látvány. Van, hogy nem látod a végét, mikor lesz már itt rend. Ez pontosan így van a fizikai testnél is. Böjtöt követően kell némi regenerációs idő. Ez egyén függő, de néhány hétig nem szoktam labort javasolni.

Erre hoztam a másik sztorit: Eszter endometriózissal küzdött és lombik programban volt már jó néhány sikertelen beültetése. Erre keresett megoldást együttműködésünk során természetesen 5 nap léböjtöt is végig vittünk, ami jól sikerült a felépítéssel együtt. A böjtöt követően egy héttel ki volt írva speciális laborra. Javasoltam, hogy tolják el egy kicsit, mert nem lesznek jók az eredmények. Mivel elég régi volt az időpont, és közelgett a beültetés ideje, maradtak az eredeti dátumnál és a böjt végét követő héten elvégezték a vizsgálatot. „Én megmondtam"... rossz lett, a prolaktin szint elszállt, a normál érték többszöröse lett. Eszter nem merte bevallani az orvosnak, hogy böjtölt, a doki megrémült és kiírt egy CT-t, ami természetesen negatív lett, de nem volt egyszerű lelkileg ebből a helyzetből visszabillenteni a pácienst és bíztatni, hogy jó az irány, ne adja fel.

A prolaktin a tejelválasztásért felelős hormon, melynek szintje normál esetben a terhesség és szoptatás alatt magas. Azonban mennyiségét a szervezetben sok minden befolyásolhatja, kezdve a **stressztől**, egyéb endokrin zavarokon át, egészen a jóindulatú daganatig. A prolaktin termeléséért a hipofízis felelős. Túltermelése esetén szerteágazó tüneteket produkálhat: magas szintje esetén meddőség alakulhat ki, hiszen gátolja a petesejtek érését, a normál nemi ciklust. Emellett a tünetek között látásromlás, fáradékonyság, libidó csökkenés lehetséges...

A böjt egy stressz a szervezetnek. De, ez az inger az, ami olyan jelet képes aktiválni, ami az őssejtjeinket ébredésre sarkallja. Ahogy idősödünk a regenerációs képességünk egyre csökken. Ez az egész szervezet működésére, az egészségünkre, a bélfal egészségére is kihat, illetve emögött húzódik meg az öregedés folyamata is.

És hogy a jó hír se maradjon el, a baba is megérkezett, nem pont úgy, ahogy tervezték, hanem ahogy meg volt írva.

Végül, a kényszer vitt engem is a helyes útra...

Amikor nagyon rosszul voltam, a beöntésekkel együtt csináltam böjtöt is és bár látszólag egyre gyengébb voltam (amitől a környezetem kétségbe volt esve), a szervezetemben ezek hozták a fordulópontot. Itt is igaz a mondás, amit a pácienseknek is szoktam mondani: **„mielőtt jobb lenne, lehet, hogy roszszabb lesz".** Ezek szuper jelek, aminek akkor, ott nem annyira tudunk örülni, amikor benne vagyunk a szituban. Nyilván, minél betegebb egy szervezet, annál nehezebb megélni, annál durvább tünetek tudnak megjelenni. Az biztos, hogy ha minden tudatosság nélkül állunk neki, ezek néha elég ijesztőek.

Amikor elindul a fogyás és olyan, mintha nem akarna megállni...

Tudom, ez sokaknak jól hangzik, de hidd el, mikor nincs meg, hogy mi a bajod, de érzed, hogy valami nem stimmel és elindul a tisztulás, nagyon ott kell lenni, vagy kell melléd valaki, akiben megbízol és támogat ezen a folyamaton, hogy ne add fel a félelmeid miatt.

Jöhetnek mindenféle tünetek, amiket, nem tudsz hova tenni, ha nem érted a mögöttes mechanizmusokat. Ezért jó, ha nem egyedül viszed végig, főleg, ha még soha nem csináltál ilyesmit. A legfontosabb, hogy mennyire tudja benned a hitet tartani. Ezen áll, vagy bukik minden. De ne izgulj, én is egyedül bogoztam és ebben a könyvben minden bakimat megosztom veled, illetve téged is támogatnak Jézus tanításai:

Itt is érdemes olvasni az esszénusok feljegyzéseiből:

„Voltak még más betegek is, akik nagyon szenvedtek fájdalmaiktól, de ennek ellenére tovább böjtöltek. És erejük felhasználódott és nagy

forróság öntötte el őket. És amikor felkeltek ágyukból, hogy Jézushoz menjenek, fejük elkezdett szédülni, mintha viharos szél rázta volna meg őket. És ahányszor megpróbáltak lábra állni, mindig a földre zuhantak. Ekkor Jézus hozzájuk ment és azt mondta: 'Szenvedtek, mivel a Sátán és az ő betegségei kínozzák testeteket. De ne féljetek, mert hamar véget ér a hatalma felettetek... Bizony mondom nektek, a Sátán ugyanúgy belépett a testetekbe, amely Isten lakhelye. És mindent birtokába vett, amit el akart lopni: lélegzeteteket, véreteket, csontjaitokat, húsotokat, bensőtöket, szemeiteket és füleiteket. De böjtöléseitekkel és imáitokkal visszahívtátok testetek Urát és angyalait. A Sátán most látja, hogy testetek igazi ura visszatért és vége az ő hatalmának. Ezért haragjában még egyszer összegyűjti erőit, hogy szétzúzza testeteket, mielőtt jön az Úr. Azért kínoz a Sátán olyan erősen, mert érzi, hogy eljött számára a vég. De ne engedjétek, hogy szívetek reszkessen, mert Isten angyalai hamarosan megjelennek, hogy újra elfoglalják lakhelyüket és újra felavassák Isten templomát. És ők összepakolják és kidobják testetekből a Sátánt minden betegségével és tisztátalanságával együtt. És boldogok lesztek, mivel megkapjátok állhatatosságotok jutalmát és nem láttok többé semmilyen betegséget.

Jaaaj, mindig elcsodálkozom ezeken a sorokon... az a sok apró finom, de mérhetetlenül mély mondandó... annyira jól leírja, hogy mi is történik valójában.

A siker akkor tud eljönni, ha a test tisztulásán túl a tudatunkban és lelki síkon is át tudjuk élni.

Most, hogy az ERdŐ-vel kapcsolatban jött a beöntés és egyéb tisztításokkal kapcsolatos infó, kicsit másképp néztem a böjtre is. Amikor régebben böjtöltem, mindig nagyon nyomott a szög, vagy fogyni akartam, vagy beteg voltam. Jellemzően akkor jutott eszembe, amikor egészségileg nem voltam a toppon. Aztán később beépítettem az életembe és tudatosan évente 2-3 alkalommal végigviszem a folyamatot.

Teljesen más, amikor nem kényszerből dönt az ember, hanem azért, mert tudatosan meghoz egy döntést az egészsége érdekében. Ha van idő megtervezni, rákészülni, ráhangolódni, szinte már várni fogod.

A böjtöt, ugyanúgy, mint a beöntést, évezredek óta a testi-, lelki egészség megőrzésének egy módszerének tartják. A böjt és az éhezés két teljesen különböző dolog. A különbséget a tudatban zajló folyamatok adják. A böjt egy tudatos döntés, az éhezés egy kényszerhelyzet.

Ha jól rákészülsz és hagyod, hogy jöjjön, aminek kell, megéled... sokkal több lesz, mint egy „nemevés".

Próbáltam régebben időben igazodni a vallási böjtökhöz, de valahogy nekem ott sose sikerült rávenni magam. Aztán Rüdriger Dahlke (német orvos-természetgyógyász) egy könyvében jött meg a válasz, ami nekem sokat segített. Azt javasolja, hogy figyelj befelé, hol, mikor lenne a legjobb neked. Mivel a böjt során a fokozott méreganyag kiválasztás miatt jellemzően fázhat az ember, természetes igénye van a nap melegére. Nálam ez lehetett az egyik ok, hogy nem annyira jöttek be a vallási böjt időszakok. Meg lehet az is benne van, hogy „nehogymá'másmondjamegnekem" :))). Nah, viccet félre! Nekem sokkal jobban sikerült a májusi böjt, élveztem a meleget, napsütést és sokkal szívesebben töltöttem hosszabb időt a természetben, mint télen, vagy kora tavasszal.

Kifejezetten a te kedvedért leírtam ezt a böjtömet, hogy tapasztalataimat meg tudjam osztani veled, később megtalálod itt a könyvben.

Most egy kicsit másként is figyeltem a folyamatot, hogy minél jobban átadhassam mi is zajlik bennem. Napról-napra leírtam, hogy mit csináltam, mit éreztem... stb. Illetve a fejezet végén találsz egy videós változatot, egy frissebb, két évvel későbbi böjtömről.

Böjtöt igazából orvos vezethetne... de nem vezetnek... nem javasolják, sem a beöntést, sem a böjtöt, mint terápia és ami még ennél is fontosabb, nem volt szerencsém orvossal találkozni élőben, aki gyakorló böjtölő lett volna. Vannak böjt központok, intézményesített formában lehet találsz, aki levezeti... de hol marad ott a lelked és a tudatod fejlődése?

Ha böjt tábort vagy központot választasz, szerintem fontosabb a jó spirituális vezetés, mint egy olyan orvos, aki még soha nem böjtölt és nincs tisztában a hátérben zajló tudati, lelki fejlődési folyamatokkal, nem hisz a támogató energiákban és az Univerzum végtelen lehetőségeiben.

Elbújhatsz ezek mögé az infók mögé, vagy felvállalhatod a saját testedért a felelősséget és belevághatsz te magad. Ki tiltja meg neked, hogy azt csinálj a testeddel, amit csak akarsz? Túl van misztifikálva ez az egész és az internet tele van nagyobbnál nagyobb badarságokkal, kezdve a „böjtbe halt bele" című sztorikkal. A fejlődésed ott kezdődik, amikor TE felvállalod a felelősséged magadért és nem a külvilágból várod a megoldást.

NEM hal bele a böjtbe senki!

Nem a böjtbe hal bele! Gondolj bele mi történt, amikor háború dúlt, vagy sajnos most is vannak olyan részei a világnak, ahol az emberek ki vannak téve a nélkülözésnek. Nem halnak éhen 5 nap után, ha nem tudnak enni!

Sőt, olvastam, hogy háborús időszakokban, a nélkülözésben lecsökkentek az anyagcsere betegségek. Ezzel nem azt akarom mondani, hogy jó a nélkülözés, mert van egy csomó fontos tápanyag, vitamin, ásványi anyag, nyomelem... amit nem tud a szervezetünk előállítani és kívülről kell bevinni. Ezek nélkülözhetetlenek az egészséges működéshez, de az a 365 napos folyamatos túltáplálás, ami körül vesz, legalább ennyire káros a testednek, tudatodnak és lelkednek is.

Ha valakit átsegítek egy böjtön, mindenre felkészítem, a nehézségekre is. Amikor első alkalommal dolgozom vele, az esetek 80 %-ában mindig könnyebben veszi az akadályokat, mint ahogy elképzelte.

Mit csinál a böjt?

5 nap nagytakarítással hihetetlen nagy lépést teszel annak érdekében, hogy az egészséged a helyére kerüljön. Mi is történik ilyenkor?

- **Kimozdítja az őssejteket alvó állapotukból,**
- **Felerősíti az autofágiát** az immunsejtekben. Tehát megfiatalítja, megerősíti az immunrendszert. Az autofágia latin szó és önpusztítást jelent. A szervezet „megeszi" azokat a részeket, amelyekre nincs szüksége. Ez egy természetes folyamat, amiben a gyenge, rosszul működő sejteket kiszanálja a szervezet. Csak az erősek maradnak meg. Amikor böjtölünk, stressznek tesszük ki a testünket, a sejtek vészjelzést kapnak. Harcra fel! Csak az erősek maradhatnak életben.[6]
- **Megerősíti a bélfalon lévő nyálkás bevonatot.** Ezt a nyálkát a beleket bevonó baktériumok termelik. Ugyan meg is eszik ezt a nyálkát, tehát sosem halnak éhen, sőt ezzel generálják újabb nyálka termelődését. Ugye azt már beszéltük, hogy ez a nyálkás réteg a legfontosabb védelmi vonalad a lektinekkel és egyéb betolakodókkal szemben. Egy bibi van csak, hogy a korunk előrehaladtával csökken ezeknek a baktériumoknak a száma. A böjt és a fermentált ételek és italok hihetetlen mód erősítik, növelik ezt a baktérium törzset, ez által erősítik a bélfalat. Minél több ilyen baktériummal rendelkezünk, annál kisebb az esély a túlsúlyra, diabétesz, vagy gyulladások kialakulására. Ennek hiánya lehet a magyarázat az idősödéssel feljövő kilókra, amik szinte lát-

---

6 Tanulmány: University of Southern California: „a böjtölés a károsodott, idős immunrendszer őssejtjeinek regenerálódását eredményezi" ScienceDaily, 2014. június 5. https://www.sciencedaily.com/realeases/2014/06/140605141507.htm

hatatlanul kúsznak fel az emberre egy bizonyos kor után, ha nem figyel oda magára.[7]

- **Nő a mitokondriumok száma,** ami az energiatermelésért felelős társaság. Minél több mitokondriumod van, annál több az energiád, hatékonyabban működnek a sejtjeid.
- A kiválasztó szervek ugyan nagy munkában vannak ilyenkor, a végeredmény mégis egy erős fiatalodás. A máj konkrétan kisebb, feszesebb lesz.
- Hasnyálmirigy munkája korlátozódik, de termel emésztő enzimeket, az ő mérete is lecsökken.
- A bőrünk megfiatalodik, belülről, a gyökerektől induló tisztítás eredményeként.
- Nő a szervezet védekező képessége a vírusok, baktériumok ellen.
- Lelkünkben oldódnak blokkok.
- Lelassulunk.
- Tisztul a tudatunk.

Mondj nekem valami más módszert, ami szinte ingyen van és mindezekre képes!

Naaa, meghoztam már végre a kedved? Alig várod, hogy belevághass és abba hagyhasd az evést? Ne állj neki tervezés nélkül! A következő részben segítek, mire figyelj leginkább!

---

7 Tanulmány: M.Carmen Collado, Muriel Derrien, Erika Isolauri, et al.: „Bélrendszeri integritás és akkermanista muciniphila, a bélrendszeri microbiom egy nyáklebontó tagjának jelenléte kiskorúak, felnőttek és időskorúak szervezetében".

Böjt a gyakorlatban

5 nap léböjtöt szoktam javasolni. Lehet ennél hosszabbat is, de, ezt sem egyszerű a hétköznapokba beilleszteni. A 3. napon jut el a test az igazi „mérgekig", ezért ezt mindenképp érdemes megélni, utána pedig sokan azt tapasztalják, hogy már nem is akarnak elkezdeni enni.

Amikor hezitálsz, tedd a mérleg egyik serpenyőjébe az életed... a másikba azt az 5 napot... és hidd el, nem túlzok! Jó, ha meg tudod oldani, hogy szabadságolod magad és kifejezetten csak ez lesz a programod, főleg az első alkalommal. Ez nem azt jelenti, hogy nem mozdulhatsz ki, és „fekvő beteg" leszel egy hétig, hanem hogy azt csinálhasd, amihez éppen kedved van. Mikor volt ilyen az elmúlt 30-40-50... évben??

Később, minél többet böjtölsz (évente 1-2 alkalom) annál inkább felismeri a tested és egyre gyorsabban alkalmazkodik. Te is megtanulod a kis trükköket és nem rémülsz meg, ha a böjt 4. napjára valami programod adódik. A fontos az, hogy az irányítás a te kezedben legyen. Azt csináld, amihez kedved van.

A böjt lényege, a befelé figyelés, hogy meg tudd élni a tisztulást a lelkedben és a tudatodban is. Ehhez feltétlenül jól jön, hogy amikor azt érzed szíved szerint semmit se csinálnál, akkor legyen lehetőséged „semmit tenni". Ha pedig felásnád a kertet, akkor foghasd azt az ásót és uzsgyi neki. (Erre azért kicsi esélyt látok!) ☺

Jó, ha elfogadod, hogy ahogy ürülnek ki a méreganyagok a szervezetedből, úgy tárul fel a lelked és folyik ki belőle minden, amit eldugoztál az elmúlt éveidben, évtizedeidben.

Kell, hogy legyen lehetőséged ezeket kiengedni, feldolgozni, megemészteni. Amikor munkába rohangálós mind az 5 napod, ez tuti elmarad, nem fogod tudni megélni, átélni, viszont a felszínre felkerülhet és nem érted majd, miért vagy olyan ingerült, ahelyett, hogy azt ígértem lelassulsz majd...

Ezekhez jól jön egy „edző" egy külső szemlélő, aki rámutat a benned zajló folyamatokra, akivel meg tudod beszélni mi is történik benned és aki meg is érti ezt. Most nézzük tényleg, hogy megy ez a gyakorlatban.

A mai civilizált világok jómódú embere nagyon nagy százalékban bele eszi magát a betegségekbe és a végén a halálba. Az igazán jóléti társadalmakban minden adott egy hosszú, egészséges, békés élethez, de a nagy versengések, egymásnak megfelelések, elvárások, a természettől és önmaguktól való eltávolodás, a médiával irányított fogyasztói kultúra, az egészségtelen, mértéktelen táplálkozás egy olyan mókuskerékben tartja az embereket, amiből komoly elhatározás szükséges, hogy ki tudjon szállni.

Most itt a lehetőség, a böjttel meg fogjuk állítani ezt a kereket és ha ügyesen végigviszed, biztosan ki is tudsz szállni és egy új irányban elindulni.

Technikai tennivalók

- **Akkor állj neki, ha a könyv eddigi részét elolvastad!**
- Tűzd ki az időpontot a következő fogyó holdra. Holdnaptárt találsz az interneten. Ha nincs minimum 1, de inkább 2 heted felkészülni, akkor javaslom a következő hónapot.
- Határozd meg, hány napig fogsz böjtölni.
- Tedd magad szabaddá erre az időre.
- A felépítés a böjt szerves része, oda se táblázd be magad reggeltől estig. 5 nap böjt felépítése 2,5 nap.
- Ha gyógyszert szedsz, vagy valamilyen kezelés alatt állsz, egyeztetni kell a kezelő orvossal.
- Az étkezésben érdemes elhagyni böjt előtt 1-2 héttel a húst, nasikat. Tiltólistás minden cukros édesség, finomított pékáru, kakaós csigák, pogácsák és társaik és minden gyorsétterem!
- Ha ne adj 'Isten dohányzol, csökkentsd le amennyire csak lehetséges, felére minimum.
- Ne igyál alkoholt, cukros üdítőket és energiaitalt.

- Csökkentsd le a napi sok kávédat 1, maximum 2-re, ha ügyes vagy, el is hagyhatod.
- Vész esetére jó minőségű étcsokoládé megengedett napi 1-2 kocka.
- Kenyérből (ha még nem sütsz magad) szerezz be valami igazi, hosszú kovászolással készültet.
- Egyeztess két időpontot masszázsra, a böjt 2. és 4. napját javaslom, de nem gond, ha nem pont oda sikerül. Legyen minimum két masszázs időpontod az 5 napban. Ne valami őrült sport masszőrhöz menj, olyan helyet keress, ahol tudsz lazítani, relaxálni. Ájurvéda, balinéz, lomi-lomi, vagy thai masszőröket javaslok, illetve jól jöhet egy nyirokmasszázs is, de ha van bevált szakembered, aki csak addig kínoz, amíg jólesik, ő is szóba jöhet. Ha szenvedsz, az már nem jó, kell, hogy tudj pihenni. A masszázsra nem csak a lazulás miatt van szükség, hanem azért is fontos, hogy segítsék a méreganyagok távozását!
- Feltétlenül beszéld meg a családoddal, pároddal, hogy egy komoly projekt előtt állsz, legyenek veled megértőek (főleg az elején). Maximálisan fontos! Beszéld meg, hogy erősen kerülni fogod a konyhát, ha lehet gondoskodjanak magukról, menjenek el menüt enni, vagy készítsenek maguknak ebédet, vacsorát. Ha párodnak kedve van, akár csatlakozhat is hozzád, viszont, ha gyógyszert szed, egyeztessen az orvosával. A lényeg, hogy ne hátráltasson, tartsa tiszteletben a döntésed.
- Javaslom, hogy a böjt ideje alatt kerüld a tömeget, nem fogod jól érezni magad benne.

Ezért a bevásárlást is oldd meg előtte, amit csak lehetséges.
Segítség képen kicsit lejjebb összegyűjtöttem neked a legfontosabbakat, ezek jó, ha lesznek otthon.

Mindenkit nyugtass meg, hogy ha a hisztid előjön, csak átmeneti és a végeredmény egy sokkal békésebb éned lesz.

Nézzünk néhány félelmet...

- **„Éhezni fogok"** Hazudnék, ha azt mondanám, hogy egyáltalán nem lesz olyan, hogy éhséget érzel, de nem fogod a falat kaparni végig az 5 nap alatt korgó gyomorral.
- Böjtben **fellángolnak a régi tünetek.** Igen, ez megtörténhet, de nem azért, mert a böjt megbetegít, hanem azért, mert amikor a méreganyagok elkezdenek kioldódni a kötőszövetből, bekerülnek a véráramba (mivel nincs más lehetőség a kiürülésre) és ez alatt az idő alatt míg ez végbemegy, újra érezhetőek azok a tünetek, amik akkor terhelték a szervezetet, amikor ugyanezen az úton bekerültek és beépültek. Érdemes végiggondolni, hogy mi a jobb, néhány nap kellemetlenség, vagy hagyjuk ott ketyegni, mint egy időzített bomba...
- **„Elmegy az erőm... gyenge leszek..."** Igen, valóban lehet, hogy gyenge leszel, de ezek a napok a pihenésről és rólad kell, hogy szóljanak. Amikor gyenge vagy, le kell feküdni. Ilyen egyszerű dolgot igyekszik kommunikálni veled a tested. Nem véletlenül javaslom, hogy a böjt idejére szabadságold magad amennyire csak lehetséges. Ettől függetlenül vannak praktikák, amiket be tudsz majd vetni, ha nagyon szükséges, főleg azoknál fontos ez, akik alacsony vérnyomással élnek.
- **„Leesik a vércukorszintem..."** Igen, ez is előfordulhat, de segítségedre lesz a méz, ami megment ezektől a helyzetektől. Aki vérnyomáscsökkentőt szed, böjt alatt jobb elhagyni, de minimum csökkenteni, mert a böjt maga erősen csökkenti a vérnyomást, ami sok esetben úgy is marad és nem kell szedni a továbbiakban a gyógyszert. (Vérnyomást ellenőrizni kell és orvossal egyeztetni!!!)
- **Fájni fog a fejem...** Igen, ez az egyik legjellegzetesebb böjti tünet, de ha betartod a tanácsaimat, minimálisan fog ez előjönni.
- **Nemakarokbeöntééééést!!!** Ez mindig egy kardinális pont és sokan nehezen veszik rá magukat. Nem akarlak győzködni, inkább megosztok veled egy sztorit: **Szklerózis Multiplex** betegségben szenvedő pácienst első alkalommal nem sikerült rávennem a beöntésre, csak a böjtöt vitte végig. A következő alkalommal, egy csoportos program során, látván mások sem haltak bele, a beöntést is hozzá tet-

141

te a böjthöz. Gyógyszerének mellékhatása volt, hogy bevételt követően hozzávetőlegesen két órán keresztül vörös foltok jelentek meg a bőrén, amik lángoltak, viszkettek. Napi két alkalommal kellett szednie a gyógyszert... **Napi 4 óra szenvedés... A második böjt alkalmával már a harmadik napon elkezdtek a gyógyszer mellékhatások enyhülni, a böjt végére eltűntek!** Elbírod képzelni mekkora boldogság ez? A hatás 1-2 hónapig kitartott. Erre a problémára az orvosok a **"meg kell tanulni együtt élni vele"** tanácsot adták. Nem ragozom tovább, remélem átment a dolog súlya...

Lássuk mit kell beszerezni...

· Irrigátor a beöntéshez (gyógyszertárban, orvosi segédeszköz boltban, interneten találsz, de ne hagyd az utolsó pillanatra, mert nincs mindegyikben) 1,5 L űrtartalmú legyen!
· Méz, ha lehet megbízható őstermelőtől
· Zöldség leveshez alapanyagok (sárgarépa, zeller, fehérrépa, paszternák, karalábé...)
· Máriatövis, gyermekláncfű, ha lehet folyékony, vagy kapszula
· Klorella alga
· Aktív szén
· Citrom jól jöhet limonádékhoz, koktélokhoz :)) főleg nyáron
· Zöld fűszerek, friss, mert csak ezzel tudsz majd fűszerezni. Sót nem használunk
· Alma, sárgarépa, cékla... préselni
· Tiszta víz. Ha lehet tisztított, ha nincs akkor valami jó minőségű buborék mentes ásványvíz
· Meleg vizes palack
· Ha van gyümölcscentrifugád, vagy présed, az nagy segítség lehet. Ha nincs, mielőtt elrohannál venni kérdezz körbe a családban, mert tuti van valahol egy elfekvőben, amit nem használ senki. Egy hétre biztosan megkaphatod. Ha meg megszereted ez idő alatt, ráérsz akkor beszerezni egyet magadnak.

Én évekig használtam anyukámét, aki már épp kidobni készült... Ha nem sikerül megoldani a centrifuga kérdést, vegyél bio boltban zöldség levet, ami szűrt. **A turmixolás itt most nem megfelelő, mert a rostot nem visszük be. Csak a lé jöhet.**

* Teafüvek

Hoztam tisztító tea receptet, de feltétlenül legyen kéznél a TE kedvenc teád és ha alacsony a vérnyomásod javaslok zöld, vagy fekete teát.

A méregtelenítő, tisztító tea receptje:

Diólevél, csalán, mezei katáng, bodza, ezerjófű egyenlő arányban összekeverve. Gyógynövény boltban beszerezhetőek így egyenként. Kicsi kiszerelést vegyél, mert összességében elég sok lesz.

Elkészítés: 1 evőkanál teafüvet kell leforrázni 3 dl vízzel és ázni hagyni 15-20 percig.
Fogyasztás: reggel, vagy délelőtt apránként elosztva, kortyonként.

Fontos, hogy ugyan keserű a tea, de ízesítés nélkül kell inni, mert maga a keserű íz a legfőbb gyógyír.

A tisztító tea összességében nagyon hatékonyan takarítja a nyirok rendszert, a májat és az ereket is.
Maximum 6 hétig lehet folyamatosan fogyasztani, utána 4 hét szünetet kell tartani.
Ne fém teafilterben készítsd, hanem műanyagban, vagy teafilterben (teaboltokban, Müllerben).

A katáng... megér egy külön misét... elég megosztó, erős keserű íze sokaknál kiveri a biztosítékot, ezért hoztam néhány jó tulajdonságát. Innentől rád bízom, kell-e ez neked, elviseled-e néhány napig, vagy sem.

Általános hatása: emésztési energiát fokozza, csökkenti a gyulladásokat, hajtja a vizet, szünteti a hurutokat, lerakódásokat, erőteljes méregtelenítő, vértisztító.

A belekben felhalmozódott, bélfalra rakódott zsírokat, ragacsos béltartalmat, mely elzáródáshoz, puffadáshoz vezethet, leoldja, távozásra készteti. A bél emésztőnedveit serkenti, normál flóra helyreállítását segíti. Kiváló gombás, fertőzéses megbetegedések kezelésére is. Intenzíven ápolja a májat és a lépet. Tisztítja a vesék szűrőrendszerét. Csökkenti az idegrendszer terheltségét.

Lélektani hatása: a jóindulat, a szeretet, az érzelmi tisztaság megnyilvánulásának növénye. Elhajtja a melankóliát fenntartó lelki terheket, fokozza az életkedvet, tisztább meglátásokat, nagyobb magabiztosságat hoz.

Naaaaa! Ugye milyen finom a katáng!!??! :))) Nem, tényleg bűn keserű, de megéri...

Ami még segíthet:

Nyugi tea estére:
Összetevők:
6 rész komló, 3 rész citromfű, 1 rész levendula
Elkészítés: 1 teáskanál teafüvet 2,5 dl vízzel leforrázunk és ázni hagyjuk 20 percig. Ezt mézzel édesítheted, sőt, hatását növeled vele.

Orbáncfű az egyik kedvenc nyugi teám, de böjt idejére nem javasolt.

Napközbeni belső fázás legjobb ellenszere a bodzatea, belsőleg melegít fel, ebbe is mehet a méz!

Mi történik a böjt alatt?

Ha elkezdesz böjtölni, az elején a szervezet még rendelkezik szénhidrát tartalékokkal és első körben ezeket fogja

felhasználni. Amikor ezt elhasználta (legkésőbb a 3. napon) zsírt és fehérjét fog kapni, itt szokták mondani, mindenki húsevő lesz. Itt a szervezet hihetetlen intelligenciája kerül előtérbe, a beteg anyagokat és zsírokat távolítja el elsősorban. Ebből jól tud élni a böjt alatt. Persze nem ússzuk meg teljesen, hogy veszítsünk az izomzatból, de átmenetileg megéri.

A zsírszövetekben rengeteg méreganyag, gyógyszer és ezek leépülési termékei raktározódnak el, amikor az elfogyasztás után azonnal nem tudnak kiürülni.

Az agy számára fontos a glukóz, ezt váltjuk ki a mézzel és minimális szénhidráttal, ami a zöldség lében is van.

A böjt alapvető gyógyító hatását az anyagcsere helyzet által kikényszerített kötőszöveti salaktalanítás számlájára írják. Ezt támogatni tudjuk a masszázzsal, mozgással böjt alatt. Szervrendszereink is változáson mennek keresztül. A vastagbél átáll felszívásról kiválasztásra a böjt ideje alatt. Érdekesség, hogy még 40 napos böjtölők is produkálnak székletet.

A hasnyálmirigy ugyan csökkentett üzemmódban dolgozik, de termel enzimeket, viszont a szigetsejtek, amik az inzulint termelik (ami elengedhetetlen a szénhidrát anyagcseréhez) szinte teljesen leállnak. Megfigyelték, hogy az egész mirigy nagysága lecsökken.

A májnak a kezdeti glükogén felhasználás után a zsír lebontásában nagy szerepe van, ezt tudjuk támogatni máj pakolással (később szó lesz róla). Ettől a nagy munkától függetlenül a máj egy nagyon erős regeneráción megy keresztül. Hosszabb böjtök során kisebb és feszesebb lesz. Legjobb terápiája a zsírmájnak.

A böjtöt, mint leghatékonyabb kozmetikai eljárás is emlegetik, hisz belülről, a gyökerektől takarít.

A vérünk a böjt elején savasabb lesz. Az erős sejt megújulás miatt a régi és beteg sejtek aktív szanálása miatt megnövekszik a szervezetben a húgysav és a karbamid (fehérje anyagcsere hulladékok). Mivel a húgysav kiválasztást segíti a glukóz, itt is fontos szerepe lesz a napi mézes teának.

Böjti „menü"

A léböjtnek sok formája létezik. Vannak, akik nagy mennyiségű gyümölcs- és zöldséglevekkel viszik végig a folyamatot. Nekem ezzel az a problémám, hogy alapból nem támogatom ezeket a leveket. Az így leöntött ÉTEL, (igen nem ital, bár isszuk, de emésztésünk szempontjából egy ételről beszélünk) feldolgozása a rágás kihagyása miatt hibásan fog megtörténni és zavart okoz az emésztés folyamatában. Minimálisan 1-2, maximum 3 dl/nap bevetheted őket, a böjt alatt, de csak kortyonként, alaposan megnyámnyogva.

A böjt lényege, hogy leállítsuk az emésztést és valóban szabadságoljuk az emésztő rendszerünket.

Nézzük, mit fogyaszthatunk:

- Az első és legfontosabb a tiszta víz. Ha nincs víztisztítód, forrald fel és hagyd kihűlni, vagy ihatod melegen is, illetve reggel mindenképp kezdj 3 dl meleg vízzel. Amikor már úgy érzed egy korty sem megy le, akkor tehetsz bele kevés citromot, mentát, citromfüvet... de ne add fel! Ez a legfontosabb!
- Méz, maximum 3 teáskanállal. Lehet teába, vagy önmagába. Ez fog megmenteni, amikor azt érzed minden erőd elhagyott.
- Teák, ahogy javasoltam.
- Zöldség leves. Ez kicsit becsapós. Zöldségeket összevágod, kevés kb. 2-3 dl vízzel párolod, zöldfűszerrel ízesíted, leszűröd és csak a levét eszed meg. Kanállal! Kicsit becsapjuk az agyunkat, imitáljuk az evést. SÓT NEM használunk!
- Zöldséglé rostok nélkül. A végén... Amikor elkezdtem a böjtöt, azt hittem, majd ebből fogok a legtöbbet inni. Nem voltam tisztában az emésztés folyamatával, a rágás súlyával és a második böjti napomon éhség ellen leöntöttem 2 dl frissen préselt alma/répa/cékla levet, mert az milyen egészséges. Az eredmény erős görcsök és hasmenés lett. Szóval, csak óvatosan! Keveset és inkább kanalazva. Ásványi anyagok szempontjából jó utánpótlás.

A „mikor, mit" kérdését rá szoktam bízni a böjtölőre. Soha nem mondom meg, hogy mikor egyen valaki levest, vagy igyon zöldséglevet. Nagyon fontos része a folyamatnak, hogy kezdj el figyelni magadra. Mit innál? Meleget, hideget? Kivétel talán a reggeli melegvíz és a tisztító tea. Én jellemzően gyógyteákkal, vízzel és a zöldséglevessel szoktam böjtölni. A préselt leveket már évek óta kihagyom, de ha valaki szeretné és jólesik, igya bátran.

Táplálék kiegészítők

A böjt során a gyógyszer és táplálék kiegészítők szedését mindig egyénre kell szabni. Én minden szempontból kicsit magára hagyom a szervezetem, egyedül a méreganyagok távozását segítem ilyenkor. Az üres gyomromba nem jó dobálni a tablettákat, még ha táplálék kiegészítők is, ezért igyekszem a leghatékonyabban megoldani, nagy dózisú tabletták, vagy folyékony formában.

A böjt során, legalább a harmadik naptól érdemes ettől függetlenül fogyasztani az alábbiakat:

- **Máriatövist és gyermekláncfüvet,** ezek a máj méregtelenítő útvonalait aktiválják.
- **Aktív szén és a**
- **klorella** segítik kivezetni a májból a bélrendszerbe ürült mérgeket és a nehézfémeket.

Izomgörcsök esetén magnézium tud segíteni.

Az adagolást a terméken feltüntetett módon javaslom.

Így minimalizáld a kellemetlen tüneteket

Nézzük most, hogy mit tehetünk annak érdekében, hogy az úgynevezett böjti kríziseket lecsökkentsük, vagy teljesen elkerüljük. A tipikus böjti válságok hosszabb kúrák során lépnek fel (10-40 napos böjtök) és jellemzően olyan egyéneknél, akiknek a szervezete nagyon megterhelt gyógyszerek, illetve egyéb más méreganyagok által. Ilyenkor fellobbanhatnak rég elfeledett fizikai tünetek, az illető úgy érezheti, hogy a gyenge pontok újra jeleznek. Ez azt jelenti, hogy a probléma még nincs megoldva, nem történt igazi gyógyulás az adott területen. Mint mindig, itt is érdemes a józan paraszti eszünket elővenni...

A test átáll méregtelenítő üzemmódba, még a vastagbél is felszívás helyett kiválasztani fog. Mi is történik ilyenkor? A szervezet a lehető leggyorsabban igyekszik megszabadulni mindentől, ami nem oda való. Így az összes lehetséges helyet beveti erre. Azt szoktam mondani, az **összes lyukadon méregteleníteni fogsz.**

Ez nyilván mindenkinél mást jelent, attól függően mi van felhalmozódva a testében és a lelkében.

A másik az érhálózatod, ami nagy megterhelésnek lesz kitéve, mire minden szemetet elszállít majd.

Mindezek támogatására és a siker érdekében feltétlenül javaslom az alábbi 11 pontot!

1. Nyelv kaparás

Minden reggel, mielőtt bármit tennél az első és legfontosabb feladat, hogy amit az éjszaka folyamán a szervezeted kidolgozott magából, ne nyeld le. A nyelved is egy méregtelenítő felület.

A hagyományos kínai orvoslás egyik eszköze a nyelv állapotának vizsgálata diagnózis felállítása során. A nyelv testén ugyan olyan mikró rendszer található, mint a fülkagyló belső részén, a tenyéren, vagy a talpon. A nyelv bevonata szerintük a lép, hasnyálmirigy tevékenységéből származik és az emésztőrendszer állapotát tükrözik. Az egészséges nyelv rózsaszín és kissé nedves, kevés bevonat látható rajta, mozgékony, hajlékony.

Például a barna duzzadt nyelv vese problémára utal, míg a sima, ólomszürke nyelv leginkább vashiányt, vérszegénységet vagy emésztési problémákat mutat.

Mit is tehetünk itt a böjtben a fokozott méreganyag kiválasztás során. Hogy is néz ki ez a nyelvkaparás?

- Nagyon egyszerű, végy egy teáskanalat és helyezd be a fogkeféd mellé a fürdőszobába. Minden reggel az első és legfontosabb dolgod az lesz, hogy lekaparod az éjszaka során a nyelvedre kiürített lepedéket, ami tele lesz méreganyaggal.

- Ezt a szokásodat rendszeresítheted is, mert minden éjjel megtörténik ez a méregtelenítés, még ha nem is ilyen intenzitással. Amit kidolgozott a szervezeted, ne küld vissza. Komolyabb betegségek esetén vigyázni kell, hogy háziállat nehogy megegye ezt a kaparékot, mert el is pusztulhat tőle. Szóval nem egy kispályás méreg anyagról beszélünk, magadat se mérgezd újra.

2. Meleg víz/víz

- Reggel, miután lekapartad a nyelved, igyál meg egy bögre meleg vizet kortyonként.

- A víznek jó minőségűnek kell lennie. Ha van víztisztítód, az szuper, ha nincs, akkor vásárolj jó minőségű ásványvizet, vagy forrald fel a vizet. A mennyiség normál esetben 3 dl/10 kg testsúlyonként. A böjt során nem tudsz sokat inni! Viszont a kevés folyadék fogyasztás és a beöntés hiánya igen kellemetlen tüneteket okozhat! A legjellemzőbb a fejfájás. Nem a böjttől fáj a fejed, ha ez megjelenik, hanem a fokozott méreganyag kiválasztástól... ebben nagy segítség a megfelelő mennyiségű folyadék.

3. Beöntés

- A vízivás után végezd el a beöntést. A rossz hír, hogy ezt **reggel 5-7 között** a legjobb megcsinálni, így együttmű- ködsz a testeddel, hiszen itt a legaktívabb a vastagbél a szervóra szerint.
- **Ezt érdemes a böjt mind az 5 napján elvégezni.** És még a felépítésben is 1 vagy két alkalommal, ha nehezen indul el a bélműködés.

4. Pihenés

A beöntés után nagyon jót teszel a szervezetednek, magadnak, ha le tudsz feküdni pihenni. Itt kortyolgathatod a tisztító teá- dat és közben az álomfilmedet is végignézheted. Ha jobban esik most semmit tenni, akkor tedd azt. Az is lehet, hogy bealszol, hihetetlen mély pihenéseket tudtam megélni a böjti reggeleken.

5. Májpakolás

Itt ebben a pihenésben alkalmazhatod a májpakolást, ami ser- kenti a méreganyag kiválasztást. Melegvizes törölközőre szá- raz, tehát készíthetsz dunszt „kötést", bevetheted a melegvizes palackot, vagy akár a meleg tenyeredet is. Ilyenkor szinte biz- tosan elálmosodsz és mélyre mész... Amikor pedig felébredsz, borzasztóan fáradt lehetsz, ami teljesen normális, hisz renge- teg méreganyag igyekszik távozni. A májunk vízszintes állapo- tunkban tud igazán tisztulni.

6. Ha alacsony a vérnyomásod... szédülsz...

- Feküdj le és pihenj...
- Ha épp fel kellene kelned, nyújtózkodj nagyokat még mielőtt kiszállnál az ágyból.
- Mézes fekete, vagy zöld tea. Vagy vész esetén egyszerűen egyél egy teáskanál mézet.

7. Váltott zuhany...

Ezt a helyzet adja, hogy a beöntés, vagy a pihenés után csinálod-e. Szerintem jobb, ha pihensz, lehet, hogy vissza is bólintasz kicsit és utána zuhanyozz egyet. A víz kívül, belül nagy segítségünkre van a böjt alatt. Ne csak egyszerűen zuhanyozz, hanem éld át, ahogy a víz lemossa rólad a „szennyet". Maga a váltott zuhany szuper jól energetizál, illetve fokozza a vérkeringést, ami segíti a méreganyagok távozását. Első körben meleg vízzel jól melegítsd át a tested, majd hideg vízzel (nem kell csutkára letekerni! Feszegesd a határaidat!) kezd a jobb lábfejednél, fel végig a csípődig, azután a bal láb fejedtől a bal lábadon is végig. Utána jobb kézfejtől fel a válladig, bal kéz... és csak a végén a felső tested, ha akarod a fejed is. Ezt csak amíg jólesik. Utána jöhet a meleg víz. Legalább 2 kör hideg legyen benne és azzal fejezd be. Most ez lehet borzalmasan hangzik, de meglátod milyen jó lesz!

Erre legalább olyan nehéz rábeszélni a pácienseket, mint a beöntésre, minimum kétfordulós a dolog... Nagyon meleg vízben fürödtem, nem ült be utánam senki a kádba. És ez most is így lenne, csak a zuhanyzás átvette a vezető szerepet. Itt is szeretem a meleget én sem rajongtam a váltott zuhany ötletéért... De tudtam, hogy nagyon fontos.

Az érrendszerünket tudjuk tornásztatni vele. Ahhoz, hogy a táplálék eljusson a test legtávolabbi pontjára és a szemét is ki tudjon ugyaninnen ürülni, nagyon fontos, hogy az érrendszerünk rugalmassága megfelelő legyen. A rugalmatlan, megkeményedett érfal könnyen „törik", elakadások keletkezhetnek, mint a vízköves csőben. Azok a sejtek, amik nem jutnak ezen a rendszeren keresztül megfelelő táplálékhoz, egy idő után elhalnak. Éhen halnak... Mit gondolsz, megér mindez némi kellemetlenséget, hogy életben tartsd a sejtjeidet?

Egyébként, itt is igaz, hogy minden csak szokás kérdése! A harmadik körnél már élvezni fogod, főleg a végeredményt. Szó szerint érezni, ahogy pezsdül a vér az ereinkben.

Egész évben alkalmazom, az életem része a váltott zuhany. Ha nagyon sietek, lehet kimarad, de az esetek nagy százalékában így indítom a reggelt.

8. Bőrradír

Érdemes a zuhannyal együtt bevetni, nem csak az arcunkon, nem csak böjt idején. Segíti az elhalt hámsejtek eltávolítását, pórusaid fellélegezhetnek.

9. Lélegezz!

„Élvezd az odavezető utat, ne akarj minél előbb túl lenni rajta. Légy nyitott, éber és bátor. Fontos a fizikai edzés, a tiszta levegő. A tüdő szorosan összefügg az élettel. Menj a friss levegőre, mozogj, erősítsd az izmaidat. Ha ezt megteszed, érkezni fognak az inspirációk, az ötletek és mutatni fogják neked az utat. Van egy út, amit előtted valaki kitaposott, indulj el rajta, nem biztos, hogy végig az lesz a te utad, de erőt, bátorságot ad az induláshoz."
ERdŐ

A légzésünk kihat az anyagcserére

Jött az üzenet is a témához... Gondoltad volna, hogy az oxigénnek és a széndioxidnak is milyen fontos szerepe van a szervezet egészséges működésében, illetve egész pontosan a táplálkozásban?

A testünkben kétféle légzés történik.

Az egyik a gázcsere, ami a külvilág és a tüdő között jön létre.

A lényeg viszont, ez után következik, a szervezetben is meg kell történnie a széndioxid leadásnak és az oxigén felvételnek.

Tehát a tüdő leadja a széndioxidot és felveszi az oxigént, az bekerül a véráramba és az artériákon, érhálózaton keresztül a test legtávolabbi pontjára is eljut, minden sejthez. Ennek felhasználásával történik azok anyagcseréje.

Az elfogyasztott táplálékból az oxigén segítségével nyernek energiát a sejtek és így mi is. Sok összetevős a dolog, számít, hogy mit eszünk, hogyan rágunk, mennyi vizet iszunk és azt mikor... viszont a légzésünk, a levegő minősége, a tüdőnk kapacitása, legalább ilyen fontos tényező az egészségünk megőrzése, helyreállítása szempontjából.

A sejtjeink szimbiózisban élnek más sejtekkel, úgynevezett mitokondriumokkal. Emlékszel? Már olvastál róluk! Ezek képesek arra, hogy az égési folyamat tűz nélkül le tudjon zajlódni a sejt anyagcsere folyamatban. E nélkül nem élünk. Ehhez oxigénre van szüksége. Ha a sejt anyagcsere összeomlik, a mitokondriumok megállnak, akkor a sejtek néhány percen belül elpusztulhatnak. Persze ez megy automata üzemmódban, de a tested meghálálja a teljes légzést. **Itt is igaz, hogy hiába eszel nagyon tuti biokaját, ha nem juttatsz hozzá megfelelő oxigént, nem tud úgy hasznosulni, mint kellene.**

Nem csak levegőt, hanem éltető energiát is lélegzünk be.

Amikor kifújjuk a levegőt, nem csak széndioxid megy ki, hanem egy csomó minden, amire nincs szükséged, rossz gondolatok, fájdalmak, terhelő érzések is távozhatnak, főleg, ha tudatoddal rásegítesz. Gondolj csak bele, amikor valami gond van és egy nagyot sóhajtasz, vagy amikor valaki pánikol és mondod neki, hogy vegyen nagy levegőt és fújja ki. Nyilván meg van az anatómiai háttér is, de azon felül komoly energiák is mozognak be és ki.

A keleti ember szerint mi itt nyugaton nem lélegzünk, csak pihegünk. És sajnos sok igazság van benne... Akik nagy gyakorlattal rendelkeznek, a testük bármely részébe képesek „lélegezni". Nyilván a tudat segítségével, de „átlélegzik" az adott, problémás területet, ami segíti annak regenerálódását, a gyulladás lecsendesítését, fájdalmak enyhítését.

A levegőt orron be és orron ki jó venni rendszeresen. Vannak technikák, ahol rövid ideig például a szánkon fújunk ki, de ez csak egy gyakorlat. Alap helyzet orron be és ki. Amikor így lélegzel olyan gáz szabadul fel, aminek értágító, nyugtató hatása van. Ezért nem szerencsés például, ha horkol valaki, vagy nyitott szájjal alszik pont éjszaka, a regenerálódás idején...

Hasi légzés

Figyeld meg, hogy hova veszed a levegőt automata üzemmódban. A nyugati ember jellemzően tüdő felső részét használja csak és nem viszi le a „hasig". Ha te már profi vagy ebben, gratulálok neked, csak így tovább.

Ha még nem próbáltad, azt javaslom ülj egyenes háttal, vagy ha ez nagyon nem megy, akkor feküdj a hátadra, kicsit húzd fel a térdeid és tedd a jobb tenyered a hasadra, a balt a mellkasodra. Vegyél levegőt az orrodon ahogy normál esetben is szoktál és figyeld az útját a testedben. Először csak figyeld meg, mi történik... a mellkasod, vagy a hasad emelkedik?

Az lenne a cél, hogy csak a hasad emelkedjen első körben és a mellkasod csak utána. Képzeld el a levegő útját, ahogy „lemegy a hasadba" és az megemelkedik, majd, amikor kifújod leereszkedik. Figyeld a két tenyered, hogy mozog a testeden. Tehát belégzésnél a has emelkedik, kilégzésnél ereszkedik. Persze a levegő nem megy át a hasunkba, hanem a tüdő alsó része telik meg. Ez így egy teljesebb légzés lesz, mint amikor a tüdő felső szakaszába pihegünk csak. Ezzel a hasizom mozgással „masszírozzuk" a bélrendszert is, ami segíti annak munkáját.

Élettani hatásai:

Kiegyensúlyozza a vérnyomást, lecsendesíti az elmét, segíti az anyagcserét és a méregtelenítést.

Kizáró kritériumok:

Ez a gyakorlat nem javasolt, ha tele a hasad, vagy a hólyagod. Ha akut gyulladás van a hasi területen, menstruáció, terhesség, sérv, fekély esetén.

Nem kell jóginak lenni ahhoz, hogy helyesen lélegezz, minden csak gyakorlás kérdése és csupán perceket vesz igénybe. Az elején, ha még sosem csináltál ilyet, akkor 2-3 percnél tovább nem is ajánlott. Lassan szoktasd hozzá a szervezeted. Ha el tudsz jutni napi 15 percig, az már elképesztően nagy hatással bír lenni az egészségedre.

Hogy összefüggenek a dolgok, igaz?

Gondoltad volna, hogy a légzésed minősége kihat az emésztésedre? A szervezeted méregtelenítésére, az idegrendszeredre, a kedvedre, a lelkedre, az életminőségedre...

Többféle légzésgyakorlatot tanultam én is, talán ez a legtermészetesebb nekem. Nem vagyok légzés nagymester, rengeteg videó és oktató anyag van ezzel kapcsolatosan, ami segíteni tud, ha úgy érzed kevés neked az infó itt az anyagban. Ha rendszeresen gyakorolsz, akkor előbb utóbb ez lesz a természetes számodra és automatikusan így, vagy ehhez közelítve fogod venni a levegőt.

A kínai orvoslás szerint:

A tüdő felelős a chi, az energia szétszórásáért a szervezetben. Ha gyenge, nem jut el mindenhova, például a végtagokba, bőrfelszínre. A tüdő mozgásával lefelé nyomja a chi-t, ezzel támogatja a bélmozgást, a székletürítést. Ezt tudjuk támogatni a hasi légzéssel. Amikor fáradtnak, nyomottnak érzed magad, lehet, hogy csak nincs elég „tüdő chi" a szervezetedben. Vegyél néhány nagyobb levegőt a „hasadba" ...

És természetesen Jézus gondolatai sem maradhatnak el...

„Keressétek az erdők és mezők friss levegőjét és annak közepén találjátok meg a levegő angyalát. Vegyétek le cipőtöket és ruhátokat és engedjétek, hogy a levegő angyala belétek kerülhessen. Bizony mondom nektek, a levegő angyala kiválaszt testetekből minden tisztátalanságot, amely kívülről vagy belülről beszennyezett. És így felszáll belőletek minden tisztátalan dolog, mint ahogy a tűz füstje felfelé száll és elvész a levegő tengerében. Bizony mondom nektek, szent a levegő angyala, amely megtisztít minden tisztátalant és édes illatát adja minden bűzösnek. Egyetlen ember sem fog Isten orcája elé lépni, aki nem engedte át magát a levegő angyalának. Bizony, mindennek újjá kell születnie a levegőben és az igazságban, mivel testetek a Föld Anya levegőjét lélegzi be, szellemetek pedig az Ég Atya igazságát."

A lelked a tüdőben...

A tüdő megbetegedéseinek lelki hátterében a környezetünkkel való kapcsolatteremtés, kommunikáció, befogadás területeken érdemes keresgélni. Mivel a légzés automatikusan megtörténik normál esetben, ezért a befogadás is, csak nem mindegy milyen mértékben és minőségben.

Tehát a légzésed minősége, a tüdőd egészsége –, mint minden szervünknél – nem csak a testünk, hanem a lelkünk szempontjából is nagyon fontos. Illetve fordítva is, a lelkünk állapota csökkentheti a tüdő teljesítményét, aminek nem fog örülni a szervezetünk.

Böjt alatt érdemes légzőgyakorlatokat, meditációt is bevetni, sokat segítenek a tisztulásban. Már az is nagyszerű, ha kimész a levegőre és csinálsz néhány „orron be, szájon ki amennyit csak bírsz" légzést és tudatosítod, hogy erőt, egészséget, energiát is veszel magadhoz és kifújsz mindent amire nincs szükséged, betegséget, terhelő gondolatokat, érzéseket, nehéz helyzeteket...

10. Mozogj!

Böjt során, feltétlenül iktass be mozgást is. Erre tapasztalatom szerint a késő délelőtt, és a kora délután lehet a legalkalmasabb, akkor lesz leginkább erőd hozzá. Csak sétálj, vagy jógázz... nekem volt, hogy futni támadt kedvem, de ne ezzel kezd!

Nagyon fontos a mozgás böjtön kívül is!

Viszont... amikor komolyabb erőkifejtésnek teszed ki a tested, az stimulálja a vérkeringést, aminek eredménye a fokozott méreganyag kiválasztás lesz.

Ha komoly egészségügyi kihívásaid vannak, erősen túlsúlyos vagy, fontos, hogy mielőtt bármilyen komolyabb edzésbe belekezdesz, érdemes tisztítani előtte, közben a szervezetet is.

Ha ez megvan, isszuk a vizet is... akkor is csak fokozatosan terheljük a fizikai testet.

Így ment életet:

A mozgás ugyanúgy alapvető szükséglete a szervezetnek, mint hogy eszünk, iszunk, levegőt veszünk. Néha van, hogy az életünk múlhat rajta...

Gondoltad, hogy amikor műtenek valakit, vagy szülés után, nem véletlenül „szedik ki" az ágyból minél előbb? Nem igazán értettem amikor az intenzív osztályon csövekkel a testemben felállítottak az ágyból, azt sem tudtam, hol vagyok és a székre rakott lavórból kellett megmosakodnom. Gondoltam, nem látják milyen ramatyul vagyok? Miért volt ez annyira fontos? Most komolyan??? Sokszor, ha értenénk, hogy mi miért történik, hatékonyabban működnének a dolgok.

Amikor az érfal megsérül, a kifolyó vér percek alatt kocsonyás állapotú lesz, azaz megalvad, ilyenkor vérrögösödés (thrombosis) jöhet létre. Ahhoz, hogy ez megtörténjen több összetevős a dolog, ilyen például a keringés lelassulása, például hasi műtétek és szülés utáni állapotokban. Tehát maga az ágyban fekvés rizikófaktornak számít ilyen esetekben. Műtét alatt az erek sérülnek, elindul ez a folyamat. Megváltozhat a vér összetétele, besűrűsödhet... Ezért adják a vérhígítót és ezért kell mozgatni a pácienst, így lehet megelőzni a problémát. Ha ilyen helyzetbe kerülünk és tisztában vagyunk a fentiekkel, biztosan szívesebben együttműködünk.

Na, jóó messziről indítottam, de szerintem jól szemlélteti, hogy mennyire szerves része az életnek a mozgás.

Egy dolog, hogy jót tesz a fizikai testünknek, de ugyanazzal az intenzitással hat a lelkünkre, szellemünkre is. Minél többet gyakorlunk, annál ügyesebbek leszünk, annál jobban fogjuk élvezni és ez egy szuper felfelé vivő spirál lesz az életünkben. Ha csoportos foglalkozásra járunk új barátaink lehetnek, erősít bennünket a „tartozni valahová" érzése.

Ha csak magányosan tesszük, akkor sem leszünk egyedül, mert a felsőbb énünkkel előbb-utóbb biztosan kapcsolódni fogunk.

Mindegy, hogy mit, csak kezdj el mozogni, ha eddig nem tetted! Ha már gyakorló sportoló vagy, neked sem árt a gondolataidban rendezni, a szívedben hálásnak lenni, hogy képes vagy rá, meg tudod csinálni. Van lábad, tudsz futni, tornázni, vagy táncolni. Ha még sosem sportoltál, indulj el valamerre. Kezdj el sétálni, nem andalogva, hanem tempósan, szóval kezdj el gyalogolni, apránként emeld a távot, az időt. Próbálj ki különböző sportokat. Menj el egy pilatesre, egy konditerembe... Kérj szakértő segítséget, ha azt sem tudod, hogy fogj hozzá!

Ha erősen túlsúlyos vagy, akkor **ne a futással kezdj**! Rossz nézni, amikor nagyon kövér embereket látok futást imitálni. Elnézést, nem bántani szeretném őket, inkább aggódom... Nem szabad kitenni a szervezetüket ilyen megterhelésnek, nagyon nagy zűrök lehetnek belőle. Először ki kell tisztítani a testet, bélrendszert, le kell adni a kilókból. Mozogj, de csak sétálj, gyalogolj, menj el úszni, tornázz... minden nap! Utána ahogy alakulsz lehet erőteljesebben gyalogolni és csak azután futni.

A mozgásszegény életmód a szervezet gyengüléséhez vezethet. Sokkal fogékonyabb ilyenkor a test a betegségekre. Elsorvad az izomzat, vénákban és a nyirokrendszerben pangások jöhetnek létre.

Ha mozogsz, az jótékonyan fog hatni az idegrendszeredre, a közérzetedre és növelni fogja a testi és lelki ellenálló képességedet, tisztulni fog a tudatod, nőni fog a teljesítő képességed. Ez köszönhető a közismert endorfinnak, boldogság hormonnak.

Minden korcsoportnak megvan a számára ideális mozgás. Minél régebben mozogtál, annál fontosabb, hogy ne állj neki egyedül! Keress egy hiteles edzőt, akiben megbízol és fogadj szót neki! Ahogy idősödünk veszítünk az izmainkból, ha nem figyelünk oda rá. Az izmok és a bélflóra szintén hatnak egymásra. Az egészségünk szempontjából fontos az egészséges izomzat. Tehát ne csak kardió mozgásokban gondolkozz!

Életem része volt valamilyen formában mindig a mozgás, ami gyerekkoromban éveken át a néptáncban testesült meg. Futottam, jógáztam, és imádtam a zumbát... Aztán az élet elsodort, jöttek fel a kilók és egyre nehezebben vettem rá magam, ritkultak az esetek.

Ágynak dőltem, utána pedig nagyon nehezen állt újra fel a rendszer.

Amikor a testem futni akart...

Az ERdŐ-ben volt egy izgalmas megtapasztalásom, megosztom veled.

Fogalmam sincs, hogy az ERdŐ hatására, vagy a turmixoknak, fogyásnak, vagy így mind a háromnak köszönhetően azt kezdtem érezni, hogy nem elégít ki a gyaloglás. Otthon szoktam jógázni, azt gondoltam nekem már csak ez való :)) Az az igazság, hogy a fogyásom óta nem is nagyon próbáltam a futást. Szóval... ahogy az erdőben mentem a kutyával egyre az jött, hogy futhatnékom van. Tombolt bennem valami erő, ami valahogy ki akart jönni. A testem futni akart... Egyik alkalommal már visszafelé sétáltunk és mivel a reggeli harmat erősen el tudja áztatni még a túrabakancsom is, a kis csinos gumicsizmám volt rajtam. Annyira izgatta a fantáziámat, hogy elkezdtem futni csizmában és a kocsiig hátralévő 2-300 métert így tettem meg. Azanyját de jó volt! Másnap elővettem a kondicipőmet, ami persze nem futó cipő, inkább túrázni való, de gondoltam, ez is megteszi. Magam is ledöbbentem a teljesítményemen, 3-3,5 km-t szinte minden gond nélkül lefutottam, úgy, hogy a kocsihoz menet alig bírtam megállni. Egy két alkalommal hegymenetben átváltottam erőteljes gyaloglásra, ahol azt éreztem, hogy túlterhelem a szervezetem, de ezen felül szinte az egészet végigfutottam. Hihetetlen jó érzés volt. Nem csak fizikailag, hanem lelkileg, mentálisan is. Erősnek, fittnek, egészségesnek, éreztem magam.

Másnap ismét vettem a cipőm és a csizmám parkolóra tettem. Nagyon élveztem, hogy ismét képes vagyok ilyen teljesítményre. Visszagondoltam a másfél évvel ezelőtti állapotomra és könnybe lábadt a szemem. Annyira hálás voltam, hogy újra Élek.

Ma már ritkábban futok, mert szükségem van a túrázós, sőt néha sétálós természetre, növényekre, lepkékre hangolódós sétámra is, illetve az életem része lett a pilates, amit szintén heti 2 alkalommal legalább igyekszem beiktatni.

De kétségtelenül igaz, Jack LaLanne (1914-2011) amerikai fitneszoktató és táplálkozási tanácsadó mondása, egyik nincs a másik nélkül, vagyis együtt hatékonyak:

„A mozgás a király.
A táplálkozás a királyné.
Együtt övék a királyság."

Ha belevágtál a böjtbe és úgy érzed az eddig olvasottak mind hiába voltak, nem bírod tovább, még egy utolsót javaslok neked:

11. Mielőtt feladnád!

Akikkel együtt dolgozom, szoktam javasolni, hogy tegyenek egy post-itet a hűtő ajtajára:

„Edinát felhívni vész esetén!"

Neked, ha egyedül vágsz bele.

„Könyvet kinyitni vész esetén a 162. oldalon a felépítésnél!"

Feliratot javaslom... Viccesnek gondolod, de nagggyon komoly! Emlékszel az első böjtös kísérletemre, amikor másfél nap után feltéptem a hűtő ajtaját... ne ess a hibámba!

Felépítés a böjt szerves része!

Felépítés

Nagyon büszke vagyok rád, ha bármit elkezdtél, ami elindít a változás útján, mert tudom, hogy nem egyszerű... Ha egyenlőre csak barátkozol a gondolattal és fogalmad sincs, hogy fogj hozzá, ne izgulj, néhány lappal később megtalálod az „Öt nap léböjtöm" fejezetet, ahol részletesen leírom mind az öt napomat. Ez segítségedre lesz, viszont az eddig leírtak nagyon fontosak, hogy a fejedben összeálljon a kép és legalább elméletben tudj böjtölni.

Figyeld magadat!

Az előző részben a böjtről írtam, bízom benne, hogy lesz, aki belevág, vagy ha Te már böjtöltél régebben, akkor tudtam valamit hozzá tenni a következő böjtödhöz. Rengeteget olvastam róla, különböző ágazatok írásait nézegettem, nekem a legtöbbet Rüdriger Dhalke és Dr. Török Szilveszter gondolatai segítettek. Egyszerűek és nem erőszakolnak semmit, hanem arra ösztönöznek amire én is, hogy figyeld magadat! Bocs, hogy megint ezzel jövök, de a te testedet te ismered a legjobban. Tabletták nem fogják helyre hozni az egészségedet. Átmenetileg lehet „segítenek", de ez sok esetben becsapós, mert csak a tünetek tűnnek el és ha rendszeresen gyógyszert szedsz, akkor gondolkozz el azon, amit azok mellékhatásáról írtam néhány oldallal ezelőtt. Ha pedig még nem vagy gyógyszer szedő, akkor tegyél meg mindent, hogy maradjon is így!

Vágj bele bátran és kezdj el változtatni. Tekintsd egy kalandnak... mert igazából az is.

Ezek a fizikai változtatások egyre közelebb és közelebb visznek majd saját magadhoz, egyre erősebb és bátrabb leszel.

Ha kitakarítod a szervezeted, nem adsz enni a rossz baktériumoknak, el fognak tűnni a testedből és erőre kapnak, elszaporodnak a jók, akiknek az a feladata, hogy gyógyítsanak téged.

Ha belevágtál... mindegy meddig bírtad, mindegy, hogy ment, bármi is a végeredmény, rengeteget tettél magadért.

De még nincs vége!

Ugyan megkezdheted az étkezést, de ez sem egy egyszerű feladat több napnyi böjt után. Nagyon sokan eljutnak odáig, hogy az 5. napon már nem éreznek éhséget és tulajdonképpen tudnák még folytatni.

Nekem maga a rágás, az ízek és a közös étkezések hiányoznak ilyenkor.

Ahhoz, hogy az elmúlt megvonós napoknak igazán értelme legyen nagyon fontos, hogy hogyan építed fel ebből a kiinduló pontból az elkövetkező időszakban az étkezésedet.

A böjt egy igazi tabularasa, egy konkrét elvonókúra, ahol elhagytad a cukrokat, a gyorskaját, az ízfokozókat... amik igazi kábítószerként képesek fogva tartani. Használd ki ezt a tiszta állapotot! Ebből a kiinduló pontból sokkal könnyebben tudsz új étkezési szokásokat kialakítani, hogy az elcsépelt szóhasználattal éljek, életmódot váltani.

A felépítés ideje a böjti napok számának legalább a fele. Tehát ha 5 napot böjtöltél, akkor 2,5 nap, de inkább 3.

Óriási a kupi még a testedben! Nagyjából ott tart a tatarozás, vagy a tavaszi nagy takarítás, hogy kipakoltál minden szekrényből, lehet már ki is mostad az összes fiókot, de a lakás közepén még ott a rengeteg cucc, aminek még vissza kell kerülnie a helyére.

163

Vedd komolyan a felépítést!

Ha ügyesen végigcsináltad a böjtöt, elkezded visszaépíteni az étkezésed és olyan dolgokat eszel, amit ki nem állhatsz, akkor egy fontos része kimarad a folyamatnak. Hogy fogod azt élvezettel rágogatni? Főleg egy felfokozott ízérzékeléssel?? Figyeld, mit kíván a szervezeted.

Élmény „kell", hogy legyen! Ez egy jó lehetőség arra, hogy elkezdjünk elölről tanulni enni, rágni és elhagyjuk a rohanós evéseinket. Tehát csak olyan ételben gondolkozz, amit szívesen megeszel.

Azt szoktam mondani, hogy nem feltétlenül az a fontos, hogy mit, hanem hogy mennyit és hogyan.

Nyilván ez nem teljesen igaz, de érzékelteti a lényeget. Most első körben ezért a hogyanokat fogjuk kivesézni. Két kardinális kérdés, ami erősen meg tudja zavarni az emésztésünket, ha nem jól csináljuk, a vízfogyasztás és a rágás.

Ezek az elvek, amiket itt megosztok veled, sajnos nem sok támogatást kapnak a médiában, az egészségiparban, pedig nagyon fontosak a jó emésztés, bélflóra és az immunrendszerünk szempontjából is.

Nézzük a rágást!

Az alapos rágásnak rengeteg haszna van. Hogy megértsd, kicsit **visszautalok itt a lektinekkel kapcsolatos kihívásra**. Ijesztő lehet, hogy mennyi minden ártalmas és felmerül a „de mi a fenét egyek akkor" kérdés, teljesen jogosan.

A jó hír, hogy ha jól működik a szervezeted, akkor automatikusan védekezik és ártalmatlanít mindenféle betolakodót.

A rossz hír, hogy ha túlterhelt, beteg a tested, nem képes ezekre a folyamatokra, illetve csak erősen csökkentett üzemmódban.

164

Így védekezik a szervezetünk:

Minden állat, beleértve az embert is komoly védekező rendszert épített fel magának, hogy ártalmatlanítsa a lektineket is és mindenféle betolakodót a szervezetbe.

Ez nálunk 4 fő bástyából áll:

- Az orrunkban és a szánkban lévő emésztő enzimek, vírusok és baktériumok első számú védelmi kapuja és itt kezdődik a szénhidrátok bontása.
- A szánkban és a bélrendszerünkben lévő baktérium törzsek, azaz a mikrobiomunk, főleg, ha a jó bacik vannak túlsúlyban...
- A gyomorsav, ami a lektin fehérjék emésztését végzi.
- Váladékréteg, ami beborítja az egész emésztőrendszerünket, a szánkban, torokban, egészen a végbélig. Ez a váladék réteg gátként funkcionál, a növényi összetevőket ott tartja azon az oldalon, ahová valók.
- +1, ami a legfontosabb! Mi magunk... ha tudatában vagyunk a fentieknek, ahogy lehet kihagyhatjuk a táplálkozásunkból, vagy semlegesíthetjük.

Ha beteg vagy, feltétlenül az első és legfontosabb feladat, hogy hagyd abba a lektinek bevitelét a szervezetedbe, ezen felül, itt van két egyszerű, de nagyszerű, azonnal alkalmazható SOS segítség, amivel minimalizálni tudod a lektin kitettséged és javítani az emésztési folyamataid.

Szóval... A rágás

Nem kerül semmibe, mégis aranyat ér!

Nagyon gyors evő voltam. Alig rágtam meg az ételt.

Amikor olvastam a rágás jelentőségéről, teljesen ledöbbentem. Soha senki nem hívta fel erre a figyelmemet. Az folyt a csapból is, hogy reggel, este mossak fogat, meg hogy evés előtt mossak kezet, de hogy az ételt teljesen pépesre kellene rágni, ezt senki nem mondta. Se az iskolában, se az orvosok, (még akkor sem, amikor emésztési problémákkal kerestem fel őket) se a szüleim (mert nekik se mondta senki...). Pusztán azzal, hogy adsz időt magadnak, nyugodtan eszed meg az ételed, alaposan megrágod, kevesebbet fogsz enni és ami lemegy, az emésztésre felkészülve érkezik a gyomrodba.

A szénhidrátok bontása a szánkban kezdődik a nyálban lévő enzimek segítségével. Ha ez a folyamat kimarad, az egész emésztést megborítja és nem is hinnéd, hogy mennyi problémát okozhat. Súlyos betegségeket úszhatsz meg, ha ezt az egyszerű lépést komolyan veszed.

A rágásod lehet a teszted is. Többet ér néha, mint egy allergia vizsgálat.

Amikor valamit ráhangolódva, alaposan megrágsz és pépes állapotában is szívesen lenyeled, az biztosan a te ételed. Ha szíved szerint kiköpnéd, mert valami fura íze lett, akkor azt érdemes kihúznod a listádról.

Előbb abba fogod hagyni az étkezést! A sok rágás tovább tart, az információ el tud jutni az agyig még az előtt, hogy túlennéd magad. Amikor csak úgy ledobálod a hatalmas falatokat kettő perc alatt, az agyad még fel sem fogta, hogy eszel egyáltalán, te meg már végzel is. Ezt követi az ismerős „mindjárt szétpukkadok" érzés.

Amikor rájöttem a rágás súlyára, beültem egy plázába és kíváncsian kezdtem számolni, ki hány falatnál nyeli le az ételt. Döbbenet volt. 3-7 között mozogtak a számok, de nagyrészt az alsó szintet érték el az „alanyok". Bevallom, én sem foglalkoztam ezzel a témával. Soha senki nem hívta fel erre a figyelmemet, hogy mennyire fontos, legfőképpen az okát nem ecsetelte senki.

Ha ez a rágásosdi kimarad, vagy nem megfelelő, a szénhidrátok előemésztése elmarad és egy csomó vírus, baktérium is átszökken ezen a határátkelőn. Így érkezik a gyomorba, ahol a fehérjéket kezdjük emészteni. Ha jön egy nem megfelelően előkészített cucc, plusz kevés a gyomorsav, már duplán hibás a gyártási folyamat. Erjedés, rothadás keletkezik, ami gáz képződéssel jár... tehát a puffadásod oka a legtöbb esetben a nem megfelelően megrágott, nem jó minőségű étel és a gyenge, kevés gyomorsav.

Ez a zűrös közeg tökéletesen megfelel a banditáknak és már támadásba is indulnak.

Amikor léket ütnek a pajzson, a bélfal vékony védőrétegén, egy csomó minden más is át tud menni a túloldalra, ami nem oda való.

Ami még bezavarhat, illetve sokat segíthet, ha jól csinálod, az a:

Víz fogyasztás

Hogy jön ez az étkezésünkhöz?

Víz ivás. Erről már beszéltünk. Bagatellnek tűnhet, de ha étkezés előtt közvetlenül, vagy evés közben vízzel hígítod az amúgy is gyenge gyomorsavad, a fenti mechanizmusok még nehézkesebben történnek meg.

Ezért egy kis ismétlés...

Így idd a vizet:

✓ Testsúly kg-onként 30ml/nap a MINIMUM VÍZ fogyasztási szükséglet. (Nem folyadék! Üdítők, energia ital, alkohol, leves... és egyéb ötletek nem számítanak!) Ha sok kávét iszol + 0,5 l, ha fizikai munkát végzel, nagy a meleg, vagy edzel + 0,5 l / nap. Nekem sokat segít, hogy van egy flakonom, amiből iszom, így tudom mérni a mennyiséget és jobban is csúszik, mintha pohárból innék.

✓ Tisztított vizet igyál, ne csapvizet. Ha nincs víztisztítód, akkor ásványvizet, de valami jobb minőségűt.

✓ Ha jó minőségű a csapvized, idd bátran, de „Szeretgesd" meg mielőtt megiszod. Megváltozik a struktúrája. Emoto Masaruról biztosan hallottál már. Mentális üzeneteket küldött a víznek és lefotózta őket mikroszkóp alatt. Te melyik kristályt küldenéd inkább a testedbe? Nem kell túlgondolni a dolgot. Amikor kiengedem a vizet, míg lezárom a kupakját, rágondolok, hogy: *„Te egy gyógyító víz vagy, ami segít nekem a szervezetemet kitisztítani. Hálás vagyok ezért."* Ha úgy könnyebb elképzelni, fogd a két kezed közé a flakont, mintha megölelnéd, megszeretgetnéd.

✓ Mikor igyunk? Reggel a legfontosabb, én közel 1 litert megiszom reggel. Először meleget iszom 3-4 dl-t, utána, kicsit később hideget, vagy inkább szoba hőmérsékletűt mert azt jobban szeretem. :) Ha reggel kávézol, mindenképp előtte igyál vizet. A napi folyadék nagy részét a délelőtt folyamán meg kellene innunk. Az én esetemben ez dolgosabb, melegebb napon 2,5 liter, ebből 1,5 litert megiszom délelőtt. Ez az elején nagy odafigyelést igényelt nálam. Mindig elfelejtettem. Amióta reggel kb. 1 literrel kezdem, simán meg van délelőtt a 1-1,5 liternyi.

✓ EVÉS ELŐTT, KÖZBEN, UTÁN NEM ISZUNK VIZET! A vízzel felhígítod a gyomorsavad és nem tud az emésztés a terv szerint megtörténni. (Erről még következő részekben beszélünk). Ez az egész folyamatot felboríthatja. Szóval igyunk sok vizet, de ne akkor, amikor eszünk. Evés előtt 1/2 órával, utána is minimum 1/2 óra, ha nehezen emészthető ételt ettünk, akkor 1-2 óra is szükséges lehet. Ez ijesztően hangzik, pedig csak szokás kérdése. Ha rendbe teszed a fejedben ezt a kérdést, akkor nem fogsz szomjan halni ebéd közben. Ha délelőtt feltöltöd a vízháztartásod, simán lemegy az ebéd mindenféle ital kíséret nélkül. Az elején sok odafigyelést igényelt nekem is, de megérte. Ha nehezen megy az elején, citromos vizet, vagy kombucha teát (erjesztett ital) javaslok néhány kortyot, ez nekem is bevált. Nyilván, ha egy ünnepi, vagy baráti vacsorán vagy és koccintani szeretnél egy finom borral, nehogy kihagyd!

✓ A zöldturmix is étel! Nem iszunk előtte/közben/utána vizet!

✓ A gyümölcslé is étel! Főleg a 100 %-os levek! Meg kell „rágni", ne öntsd le, kortyonként igyad és keveredjen össze a szádban a nyállal. Itt se igyál közben vizet! De leginkább ne igyál gyümölcslevet, felejtsd el őket, hanem edd meg a gyümölcsöt!

Hangolódj rá!

A másik igazán fontos, hogy **legyél OTT, figyelj oda az ételre**. Amit elfogyasztasz az szép legyen és kívánatos. Kell a látvány, az illatok. Amikor ilyen nagyszerű étel elé oda ülsz vess rá egy pillantást mielőtt nekilátsz és legyél hálás érte, hogy támogatni fogja a tested működését, hogy ápolja majd a lelked és tisztán tartja a tudatod.

A körömpörkölt nem biztos, hogy tudja mindezeket, de ki van zárva, hogy azt kívánnád böjt után! :)

Amikor csak úgy minden gondolat nélkül belapátolod az ételt, egyrészt tuti nem rágod meg rendesen, másrészt elmarad az étkezés/táplálkozás esszenciája és egy egyszerű fizikai darálás lesz belőle.

Tudom, hogy a hétköznapok jól el tudják sodorni az embert, de egy két pillanat mindig legyen erre. Energetikailag más lesz a hatás.

Mennyit?

Ahhoz, hogy a gyomor megfelelően tudjon emészteni, maximum 3/4-ig lenne szabad megtölteni.

Ahogy írtam az előbb, az üzenet késve érkezik az agyba, főleg, ha valaki erősen gyorsevő, amikor a „jóllakottság" érzése megjelenik és púpra laktad magad, akkor már késő! 110 %-osan megtöltötted a bendődet.

A tibetiek úgy tartják, a te adagod az, ami a két markodban elfér. Ez hasznos mérce lehet egyéb esetekre is, túl a böjtön. Ha túl töltjük a gyomrunkat, nem fog tudni jól összekeveredni az étel az emésztő nedvekkel, nehézkes lesz a feldolgozás, ami később erjedéshez, puffadáshoz és egyéb egészségügyi problémákhoz vezet. Nézd csak meg a két tenyered egymás mellett. Biztos nem ettél több ebédet? Hidd el, tudom milyen nehéz megállni, amikor valami finom ételt eszik az ember... imádok enni... szeretek főzni, ínyencségeket kipróbálni...

DE! Érdemes a mértéket tartani és az alapos rágás erre egy nagyon jól bevált módszer. Ha odafigyelsz, alaposan megrágod az ételt sokkal előbb észre fogod venni, ha felvillan a „megtelt" tábla és nem utolsó sorban, így lesz igazán élmény az evés, ami túlmutat a fizikai test táplálásán.

A böjt felépítésben ennek az adagnak a felét célozd meg első körben. Az is lehet, hogy azt sem fogod tudni megenni. Figyelj nagyon, amikor már kezded érezni, hogy telik a hasad, **hagyd abba! Azonnal!** Böjt utáni túlevés nagyon csúnya görcsöket bír okozni.

Mikor együnk?

Ha már alig várod, hogy egyél, bátran vágj bele a reggelibe első nap. A felépítést követően viszont próbáld meg, hogy kihagyod a reggelit és csak 10 óra körül eszel gyümölcsöt, vagy zöldturmixot. Próbálj minél több időt kihagyni az utolsó és az első étkezésed között. Ezt hívjuk időszakos böjtnek. Nézzük csak, mi is ez és mire jó nekünk!

Időszakos böjt

Nagyszerű módja annak, hogy folyamatosan karban tartsd magadat. Ezek az apró „sokkok" rákényszerítik a szervezetet a rendszeres szanálásra, ami megszabadít a beteg, selejtes, gyenge sejtektől és az erőseké lesz a főszerep.

Ez nem váltja ki az 5 napos vagy annál hosszabb léböjtöt! Lehet inkább „fenntartó"böjtnek kellene hívni.

Az egy évben 1-2 vagy maximum 3 alkalommal végzett több napos böjtök között segít a szervezet egészséges állapotát fenntartani.

Ezt a köztes tisztítást úgy is elvégezheted, hogy kijelölsz egy napot a héten, mondjuk a hétfőt, mert hétvégén általában tele eszed magadat és ott csak folyadékot fogyasztasz. **Kihagysz 24 órát.** Vannak, akik ezt a változatát választják az időszakos böjtnek.

A másik a **napi szintű „időszakos böjt", ami azt jelenti, hogy valamelyik két étkezés között legyen 16-18 óra.** Bevallom, nekem ez vált be inkább, mégpedig a reggeli kihagyásával. Nem kell, hogy te is pont így csináld! Kísérletezz, próbáld ki mi a leginkább tartható számodra. Lehet te könyebben kihagyod a vacsorát, vagy egy teljes napot a héten.

Nagy előnye, hogy mivel rendszeres a takarítás, így a köztes időben tulajdonképpen azt ehetsz, amit csak akarsz... némi túlzással.

Nem tudtam elképzelni régebben, hogy ne egyek reggelit, belém égett a „reggelizz, mint a király" és fél nyolckor már ölni tudtam volna egy kifliért, vagy kakaós csigáért. A böjt és a zöld-turmixok hozták el ezt a megoldást nekem. Reggel kimentem a kertbe és ott felejtettem magam a zöldek között, sokszor 10 óra lett mire eljutottam a turmixolásig. Nem voltam éhes... egyszerűen így alakult. Később jöttem rá, hogy van ilyen irányzat, ami az időszakos böjtöt hirdeti.

Hétvégéken, néha odaülök a családi reggelikhez és én is rántottázom egyet, mert szeretem és mert jó együtt enni... Ha ezt mindkét nap elkövetem és ebéd+vacsora is megvan, hétfőre, már erősen tele vagyok és tuti nem jut eszembe a reggeli, de még a turmix se. Minden szokás kérdése. Nem kell, hogy ezt csináld, nekem és sok páciensemnek bevált. Segít tartani a súlyom, és összességében egyensúlyban maradni.

Ezt a megoldást néhány éve gyakorlom. Soha nem gondoltam, hogy természetes lesz számomra a reggeli kihagyása, de nálam szenzációsan működik. Vannak napok, főleg télvíz idején, kevés a zöld, ilyenkor csak ebédet eszem és a délelőtt folyamán kizárólag teát, vizet iszom és ettől függetlenül, terhelhető vagyok fizikálisan és mentálisan is. Simán gyalogolok 5-6 km-t, végig csinálok egy gépes pilates edzést, konzultációkat viszek, jövök-megyek, intézkedek, írok... Na jó... 12:00-kor éhes vagyok! De nagyon!

Mit ehetünk?

Az előzőekben felsoroltak nézőpontom szerint legalább annyira fontosak, mint hogy mit együnk! Feltétlenül figyelmesen olvasd végig, ha felépíteni szeretnél!

A „mit ehetek" kérdés nagyon kemény dió és a rengeteg ágazat különböző nézőpontjai oly mértékben képesek megkeverni az embert, hogy a végén tényleg azon is elgondolkozik, hogy levegőt vehet-e. Ilyenkor azt tapasztalom, hogy némi kísérletezés után sok esetben inkább hagyja az egészet és visszatér a „ha-

gyományos" ételekhez. Ott elkezdődik a lelkiismeretfurdalás...
és már indul is az ördögi kör.

Valóban nem könnyű új ételeket bevezetni, új szokásokat kialakítani, viszont, ha végigviszed a böjtöt, egy olyan elvonókúrán megy végig az agyad is, hogy azt veszed észre, hogy előbb nyúlsz a zöldségekhez, mint a csokoládéhoz. Ha csokifüggő vagy, akkor ezt most kétkedve olvasod... én se hittem, teljesen meglepődtem, amikor a böjtöt követően, rendszeres zöldturmix fogyasztása után egyszer csak azt vettem észre, hogy a boltban a zöldséges pult körül lelkendezem leginkább és az édességeket kikerültem. A böjt és zöldturmixok, erősen eltolták az ízlésemet. A cukor konkrétan függést okoz, ezért nehéz csak úgy lemondani róla. Egy-egy szülinap, karácsony, vagy lakodalom engem is képes kibillenteni és halál pontosan lehet látni, hogy csavarna rá a szerre a cukor. Nagyon nehéz leállítani, de ebben sokat segít az időszakos böjt és a házi szuperfoodok.

Az ételajánlásnál mindig az egyén állapotát kell figyelembe venni. DE te ismered itt is a legjobban magadat. A rágással nagyon jól tudod tesztelni, mi a TE ételed és mi nem, mi az, ami támogat és mi az, ami nem.

Sajnos a legújabb kutatásokat kevés szakember veszi figyelembe, illetve sok az önkéntes, vagy egy hétvégés tanfolyamot elvégzett „táplálkozási tanácsadó", aki valamilyen cég terméke mögött tevékenykedik. Sokszor látok olyan diétákat beteg embereknél, hogy tele vannak lektinekkel.

Na, de nézzük csak, mit ehetünk tényleg közvetlenül a böjt után a felépítésben.

Kezdjük azzal, hogy mit ne...

11. **TILOS a só használata az első 2-3 napban!** A só megköti a vizet és a kellemes könnyű érzésed egy pillanat alatt el-

173

múlik és szomorú leszel, hogy oda az egész böjt eredménye. Apránként vezesd vissza a 3. nap után.

12. **Felépítésben feltétlenül hagyd el:** a húst, felvágottakat, tejet, tojást, cukros ételeket, chipseket, nasit, készételeket, konzerveket...gyorséttermet.

13. Itt még nem javaslom a zöldturmixot és a nyers zöldségeket. Főleg az első napon. Inkább a párolt zöldségekben gondolkozz.

Azt gondold végig, hogy szabadságoltad az emésztőrendszeredet öt napra! Nem kíván semmit, amivel nehéz neki elbánni. Az egyszerű diétás étkezés az, ami a segítségedre lehet. Nem kell követned az alábbiakat, ötleteket hoztam neked.

Végre... mit ehetsz:

1. **napra javaslom:**
- reggelire: zabkása/köleskása
- ebédre: böjtös zöldségleves mindenestül, de só nélkül!
- vacsorára: alma/cékla saláta (kevés alma és cékla nagy lyukú reszelőn lereszelve, almaecettel, mézzel, kicsi olivaolaj és őrölt kömény, vagy fahéj) vagy sütőtök

2. **nap:**
- reggeli: zabkása/köleskása
- ebéd: zöldséges rizs/köles (rizs kuktában)
- vacsora: kovászos kenyér valami kencével, sajt, körözött, vagy csak magában kölestúró

3. **nap:**
- reggeli: itt próbálhatod a zöldturmixot, ha még sosem ittál csak apránként vágj bele!
- ebéd: amit csak megkívánsz... itt még nem ennék húst, de ha „ölni" tudnál érte egyél egy keveset
- vacsora: valami könnyű saláta

Keveset mindenből!!!

Ne feledkezz meg a vízfogyasztásról!

Etesd a jó baktériumokat, éheztesd a rosszakat!

A böjttel egy nagytakarítást végeztél, amivel a rossz baktériumok jelentős részétől sikerült megszabadulnod.

A jó baktériumok, a barátaid, komoly munkát végeznek, hogy a bélfalad egészséges legyen, a védekező mechanizmusod, az immunrendszered erős legyen, a gondolataid tiszták maradjanak és a lelked szárnyalhasson.

Ha támogatni akarod a jó bacikat, úgy van rá lehetőséged, hogy olyan ételeket eszel, amiket szeretnek. Ha pedig minél inkább le akarod gyéríteni a rossz baci állományodat, azokat pedig ki kell éheztetned. A böjtök erősen segítenek ebben, de a táplálkozásoddal folyamatosan fenn tudod tartani ezt a támogató állapotot.

Amivel eteted a bélbarátaidat: A teljesség igénye nélkül...

Zöldségek: Brokkoli, káposzták, igazából minden keresztesvirágú, minden zöld levél, saláta, karalábé... édesburgonya, répák... olajbogyó, avokádó, spárga, retek minden formája, cékla, articsóka, gombák, hagymák.

Gyümölcsökből elsősorban a bogyósok, kivi, alma, citrus félék (rosttal együtt!), füge, gránátalma, málna, eper, meggy.

Zsírok: olíva-, dió-, szezám-;

Diófélék, magok: dió, pisztácia, mogyoró (nem földimogyoró), makadámdió, lenmag, kendermag, útifűmag és az ezekből készült lisztek, tejek és olajok.

Gabonák: köles, cirok, ezekből készült lisztek, pelyhek, tészták, tönköly vagy egyéb lisztek kizárólag kovászolással.

Fermentált italok, ételek

Mértékkel: valódi parmezán, kecske tejtermékek, juhsajt és joghurt, érett olasz, svájci sajtok, bivaly mozzarella, halak, tengeri herkentyűk, szabadon nevelt szárnyasok, vadhúsok, máj, étcsokoládé 76 %-os legalább.

Amivel a rossz bacikat eteted: Tészták, lisztek, tej, cukor, kekszek, müzli (bolti), gabonapelyhek, üdítő italok, sütemények, tartósítószerek, adalékanyagok, térfogatnövelők...

Zöldségek (legtöbbjük igazából gyümölcs): tökfélék, cukkini, padlizsán, paradicsom, paprika, dinnyék...

Olajok: szója, kukorica, napraforgó, repce, földimogyoró

Gabonák: Búza-, rozs-, árpa-, rizs-, quinoa-, szója-, kukoricaliszt. Ez kovászolással átvarázsolható!
Rizs, bulgur, búzafű, zab, rozs, kukorica termékek... (itt sok múlik az elkészítésen).

Hüvelyesek: lencse, borsó, bab, csicseriborsó, quinoa(előkészítve, áztatva, kuktában tudod csökkenteni a lektin tartalmat).

Ez nem azt jelenti, hogy sosem eszem tésztát, süteményt, vagy egy kekszet. Mindenkinél más a mérce. Ha valaki komoly betegséggel küzd, annak valóban tiltólista minden lektin néhány hónapig biztosan. Azt követően apránként vissza lehet vezetni a „tiltott gyümölcsöket", figyelve, hogy reagál a szervezet és szem előtt tartani a fokozatosság elvét.
Aki böjtöl és egészséges, arra érdemes figyelni, hogy az arányok a jó bacik etetése felé billenjenek el.

Én azt csinálom, hogy amikor elmegyek a boltba, mindig azt tartom szem előtt, hogy kinek veszem a kaját. A jókat, vagy a gazfickókat fogom etetni? Így mindig találsz otthon a hűtőmben gombát, karfiolt vagy brokkolit, hagymákat és retket...

Táplálék kiegészítők a böjt után

A táplálék kiegészítők külön könyvet tehetnének ki és nagyon nehéz kiigazodni, hogy tényleg azt szedd, amire szükséged van és ne azt, ami megéri a forgalmazó cégnek.

Összeszedtem néhány fontos vitamint és táplálékkiegészítőt, ami támogatja a jó bélbaktériumokat, csökkenti a gyulladásokat és erősítik a szervezeted.

Van egy-két dolog, amiről keveset hallani, pedig nagy szüksége van rá a szervezetünknek, főleg a böjt után. Én magam nagyon rossz vitamin szedő voltam, de ahogy haladt a korom, illetve jobban átláttam a működéseinket, rá kellett jönnöm, hogy ma már nem tudjuk megúszni ezek használatát. Hogy miből menynyit, egyén függő, befolyásolja a kora, neme, milyen munkát végez, étkezés, mozgás...

Az alábbiak a böjt után nagyon hasznosak, de rendszeres szedésük is segíti az egészséged megtartását.

Nézzük, mik a legfontosabbak ahhoz, hogy a bélflórád a helyére kerüljön.

1. **Pro- és prebiotikum.** Bár sokan csak szemfényvesztésnek titulálják, én hiszem, hogy jó minőségű és nagy mennyiségű probiotikum sokat tud segíteni a bélflóra helyreállításában főleg böjt után. Nekem beváltak a NICS Zrt. készítményei. A háttérben magyar kutatók és a Szegedi Tudományegyetem áll. A termékek előnye, hogy egy kapszulában található a vitamin és a pro- és prebiotikum. Jótékony hatását sok

páciens és magam is éreztük a gyakorlatban. A probiotikumok jellemzően nem képesek átjutni a gyomor savas rétegén, hogy ezt kiküszöböljék, speciális technológiát és nagy dózist alkalmaz a cég. Nem elég böjt után a kefír, joghurt... Ahhoz, hogy az egészséges bélfórát mielőbb fel tudjuk építeni, fontos nagy dózisban bevinni, főleg a felépítés és az azt követő időszakban.

2. **Egy jól összeállított multivitamin.** Ez az alap szerintem. Nem mindegy, hogy milyen összetételben szedjük a vitaminokat, egymás hasznosulását nagyban tudják segíteni. Ha jót akarsz magadnak, úgy tekintesz erre, mintha egy alapvető élelmiszer lenne a táplálkozásodban. Nem a sor végére tenni, hogy ha marad rá pénzed, hanem elsőként vedd meg. A jó multivitaminnak terápiás hatása van. Kell, hogy érezd a változást! Egy hatékony multi tartalmazza azt a 15 féle vitamint és 10 féle ásványi anyagot, nyomelemet, ami fontos az egészség fenntartásához, és mindezeket a szükséges mennyiségben és egymáshoz viszonyítottan megfelelő arányban.

3. **D3 vitamin K2-vel: nem csak a csontok miatt! A D3 vitamin jelenléte nélkül a böjt során elszaporodott őssejtek inaktívak maradnak.** A D vitamin csökkenti a gyulladásokat, és segíti a bélfal sérüléseinek gyógyulását. Sajnos a lakosság nagyon nagy százaléka D vitaminhiányban szenved és ezt a napos órák száma nem tudja orvosolni... **A K2 vitamin a D3 vitamin navigátora, segít, hogy a beépülés a megfelelő helyre történjen.** Nélküle nem ajánlott, főleg nagy dózisban szedni. A böjt utáni felépítésben néhány napig 40 000 NE, felépítés után naponta, ha nem beteg 4000 NE javasolt. Betegség esetén ezt egyénileg kell meghatározni.

4. **Zöldlevelek, algák**: nem tudsz annyi zöld levelet adni az emésztő rendszerednek, aminek ne örülne! **Erősen javas-**

lom a **zöldturmixokat**, salátákat és az algákat, ha máshogy nem kapszula formában. Egy izgalmas infó: **a spenót drámai módon eltolja az ízlést a cukrokról!**

5. **Polifenolok támogatják nagy mértékben a jó bacikat.** A legismertebb és leghatásosabb polifenol a REZVERATROL, ami a szőlőben, bogyós gyümölcsökben és a vörösborban található meg. Nagyon erős antioxidáns hatása van. Napi 1 dl vörösbor szinte kötelező mindenkinek. ☺ Nyilván igazi, jó minőségű bor. Ezen felül táplálékkiegészítő formába érdemes 100mg hatóanyagot bevinni.

Sok polifenolt találsz a: fermentált ételekben, leveles zöldségekben, így a zöldturmixokban, keresztes virágúakban, lencsében, gombákban, érett sajtokban, diófélékben, magokban, halakban, rákfélékben...:)

6. **Kurkumin:** Idegrendszer, hormonháztartás, depresszió, ízületi gyulladások... **máj méregtelenítés**... sok jótékony hatása van. Cukor elleni védelemben, koleszterin és a gyulladások csökkentésében sokat segít. A kurkuma nagyon nehezen szívódik fel, elenyésző mennyiség jut a vérbe, míg a kurkumin más mechanizmus szerint működik, így nagyobb a hatékonysága. A feketebors kivonta ezt támogatja, jó, ha olyan táplálékkiegészítőt szedsz, amiben e kettőt összecsomagolták. **Véralvadásgátlóval együtt csak óvatosan, orvos felügyeletével!**

7. **Cink: enzimeket aktivál a szervezetbe.** Bizonyított kb. **200 féle enzim cink hiányában egyáltalán nem működik.** Cink hiányában hajlamosak vagyunk a gyulladásra, csúnya pattanásos a bőr, töredezik a haj, csökken a libidó, férfiaknál az egészséges. prosztatához elengedhetetlen! Viszünk be az étkezéssel is, de szinte biztos, hogy nem elég, főleg a férfiaknak. A szükséglet:

Nők: 30mg/nap **férfiak:** 80mg/nap.

Ha jó a multivitaminod, akkor ez benne van. Azon felül nem kell szedni.

8. **Halolaj:** 1000 mg DHA/nap Szív és érrendszer, idegrendszer támogatására nagyon fontos!

9. **C-vitamin a kihagyhatatlan.** Böjt után és egyéb kibillent helyzetekben 2-4000 mg, elosztva a napban.

10. **B vitamin komplex:** A legtöbb B vitamint a jó bacijaid termelnék, ha lennének. Az egyik legfontosabb vitaminunk. A böjtöt követően feltétlenül fontos kívülről pótolni. Ha jó a multivitaminod, akkor ez benne van. Azon felül nem kell szedni.

És sorolhatnánk még a fontos táplálék kiegészítőket... A fentiek tényleg komoly támogatást jelentenek egy a szervezet számára stresszes időszakban. És a böjt egy ilyen. Ha nincs komoly egészségügyi kihívásod, egy jól összeállított multivitamin is jól tud támogatni a hétköznapjaidban.

Ha beteg vagy, nem tudsz egyedül lábra állni, kérj szakértő segítséget! Utána pedig figyeld magad! Nincs az a bogyó, ami gyökerénél képes megoldani a problémád. Tud segíteni, ugyan úgy, mint egy orvos, vagy természetgyógyász, de az igazi gyógyuláshoz kell a te döntésed, elszántságod, hited és persze a cselekvésed.

5 nap léböjtöm, csak neked... most...

Ahogy ígértem... Megosztom veled néhány évvel ezelőtti böjtöm során szerzett tapasztalataimat, az akkor készített jegyzetemet. Vannak benne bakik, de pont az a lényeg, hogy ráláss egyrészt ezekre és ha lehet ne kövesd el te is, a másik, hogy érezd meg, nem egy teljesíthetetlen küldetés.

Ha most még úgy érzed nagyon messze tőled, hogy kihagyj néhány nap szilárd étkezést, akkor se ugord át ezt a részt! Lehet épp ez hozza meg a kedved!

Lesznek benne ismétlések, de az a tudás atyja.

Így álltam neki:

Mit is csináltam a böjtöt megelőző héten...

0. **Kitűztem a célt!** E nélkül ne állj neki. Abba fogod hagyni... Kell, hogy legyen valami, ami ösztökél és kell, hogy lásd az eredményt a szemed előtt. Nálam is van még min dolgozni az egészségem területén, mindig van hova fejlődni, ezen felül az lett a cél, hogy írok neked róla.

1. Legfontosabb, hogy **elhatároztam, mikor fogom kezdeni.** Minimum egy, de inkább két hét rákészülést javaslok, hogy tudatban, illetve fizikailag megtörténjen a ráhangolódás. Megnéztem a holdnaptárt és épp fogyó hold előtt álltunk, szuper időzítés. (Hat ránk a hold, jó vele együtt mozogni! Növekvő holdnál ne kezdj se böjtöt, se fogyókúrát! Ellene dolgozol a természetnek.)

2. **Lecsökkentettem a teendőimet, amennyire csak lehetett.** A kinézett dátumot beírtam a naptáramba és minden egyéb dolgot e köré szerveztem.

3. **Megbeszéltem a családdal...** „Figyeljetek rám! Fontos dolgot szeretnék megbeszélni veletek. Jövő héten egy léböjt kúrát csinálok. Ez azt jelenti, hogy nem fogok szilárd ételt enni, csak inni. Ebből adódóan jó lenne, ha ahogy csak lehet megoldanátok az étkezéseiteket. Lehet, hogy lesznek nehezebb óráim, napjaim, légyszi legyetek velem türelmesek. Ha lehet, ne terheljetek plusz feladatokkal."

Ez az egyik legfontosabb lépés. Az első böjtjeimben, amikor nem készítettem fel a családot, néha nem tudták értelmezni a viselkedésem. Ez konfliktusok melegágya és ami robbanhat, az fel is robban... Rengeteg feszültség, düh, harag, mindenféle nyűgök hagytak el, türelmetlen, fáradt és ingerült voltam és hát azokon csattant, akik a közelemben voltak... Tudom, ez nem hangzik csábítóan! De ez már rég nincs így, vagy csak minimálisan, kiböjtöltem őket. A másik, hogy amíg ezek bennünk vannak, ott „rágnak", fizikai és mentális betegségek kelhetnek életre belőlük.

4. Megvettem a szükséges teákat, zöldségeket, hogy ne kelljen boltba mennem a böjt hetében. Azt figyeltem meg, hogy nem kívánom a tömeget, illetve jobb, ha nem teszi ki magát az ember a mindenféle élelmiszer látványának az ilyen megvonós napokon. Amennyire lehet, bevásároltam, hogy a család ne szenvedjen hiányt és főztem úgy, hogy az első 1-2 nap legyen mit ebédelni. (Ezt el is engedheted, ma már nem csinálok ebből ekkora ügyet, bevallom)

5. Elhagytam (de tényleg!) minden édességet, fehér lisztes, péksütis, cukros, cuccot. Egyébként is kerülöm ezeket, de azért néha becsúszik. Abbahagytam még az egészségesnek titulált nasikat is és a hús fogyasztást.

6. **Egyeztettem a böjt hetére 2 masszázs időpontot**, amiből az egyik egy ájurvéda volt, a másik egy nyirokmasszázs.

7. **Vártam.** De tényleg! :) Izgatottan vártam, hogy eljön a hétfő és belevágok egy újabb kalandba.

Fontos a böjtre készülni a táplálkozással is, hogy előtte már kímélőbb ételeket eszünk, vízfogyasztásra odafigyelünk, de még ennél is fontosabb, hogy a tudatunkban ezt a rákészülést elvégezzük.

Nagyon jó volt, hogy megbeszéltem a családdal, hogy tudtam, alig lesz páciensem azon a héten, lesz két masszázsom és azt csinálhatok, amit csak akarok.

Nagy szerencsém volt, egész hétre csodás napsütést ígért a meteorológia, még nagyobb lendületem volt így nekiállni. A tisztulás olyan hidegrázós, fázós... begubózós nálam. Legalábbis eddig így volt, de szerintem másnál is.

Sokszor tapasztalom, hogy amikor masszírozok valakit, vagy kezelek, utána rázza a hideg, fázik. Ennek örülni lehet, tudjuk, hogy elindultak a tisztulási folyamatok.

Szóval, imádtam, hogy napsütéses böjtöm lesz.

Egész „véletlen" most találtam meg Jézus másik idézetét, ami a böjttel kapcsolatos. Tudtam én, hogy kell a nap!! :) Nézd csak:

„Ha még mindig maradt bennetek nyoma a régi tisztátalanságnak, hívjátok és keressétek a napfény angyalát. Vegyétek le cipőtöket és ruhátokat és engedjétek, hogy a napfény angyala átölelje egész testeteket. Közben lassan és mélyen lélegezzetek, hogy a levegőn keresztül is bensőtökbe hatolhasson a napfény angyala.

Ő kiűzi a testekből a maradék tisztástalanságot, amely kívül-belül beszennyezte... Mert testetek felmelegszik a Föld Anya napsugarában, szellemetek felmelegszik Ég Atya igazságának napsugarában. A levegő, a víz és a napsugár angyalai testvérek... Ők a Föld Anya oszthatatlan gyermekei és ezért ne válasszátok el egy-

mástól, amit az ég és a föld egyesített. Engedjétek, hogy ez a há-
rom angyaltestvér átöleljen minden nap és legyenek veletek az egész
böjt alatt. Mert bizony mondom nektek, az ördög minden hatalma,
minden bűn és tisztátalanság sietve elhagyja azt a testet, amelyet
ez a három angyal ölel át. Ahogy a tolvajok menekülnek az elha-
gyott házból, amikor a gazda haza jön, az egyik az ajtón keresztül,
a másik az ablakon át, a harmadik a tetőn keresztül, mindegyik,
ahol éppen van és ahogy tud. Ugyanígy fog menekülni testetekből
a rossznak minden ördöge, minden régi bűn és minden tisztáta-
lanság és betegség, amely testetek templomát beszennyezte. Ha a
Föld Anya angyalai belépnek testetekbe úgy, hogy az Úr templo-
maként ismét birtokba veszik, akkor minden maradék büdösség si-
etve eltávozik belőletek leheletekkel és bőrötökön át, a piszkos víz
szájatokon és bőrötökön keresztül, hátsótokon és intim részeite-
ken keresztül. És ezeket a dolgokat láthatjátok szemetekkel, sza-
golhatjátok orrotokkal és érinthetitek kezetekkel. És amikor min-
den bűn és tisztátalanság elhagyta testeteket, véretek olyan tiszta
lesz, mint Föld Anyátok vére és mint a folyó habja a napsütésben.
És lélegzetetek olyan tiszta lesz, mint az illatos virágok lehelete,
húsotok olyan tiszta lesz, mint a gyümölcs húsa, amely a fa lombja
alatt érik. Szemetek fénye olyan tiszta és világos lesz, mint a kék
égen ragyogó Nap fénye."

Remélem, átmegy az Üzenet és nem félni fogsz, hanem a lehe-
tőséget látod meg benne. Engem annyira lelkesítettek ezek a so-
rok. De tényleg. Ha bele gondolunk, mennyire kilátástalan néha
kimászni egy problémából... sokkal jobb lenne megelőzni. De ha
már benne vagyunk akkor meg markoljuk meg azt a fűszálat,
adjunk esélyt neki, hátha ki tud húzni a gödörből.

Start

Első nap

Tényleg alig vártam, hogy abba hagyhassam az evést. Ez elég extrémen hangzik annak, aki még nem ment végig a folyamaton.

Szóval 1. napomon reggel megittam a tisztító teámat, meleg vizet, elvégeztem a beöntést és egyéb szeánszaimat, amik támogatnak a takarításban. Ilyen például a nyelv kaparás vagy a váltott zuhany, ezek benne vannak a hétköznapjaimban is. Nem csak a böjtben.

Ha egészen pontos akarok lenni, akkor a sorrend a következő:

- nyelvkaparás
- melegvíz ivás
- beöntés
- pihenés/tisztítótea
- váltott zuhany

Nem kötelező ez a sorrend, de az fontos, hogy a nyelvkaparás legyen az első.

A reggeli tea sokféle lehet, én főként a gyomromat támogató és tisztító teákat fogyasztottam.

Nagyon fontos, hogy a keserű gyógynövényekből készült teákat nem szabad ízesíteni, mert maga a keserű íz a gyógyír. Olyan üzeneteket, jeleket küld az „központba", ami elindítja a gyógyítási folyamatokat.

Délutánra vártam egy páciensem masszázsra, nagyon rég beírtuk ezt az időpontot, nem akartam eltenni. Közel 2 órás fizikai munka, ami után borzasztóan éhes szoktam lenni. Egész jól bírtam...

A teákon felül több mint 1,5 liter víz volt már bennem. EXTRA fontos a folyadék fogyasztásra oda figyelni, mert ahogy elindulnak a kis toxinok kifelé, pikk-pakk megfájdulhat a fejünk. Feltétlenül mérd ki a napi minimum víz adagodat és ellenőrizd, hogy megittad-e. Ennél csak többet lehet és a nagy részét reggel/délelőtt.

Délután már csak vizet ittam és bodzateát.

Az estém gondtalanul telt, leginkább hiányzott a rutin, hogy oda üljek a családdal az asztalhoz, viszont arra is rájöttem, hogy mennyi mindent meg tudtam csinálni ez idő alatt. Rengeteg időt töltünk el az étel készítéssel, a rákészüléssel, evéssel és utána a pakolással. :)

Második nap

Reggel kicsit nehezen szálltam ki az ágyból és szédülés is megjelent. Elhagytam természetesen a kávét is és nyilván, ha valaki cigarettázik, azt is abba kell hagyni minimum erre az időre, ebbe beleértve a felkészülést és a felépítést is! Nyelvkaparás után meleg vizet ittam 3-5 dl-t, majd kicsit később hideget. Nekem a meleg víz nem tudja elvenni a szomjam és ennél nagyobb mennyiség nem is esik jól. Vannak irányzatok, ahol azt javasolják, hogy csak meleg forralt vizet igyunk és érzem is a jótékony hatását. Reggel mindig megiszom egy nagy pohárral böjttől függetlenül, de egész nap nem megy nekem, állandóan nem esik jól. Akkor meg valószínűleg nem kell ezt csinálni. A hideg, vagy inkább szobahőmérsékletű tisztított vízből könnyedén iszom nagyobb mennyiséget.

Nekem ebben egy vizes palack segít. Nem jöttem még rá a miértjére, de abból sokkal jobban csúszik, mintha pohárból innám.

Mindig, de a böjt alatt feltétlenül tudatosan idd a vizet. Ne csak úgy öntsd le, hanem képzeld el, hogy egy „természetes takarítószert" juttatsz a szervezetedbe, ami

segíti kisöpörni a felgyülemlett méreganyagokat. Mielőtt megiszod gondolj rá szeretettel és köszönd meg, hogy segít neked.

Reggel megcsináltam a beöntést, ami, mivel már nem ez volt az első eset, könnyen ment. Ha te még sose csináltad, szánj rá több időt az elején és legyél türelmes, elfogadó magadhoz. Ha tényleg képes vagy túllátni a fizikai tevékenységen és megérezni a terápiás hatását, nagyszerű „oldószer" lesz böjtös napjaidon, a lelked és a tudatod számára is.

Összeszedtem magam és felkerekedtünk Olivérrel az erdőbe. Meglepően jól bírtam a gyaloglást, semmi gyengeség, éhség érzet, de ez nálam nem nagy kihívás még, hiszen a reggelim jellemzően némi gyümölcs és zöld levelek turmix formában, az is késő délelőtt. Kíváncsian figyeltem, mi történik a testemben.

Megjelentek az „itt fáj… ott szúr… demiafeneez"… tünetek.

Ha valaki nem tudatosan csinálja, ilyenkor megijedhet, elkezdi túrni az internetet, ahol jobbnál jobb ötleteket fog találni, hogy pl.: miért szúr a jobb oldala, vagy miért szédül. Holott csak a méreganyagok keresnek utat maguknak, hogy elhagyhassák a gazda testét. Mindenkinek más-más a „hozott" anyag és más a fájdalom küszöb.

Szenzációs időzítés!

Ebéd helyett masszázs! :) 11-re volt időpontom, a lehető legjobbkor! Már kezdett az ebéd gondolata megjelenni a fejemben. Jól megadtam magam az eseménynek és kértem minden felesleges anyagot a testemben, hogy vegye magát indulóra. Utána kellően ellazulva indultam haza. Ittam… ittam és ittam… Délutánra jött hozzám valaki kezelésre, rajta kívül még egy pácienst vártam a hétre, a többi időt szabadon hagytam.

Érdekes mód, nem jelent meg az éhség lefekvés előtt sem. Citromfű teával zártam a napot, kifejezetten jól ment az alvás.

Harmadik nap

A gyengeség, szédülés erősödött, szinte remegtek a lábaim, amikor felkeltem. Így a reggelt egy mézes fekete teával erősítettem, persze a sima meleg vízivás és a tisztító tea és némi pihenés után... Van, ahol nem ajánlják a fekete teát egyáltalán. El kell, hogy mondjam, nekem sokat segített. Alacsony vérnyomásom van, minden érték alacsony, néha alig találni... :)

Ilyen esetekre a mozgást, bőr dörzsölését, hideg/meleg vizes fürdőt javasolják a zöld és fekete tea mellett.

Nekem a reggeli mozgás benne van a rutinban, de valahogy el is kellene indulni. Csak a start volt nehézkes, a többi Olivérrel könnyedén ment, élveztem a jó időt, a napot... A szokásos útjainkhoz képest egy teljesen más irányt vettünk. Kicsit ücsörögtünk a dombtetőn, élveztük, hogy nem kell sietni sehova. Csak voltunk... napoztunk... töltődtünk.

Hagytam, hogy a Napfény és a Szél angyalai átjárjanak.

A böjt elején még rendelkezünk szénhidrát tartalékokkal, de ez jellemzően a 3. napra elfogy és innét csak a saját zsír és fehérje készletére támaszkodik a szervezet.

„A testünk intelligenciájának köszönhetően először a beteg, legkevésbé szükséges sejteket „faljuk fel", majd jönnek a zsírszövetek. Az erős sejtmegújulás azaz a régi és károsodott sejtek aktívabb leépülése miatt megnövekszik a húgysav és a karbamid is (ezek a fehérje anyagcsere hulladékai). Mivel a húgysav kiválasztást segíti a glukóz, a napi mézes teának nagy jelentősége van"
Rüdiger Dhalke

Ezért is fontos a méz!

188

A másik, amit megértettem, a mézzel kapcsolatban, hogy az agy működéséhez is szükséges a glükóz. Egyszer egy böjtömet pont ez rombolta le. Nem voltam tisztában ezekkel a működési mechanizmusokkal. Tanulnom kellett volna, de képtelen voltam rá. Amikor megértettem mi történik, összeállt a kép, hogy mi is volt akkor probléma. Két nap után ott feladtam. Mérges voltam magamra és teljesen szétcsúsztam tőle. Pedig csak 1-2 bögre mézes tea és némi megértés hiányzott.

Ma már bevetettem a „zöldség levest" is.

Azért idézőjelben, mert a zöldségek nincsenek benne, csak az azokból kifőtt ízek, értékes ásványi anyagok. Zeller, sárgarépa, fehérrépa, karalábé, karfiol összevágva egy kicsi lábosba, annyi víz, hogy jól elfedje, kb. 3 dl, mert el is fő menet közben. SEMMI SÓ! Csak zöldfűszerek. Saját oregánóm, petrezselymem, és kicsi bazsalikom jött segíteni. 10-15 perc lassú főzés után leszűrve, tányérból, kanállal fogyasztottam. Itt kicsit átvágjuk az agyat is természetesen, olyan mintha ennénk... de a sok finom íz és értékes anyag hihetetlen erőt tud adni menet közben. Ne hagyd ki a friss zöldfűszereket, nélkülük eléggé élvezhetetlen!

Az 5. napos zöldségeimet fel szoktam használni a felépítős napokon, kölesbe, rizsbe keverve.

Az élet forgatagában, nem könnyű egy hét steril napot találni. Ha jön program veled szembe... csak egy teszt! Tényleg komolyan gondolod??

Apám ma 70 éves!

Szombatra egyeztettünk nagy kerti ünneplést a családdal. De hát ma van a napja... 70!!
   Az azért már nem piskóta! Úgyhogy kitaláltam egy meglepetésbulit, hogy viszünk neki tortát, meg éneklünk... egyik húgomék kint voltak, segédkeztek a meglepetés lebonyolításában.

189

Na, de ha már ilyen jól össze fog jönni a csapat akkor együnk is valami finomat, jött az ötlet...

Reggel sült ki a kovászos kenyér, otthon a családnak, amihez vetettek velem házi kolbászt... Szerinted??? Szuper léböjtös programnak ígérkezett! :)

Arra már nem szántam rá magam, hogy tortát süssek, ennyire nem vagyok mazochista, inkább vettem egyet. Szóval... tortával, kenyérrel, kolbásszal megpakolva megérkeztünk szüleim házához. A ház mögötti udvaron zajlott az elterelő hadművelet, így sikeresen meg tudtuk lepni apát egy kis tortás énekléssel. Félig-meddig karanténosdi volt még, így az udvaron kezdett falatozni a csapat. Megjöttek a retkek, újhagymák is a kertből... Hmmm terülj, terülj asztalkám...

De képzeld, egyáltalán nem volt kellemetlen. Jól kimostam az agyam, igaz? :))

Simán végignéztem ahogy jóízűen falatozik a banda és egy csepp rossz érzésem sem volt. Pedig a szaglásom egyre érzékenyebb lett, tehát abszolút képben voltam, hogy nagyon finom, amit esznek. Ittam... vizet... sokat... :) Mivel az áldomást is meg kellett, hogy igyák, így én lettem a sofőr hazafelére.

A mai napon egész sokat ügyintéztem, a reggeli erdőzést kivéve... boltba mentem, tortát hajtottam, szervezkedtem. Mindezt víz és tea segítségével.

Este jó volt a meleg zuhany alatt álldogálni és élvezni ahogy folyik a víz a bőrömön és felmelegíti a testem. Azt gondolom, ez az egyik kellemetlen tünet, nem szeretek fázni és ez a belső fázás szinte végig kíséri minden böjtömet.

Hiába öltözöm fel, takarózom be... valahogy mindig érezni. Két segítségem van ilyenkor, a melegvizes fürdő, illetve a bodzatea, ami belülről melegít.

A fázáson felül semmi eget rengető problémát nem érzékeltem az egész böjt alatt. Sőt, ahogy teltek a napok, azt kezdtem érezni, hogy egyre több erőm van. Persze volt 1-2 mélypont, amikor győzött a gyengeség, akkor ittam, lepihentem, ücsörögtem hátul a kertben, élveztem a zöldek társaságát, gyönyörködtem a kis növény növendékeimben, a bogarakban, madarakban...

Ami elég durva, hogy már két és fél napja nem ettem szilárd ételt és még mindig viszonylag nagy mennyiségű széklet távozott ma is. Tudom, ez van, akinek undi, de ha tetszik, ha nem, ez a kellemetlennek tűnő végtermékünk rengeteget elárul rólunk és sokat segíthet, ha megértjük. Az „oda se nézek", vagy „ciki beszélni róla" nem visz előre.

Negyedik nap

Ma ismét csodás beöntős reggelre ébredtünk... :) Nah, nehogy azt gondold, hogy ez a kedvenc foglalkozásom!! Maga a tevékenység nem, de az, ami eredményt hoz, az igen. Nyelvkaparás, víz és tea ivás...

Ebédre gyártottam magamnak egy zöldség levet, cékla, alma és sárgarépa felhasználásával. Csak szűrt levet! Semmi rost! Gyümölcs centrifugán toltam át a hozzávalókat. Kp. 1-1,5 dl levet kaptam, amit apránként, „megrágogatva" ittam meg. Szénhidrát!! Szánkban kezdjük emészteni. Ezen felül, csak vizet és teát ittam.

Délután ismét masszázsra mentem, most olajos ájurvéda masszázsra.

Sokszor voltam úgy régebben, hogy úgy éreztem nem engedhetem meg magamnak, hogy minden héten masszázsra járjak. Nálunk a nyugati világban néha luxusként tekintenek a masszázsra, pedig egy szenzációs megelőző technika, ha tényleg jó szakemberhez jut el az ember. Nekem szerencsére van két jó masszőröm, akikhez felváltva járok. Ha hosszabb időt kihagyok, mindig megiszom a levét.

Akkor jó a masszázs, ha teljesen el tudod engedni magad. Ha végigszenveded az egészet, nem jó helyen vagy! Keress egy igazi masszőrt.

A fizikai test méregtelenítésén túl, rengeteg felesleges stresszt vesz le rólunk. Nem csak az izmok mozognak, hanem energiák is. Masszázs közben szinte láthatatlan módon oldódnak blokkok, feszültség, amik pedig sokszorozzák az energia áramlását.

Ne beszélj közben, ha lehet. Minél jobban el tudsz lazulni, annál nagyobb lesz a hatás. Rég szunnyadó öngyógyító mechanizmusaid fognak aktiválódni.

Egyre békésebb lettem...

Szóval, jól kiélveztem a masszázsomat és útnak indultam hazafelé. Közel **80 órája nem ettem** szilárd ételt. Nem voltam fáradt és éhes egyáltalán... könnyű, energikus, vidám, lelkes... voltam. Nem kellett, hogy elzárjam magam a bolt, vagy a hűtő elől.

A legérdekesebb megfigyelésem az volt, hogy ahogy teltek a napok, egyre békésebb lettem. Valahogy lecsendesedtem, lelassultam, elfogyott belőlem a szó, nem kívántam beszélni. Viszont felettébb energikus voltam.

Sokkal többet elbírtam végezni a feladataimból, mint amire számítottam. De, te csak óvatosan, mert nem tudhatod előre, hogy nálad is így történik e majd. Főleg, ha még sosem tisztítottad a szervezeted. Szerintem jobb a kellemes meglepetés. Mind mások vagyunk, más a hozott anyag...

Ötödik nap

Nem vártam, hogy mikor lesz már vége és mikor ehetek már. Az 5. napon ettől függetlenül tudatosan megtörtem a böjtöt, hogy a hétvégi szülinapi bulin már ne csak vizet igyak. Igaz, tisztában voltam vele, hogy még különösebben nem ehetek „partikaját", de legalább répát rághassak már... :D

Már nem voltam reggel gyenge, a nyelvkaparós, vizes, teás reggeli után elindultam Olivérrel. Olyan hálás voltam, hogy egész idő alatt kellemes, napsütéses időt kaptam. Napról napra egyre színesebb volt a rét, olyan virágokkal találkoztam, amiket eddig még sose láttam. Pillangók, bogarak, méhek hada dolgozott már amikor kiértünk. Igazi nagyüzem volt.

Mindig rácsodálkozom, hogy ki van találva minden. Mindenki tudja és teszi a „dolgát" szorgosan.

Nagyon jól éreztem magam, a kellemetlen tünetek abszolút eltörpültek amellett a könnyű, felszabadult és békés állapot mellett, amit ez a pár nap hozott. Igazából nem is volt kedvem abbahagyni...

Végül este egy almával ünnepélyesen elkezdtem az újra evésemet.

Tudod milyen finom az alma? :)

Ez a jegyzetem évekkel ezelőtt készült, de úgy döntöttem megosztom veletek. Érdekes volt visszaolvasni és érezni a változást, fejlődést, ehhez képest.

Idén, a könyvvel együtt, egy videós anyagot készítettem, ahol megörökítettem 5 nap léböjtömet, jó és kevésbé jó pillanataimat. Igen, vannak nehezebb részek, de eltörpül ennek az 5 napnak a nyűge ahhoz képest, hogy mekkora változást tud eredményezni. Néha nem is értem, hogy az autoimmun betegséget, az allergiát, az inzulin rezisztenciát, az ízületi betegséget... ami évek óta megkeseríti valaki életét, hogy lehet egyáltalán egy lapon említeni 5 nap „szenvedéssel"??? És nyilván nem old meg 5 nap mindent, de az azt követő felépítés és lelki és tudati munka egy teljesen új irányt tud hozni az életedbe.

Tudom, hogy lehetnek menetközben kellemetlen tünetek. Végigmentem rajta... Néha volt, hogy még meg is ijedtem. Itt fáj, ott fáj, elgyengültem, ilyenkor mindig tudatosítottam magamban, hogy tisztul a szervezetem. A méreganyagok távozni szeretnének és ezt valahogy át kell vészelni.

Így támogat minket ebben az ERdŐ:

„Nem félni, megijedni kell a tünetektől! Bízzatok magatokban, kérjétek a természet segítségét! Nektek énekelnek a madarak, lélegeznek a fák, érnek a gyümölcsök, ciripelnek a tücskök. Ne féljetek a változástól, még ha nehéz is, elkerülhetetlen. A változás állandó, ha teszel valam it, ha nem."

„Ha teszel valam it, ha nem ..."

Igen... érdemes ezen elgondolkozni... Mindenképpen változunk mi is valamilyen irányba állandóan, folyamatosan. Ez lehet automata üzemmódban, ahogy sodor a külvilág, a marketing, a média, a körülötted lévő emberek, vagy tudatosabban kicsit, amikor nem a körülmények „áldozata" vagy, hanem felvállalod a felelősséget a cselekedeteidért és amire lehetőséged van, azt megteszed magadért, a környezetedért, családodért.

És persze... vannak dolgok amire nincs ráhatásunk. Ha akarjuk, ha nem megtörténik. Leszületünk és a feladatunk eljutni A-ból B-be, közbe tanulni ezt-azt. Hiába kapálódzunk, jó esetben B-be fogunk kikötni. Az, hogy ezt az utat hogyan teszszük meg, az már a mi választásunk. Ez kicsit ellentmondásosnak tűnik, és simán bele is lehet keveredni.

Most akkor cselekedjek, vagy csak hagyjam magam sodródni?

Szerintem feltétlenül kell, hogy cselekedjünk, főleg az egészségünkkel kapcsolatban. Az, ahol az emberek zöme tart, nem az

ő választásuk, hanem egy „agymosás" eredménye, ami kívülről zúdul rá folyamatosan. Minél inkább képesek vagyunk magunkra hangolódni, annál jobban érezni fogjuk az irányt. „Ép testben ép lélek" nagyon jó mondás.
Egy egészséges ember sokkal kiegyensúlyozottabb, tisztábban képes látni, érezni dolgokat.

Hidd el, a böjt túl van misztifikálva! Akikkel együtt dolgozom, mindenki végig tudja csinálni, olyan is, aki első körben 3 napban gondolkozik. A végeredmény mindig a lelassulás, a lapos has, tisztább tudat és nem utolsó sorban igen komoly erősítése az önbizalomnak.

Utána, ha évente 1-2 alkalommal megcsinálod, a lehető legtöbbet teszel magadért.

A böjtöm videós változatát megtalálod itt:
https://youtu.be/t8aVN8H_sd0

A felépítés a böjt szerves része!
Minden jöhet még. Van, hogy itt oldódnak blokkok, történnek meg elengedések. Nem „kell", hogy bármi ilyesmi jöjjön neked, de lehetséges. Ne ugorj fejest a munkába, főleg ne akard az elmúlt 5 napod elmaradásait behozni, mert nagyot csalódhatsz!

Éld meg ezeket a napokat is, élvezd a békés lelked és a tiszta tudatállapotodat. Élvezd az evést, az ízeket, a családod, barátokat és ne sürgesd az időt.

Mit együnk???

Nem hagyhatom ki itt sem Jézus gondolatait. Az egyszerűség... a természetesség... valahogy annyira kezd a világunkban elmosódni, ezért szeretek visszanyúlni hozzá.

„Egyetek mindig az Isten asztaláról a fák gyümölcseiből, a mezők magjaiból és füveiből, állataidnak a tejükből és méheidnek az ő mézükből.

Mert mindaz, ami ezeken kívül vagyon... betegségek útjain a halálba vezet. Azok az eledelek pedig, amelyeket Isten dúsan terített asztaláról esztek, erőt és ifjúságot öntenek a ti testetekbe és soha betegséget nem láttok. Amikor pedig az ő asztaláról esztek, úgy egyetek mindent, ahogyan azt Föld-Anyánk asztalán találjátok. Ne keverjétek és főzzétek össze-vissza, nehogy gőzölgő mocsárrá váljanak a ti beleitek. Elégedjetek meg két-háromféle eledellel, amit mindenkor találtok Föld-Anyátok asztalán és ne akarjátok felfalni mindazt, amit magatok körül láttok. Mert bizony mondom néktek, ha mindenfélét összeesztek, a ti testetekben megszűnik a ti testetek békéje és örökös háború fog dúlni bennetek. Amikor pediglen esztek, sohasem egyetek egészen jóllakásig. Figyeljétek meg ezért, hogy mennyit ettetek amikor már nem kívántok enni és egyetek mindig ennek egyharmadával kevesebbet...

Ne egyétek a távoli birodalmakból hozott tisztátalan étkeket, hanem mindig azt egyétek, ami a ti földjeiteken és fáitokon terem. Mert jól tudja a ti Isteneket, hogy hol, mire van szükségetek és minden birodalmak minden népeinek azt adja eledelül, ami a legjobb az ő számukra. Lélegezzél lassan és mélyen evésednél, hogy a levegő Angyala megáldja a te eledeledet és rágd meg teljesen fogaiddal a te ételedet, hogy folyékonnyá változzon az, és vérré tegye azt benned a vérnek Angyala. És sohase ülj le az Úr asztalához, mielőtt az Úr nem hívat téged az étvágy angyalával. Ne feledkezz meg, hogy minden 7. nap az Istennek szenteltetett. És ne egyél a hetedik napon semmiféle földi eledelt, hanem csak Isten igéjével élj."

Honnan a fenéből tudták évezredekkel ezelőtt, hogy a vér szállítja a tápanyagot?? És igen, nem kell túlgondolni az étkezést és mindenféle hiper-szuper, nagyon drága, minden mentes ételeket beszerezni. A rengeteg adalékanyag, térfogat növelő, tartósító, színezék... az, amivel nem tud a szervezetünk mit kezdeni.

Az egyszerűségre törekszem és nem akarok januárban például dinnyét enni, mert az nem terem akkor. Nyáron töltöm fel a „dinnye készleteimet" a szervezetemben, mert ilyenkor van rá igénye és olyan gyümölcsöt, zöldséget eszem, ami megterem itt, elsősorban az országban vagy déli gyümölcsök tekintetében maximum Európában. (Na jó... a banán kivétel.)

Arra bíztatlak, kísérletezz, figyeld a tested, mi jó neki.
Itt nem arra gondolok, amikor a szemed kívánja! Mindig az jó a testünknek, ami az étkezés után is jó érzést biztosít, nem csak amíg esszük. Ha ugyan jóízűen megetted az ebéded, de utána fáradt vagy, fáj a hasad, vagy túltoltad az adagot, vagy nem rágtad meg... lehet bekavartál a vízivással... vagy tényleg nem a te kajád! Ha valami nagyon nem jól sikerül, ne keseredj el, hagyj ki hosszabb időt és fuss neki újra.

Te ismered a saját tested a legjobban, te tudod megfigyelni a legpontosabban. Figyeld, milyen változásokat hozott az életedbe a tisztulás. Legyél hálás érte! Összpontosíts erre, amikor csábulnál... Az elején mindig végiggondoltam, hogy kell-e ez a testemnek, amikor a kakaós csiga integetett a polcról, hogy „egyél meg". Aztán amikor nem sikerült megállnom és vettem, ettem... utána mindig rossz lett a gyomrom. Nesze neked! Kell ez neked?? Komolyan?? 5 perc élvezetért 3 óra szenvedés? Akkor még nem állt össze a kép, hogy tulajdonképpen ezekkel a finomított szénhidrátokkal a rossz baktériumokat etetjük a szervezetben, akik „nyírják" a bélflóránkat, ezzel az immunrendszerünket és az egészségünket.
Szóval etetem az ellenséget... Király!

Vedd elő ezeket a gondolatokat, amikor ott állsz szemben a csábítóiddal és légy erős! :))

Drukkolunk neked!

Javaslom ezt a mondatot „beégetni", sokat tud segíteni, amikor kísértésbe esünk... :), illetve a boltban vásárolunk. Amikor gondolkozom valamin, hogy megvegyem e vagy sem, felteszem magamban a kérdést:

„Támogatja ez a szervezetem?" „Kell ez nekem?"
„Gyógyszer ez nekem?"

Nyilván nem tudok kizárni mindent, de arra törekszem, hogy értékes ételeket vigyek be a szervezetembe. „Tedd, amit tudsz, azzal, amid van, ott, ahol vagy" ide is érvényes! Igyekszem kizárni a tartósítószereket, ízfokozókat, porokat, félkész ételeket, konzerveket (kivéve a halak, tőkehalmáj). **Ami szerintem a lényeg, hogy egyszerűsítsük le a dolgokat. Sokat segít, ha visszatérünk a régi, ősi bevált módszerekhez, mint a kovászolás, erjesztés...**

Szeretek főzni és finomakat enni. Amikor van egy családja az embernek, nem egyszerű szuper megváltó étrendeket bevezetni és az idő és pénz tényező erősen tudja determinálni a helyzetet. De lehet, hogy nem is véletlen? Lehet nem is lenne szükséged például azokra a szuper gluténmentes cuccokra? Sajnos a piac reagál mindenre, mint erre is... Sokan azt gondolják, azért, mert gluténmentes, attól már szuperfood! Dehogy! Nem az a szuperfood! Dietetikussal és belgyógyász orvossal is beszélgettem erről a témáról és ők is megerősítették, hogy csak annak lenne szabad gluténmentes készítményeket ennie, aki valóban allergiás, cöliákiában szenved, de ez a lakosság 1-2 %-a! **A gyári gluténmentes ételek rengeteg más „szemetet" tartalmaznak, amivel nem tud a szervezetünk mit kezdeni.**

Nyilván itt is kérdés, hogy mennyire komoly a probléma és sürgős a változtatás. Az biztos, hogy például a finomított szénhidrátokkal a rossz bacikat eteted a szervezetedben. Tehát mielőtt elcsábít egy Fornetti nagy rohanásodban, érdemes ezt felidézni! :) A „rossz" baktériumoktól úgy tudsz leginkább megszabadulni, ha kiéheztetted őket. De szerinted egy gluténmentes kakaós csiga megfelelő erre?

Az az erős kényszer, ami benned van, hogy édességet vásárolj, pontosan úgy működik, mint a kábítószer. Kell az elvonókúra... A böjt az...

Mit együnk?
Túl a hogyanon...

Az attól függ, hogy mi a kiinduló helyzet, van e valami betegség, fizikai tünet, túlsúly... Ne bagatellizáld el, ha problémád van! Minél előbb leállítod a folyamatod és megfordítod, annál könnyebb.

Ne áltasd magad azzal, hogy majd a problémák megoldódnak önmaguktól! Nem fognak. A gyógyszerek valamelyest elfedik a tüneteket, de az igazi gyógyulást nem lehet rajtuk keresztül elérni.

Az ételekkel meggyógyíthatod magad, illetve, betegségek folyamatos generálói lehetnek.

A kiinduló pont a böjt vagy tisztító kúra. Erre több szempontból is szükség van, a tudatunk tisztítása érdekében, ami nagy veszélynek van kitéve a trendek, marketing szempontjából, illetve a táplálkozás oldaláról azért, mert sokkal gyorsabban lehet eredményt elérni.

Mit érdemes csökkenteni, teljesen elhagyni és hogy lehet újra visszavezetni, ha nem tudunk róla lemondani?

Nem vagyunk egyformák, amiről beszélni fogok, általánosság! Ha beteg vagy és nem találod a kiutat, ne egyedül akard megoldani! Kérj segítséget!

Volt már szó az ételekről, de nézzük újra...

Italok:

A víz, tea, és a kombucha (fermentált ital) ami az egyik csodaszerem, amiket igazán innivalónak tekinthetünk.

A kávé

Elég megosztó az egészséges világban... maga a kávé gyümölcs (cascara) tele van antioxidánsokkal, polifenolokkal, csökkentik a gyulladást, sok flavonoid található benne. Tehát kávé fogyasztók! Bátran, csak mértékkel (napi 1-2 maximum) és cukrot mindenképp felejtsétek el belőle!

...most alkoholt nem hozok ide, de a **vörösbor jótékony hatású a polifenoljai** miatt.

Ételek

A táplálkozásunk szintén egy szinte kibogozhatatlan valami, ha tudományosan akarjuk megközelíteni. Ha krónikus betegséggel küzdesz, lehet speciális diétára van szükséged. Az alábbi információk abban segítenek, hogy hogyan tudod a bélflórádat gatyába rázni. Viszont, ha az sikerül, olyan erők szabadulnak fel a testedben, hogy az képes lesz önmagát meggyógyítani.

Nagyon nagy eredményt érhetünk el azzal, ha elhagyjuk azt, ami ártalmas. Legalább annyira fontos, ha nem fontosabb, mint hogy mit együnk.

Hagyd el!

A kiinduló pont, ha beteg valaki:

*   Gabonákat szinte teljesen elhagyni (kivétel köles, cirok) hajdina, quinoa, zab, kamut, bulgur, barna rizs, fehér rizs, árpa, kukorica, búzafű... (kivétel a hosszúkovászolás, kukta)
*   Szója, kukorica, ami a vegetáriánus és gluténmentes diéták egyik főétke. Nagyon magas lektin tartalom! Gyulladásokat okoznak
*   Chiamag pl.: magas az omega 3 tartalma és ezért favorizálják, viszont a szintén magas lektin tartalma szinte minden jótékony hatását kiüti

- Húsok, főleg vörös húsok és sertés
- Tejet, tejterméket (csak kecske max.)
- Cukrokat elhagyni, ide tartozik a gyümölcsök nagyrésze, kivétel a bogyósok
- Magas lektin tartalmú zöldségek, amik tulajdonképpen gyümölcsök (paradicsom, paprika, cukkíni, padlizsán, tökök)
- Hüvelyesek, borsó, bab, lencse, csírák, csicseriborsó (humuszban) és ezek csírái és az ide sorolható földimogyoró és kesudió
- Felejtsd el a kész gluténmentes cuccokat! A legtöbbet transzglutaminázzal kezelik, hogy levegősebbek legyenek és szebbek. A transzglutamináz átjut a vér-agy határon, erős zavaró tényező, szélsőségesen kártékony. Gyakran felel a gluténataxiának nevezett betegség megjelenéséért, ami konkrétan gluténérzékennyé tesz és a Parkinson-kórra hasonlít. Sajnos ez az összetevő nem mindig kerül feltüntetésre
- Konzerveket (kivétel, halkonzerv)
- Gyümölcsleveket
- Kész, flakonos salátaöntetek, leves porok, ketchup, majonéz...
- Bolti kész ételek
- Margarinok
- Müzli
- Gyümölcsök = édesség! Szezonális gyümölcsök fogyasztása jótékony hatású, felturbózzuk vele a szervezetünket. De a 365 napos folyamatos gyümölcs evés káros!! Tudom, most összehuztad a szemöldököd és arra gondolsz valamit elírtam. De nem! A gyümölcsöknek nagyon magas cukor tartalma van. Becsapós tud lenni, hogy csak eszem egy almát... Hozok néhány példát: Szőlő (2 bögre: 6 teáskanál cukor) mangó, érett banán (zölden jó, 80 % rezisztens keményítő, viszont ahogy érik, ez átalakul cukorrá), alma (1 közepes alma 5 teáskanál cukor, ettől függetlenül fontos, de csak szezonban), ananász 1 bögre 4-5 teáskanál cukor), körte (1 db közepesen érett 20 gr cukor, viszont a ropogós vilmos szintén rezisztens keményítőt tartalmaz).

Ha beteg vagy, gyógyulásig érdemes ezeket kerülni és a piros, fekete bogyósokat előtérbe helyezni. Illetve mindent akkor fogyasztani, amikor a szezonja van. Az alma szezonja az ősz, de esszük még tavasszal is... Nincs ezzel baj, ha nem vagy beteg, de ha komoly zűrökkel küzdesz, jobb, ha kihagyod.

- Édesítőszerek: szukralóz, aszpartám, szacharin ártalmasabb, mint a cukor, mert megváltoztatja a bél mikrobiomját

- Olajok: repce, napraforgó, kukorica, szója

Ha beteg vagy, nem csak kicsit... ne akard megúszni a kajára figyelést! Az életed lehet a tét! Tudom, hogy most azt kérdezed, hogy akkor „mi a fenét lehet enni"??? Hidd el, egy csomó mindent.

Ha nincs konkrét betegséged, és végigvitted a böjtöt, felépítést, figyelsz a hogyanokra, nem kell ennyire szigorú megvonást alkalmazni. Az elvek, szokások, amik igazi változást tudnak hozni, nem az, amikor minden egyes kaját szelektálni kell.

Ami támogat:

Rengeteg dolog, szuper finom ételeket lehet készíteni, egyáltalán nem az éhezésről szól, inkább új szokások kialakításáról.

- Gyökérzöldségek, zeller, brokkoli, karfiol, káposzták, kelbimbó, cékla, retek, spárga, spenót, sóska, minden zöld levél
- Spenótban lévő fitokemikáliák drámaian csökkentik az éhséget a cukrok és a zsírok iránt. Ezért fontos a zöldturmix. Ha nincs megbízható forrásod, akkor választhatod a porokat, de figyelj, hogy ne legyen benne búzafű, árpa vagy zabfű! Ültess és nézz szét megbízható kertekben, mert egy csomó zöldet kidobnak (retek, sárgarépa, cékla, karalábé levelei) és turmixba kiváló.

- Édesburgonyák: első nekifutásra becsapódtam, mert a glikémiás index szerint hasonlítottam a burgonyához, ami szinte teljesen ugyan az volt. Így egy darabig nem tulajdonítottam neki nagy hangsúlyt, míg meg nem találtam az igazi értékét. Az édesburgonya (mindegyik színű) nem szokványos szénhidrát. Úgynevezett rezisztens keményítőt tartalmaznak, amik teljesen másképp viselkednek a bélrendszerben, mint más szénhidrátok (kukorica, rizs, gyümölcsök). Ahelyett, hogy gyorsan glükózzá alakulnának (amit vagy elégetünk energiaként, vagy elraktározunk zsírként) szinte érintetlenül áthalad a vékonybélen, ellenáll a komplex keményítőket lebontó enzimeknek és nem emelik meg a vércukorszintet. Ez nem csak inzulin rezisztenseknél, és cukorbetegeknél érdekes, hanem az eredmény az lesz, hogy tovább lesz meg a teltségérzet. Plusz a jó bacik nagyon szeretik ezeket a rezisztens keményítőket, szaporodni fognak tőlük. Gyógyítják a bélfaladat.
- Gombák: egy kilogramm friss gomba fehérjetartalma közel azonos egy liter tejével. S míg a növényi ételek fehérje készlete nem teljes értékű, addig a gombák **teljes értékű fehérjekészlettel** rendelkeznek. Magas a rosttartalma, amelynek javát az úgynevezett kitin adja, ami ugyan lassítja az emésztést, viszont a koleszterinszintet csökkenti. A rostok általában segítik az étkezést és egyéb kedvező hatást gyakorolnak az emberi szervezetre, például segít a belek egészséges működésének megőrzésében. Sok kálium, foszfor és szelén található benne.

- Köles, cirok (pehely és liszt) ez a két gabona, ami nem tartalmaz lektineket. A köles arca ezer, a fasírozottól a kölestúróig rengeteg dolgot készíthetsz belőle. Ha gyógyulni vágysz, akkor a zabkásádat is cseréld le köleskására. Míg a zab lektines, a köles gyógyítja a bélfalad.
- Diófélék (ezek lisztjei) főleg dió, makadámia, pisztácia, pekándió (magas jód tartalom miatt csak néhány szem)
- Növényi tejek (nem bolti)
- Kókusz tej, liszt

- Kecske tej, sajtok, hosszú érlelésű sajtok
- Zöldturmix
- Bogyós gyümölcsök és a füge
- Avokádó (spanyol)
- Étcsokoládé mértékkel!
- Hosszú kovászolású kenyér
- Halak, kagylók, rákok
- Tojás, főleg a sárgája. A tojás tápegész, mind a kilenc eszszenciális aminosav benne van, amire szükségünk van. Ezen felül ásványi anyagokat és vitaminokat (A, B12, D, E) tartalmaz.
- Olajok: olíva, avokádó, kókusz, dió, kendermagolaj, lenmagolaj, mct olaj: folyékony kókuszolaj, ghi
- Ecetek: alma, balzsam ecet, bármilyen gyümölcs ecet
- Mustár, torma
- Fűszerek
- Fermentált ételek, italok

Frukto-oligoszacharidok: prebiotikumok, emészthetetlen cukrok számunkra, viszont a probiotikumok táplálékai. Olyan különleges prebiotikumok, amelyek stimulálják a bélfalon lévő nyálka termelődését, ami a fő védelmi vonal a lyukasbél megelőzése szempontjából. **Magas frukto- oligoszacharid tartalma van: gombák, hagymák, fokhagyma, póréhagyma, retek, articsóka, endívia saláta, füge, datolya, spárga, csicsóka, agavé.**

Beszéljünk kicsit a húsról...

A konditermekben elszabadult csirke, rizs diéták nem feltétlenül az egészséget támogatják, főleg, ha valaki az edzést nem teszi mellé. A sok húsevés épp annyira hizlal, mint a cukor fogyasztás. Ugyanis a felesleges fehérje átalakul cukorrá, ami inzulin felszabadulást eredményez. Az pedig blokkolja a zsírbontó enzim tevékenységét, aminek következtében az nem tud ketonokká alakulni. A mitokondrium (ami az energiát ter-

204

meli számunkra) nem tud zsírt égetni közvetlenül a zsírsejtekből, kizárólag ketonokból. Ez a halakra, rákok, kagylókra nem vonatkozik.

A húsos szendvics a legnagyobb gáz, mert a sültkrumpliban, zsemlében, csipszben található egyszerű cukrok azonnal a szervezetbe kerülnek. A húst nehezebben emészti a szervezet, így a vérbe is lassabban kerül. A sejtek tele vannak a krumpliból nyert cukrokkal és nincs szükség több kalóriára, ezért a fehérje cukorrá változik és azonnal zsír lesz belőle.

Oké... de most akkor egyek húst, vagy ne? Szokott felmerülni a kérdés és erre nem könnyű a válasz.

A baj alapvetően nem a hússal van, hanem az állatok tartásával, a rengeteg gyógyszerrel, antibiotikummal, amit már megelőzésként is kapnak. Amit az állattal megetetnek, azt mi is megesszük általa. Ezért javasoltak a szabadtartású baromfik, az élővizi halak, tengeri herkentyűk.

A másik probléma a mértéktelen hús fogyasztás. Mikor gyerek voltam, jellemzően hétvégén volt hús az asztalon. Szerintem ez az arány erősen megfordult, egy átlagember hét napból legalább ötször eszik húst.

Tehát, ha lehet, szerezz biztonságos forrásból alapanyagot és csökkentsd le a hús fogyasztást heti néhány alkalomra.

Ha komoly betegséged van, hagyd el. Viszont a vegetáriánus étkezésnél nagyon fontos a fehérje megfelelő bevitele. Itt vigyázni kell, hogy ne lektin bombákat küldj magadba!

Ha teljesen kivezetted a lektineket a táplálkozásból, nem kell életed végéig így lennie. Probléma függő, hogy 1-2 hónap, vagy fél év, de egy idő után el lehet kezdeni visszavezetni. Mindig egy héten egy étellel kezd, és figyeld az érzékenységet.

Speciális diéták

Hashimoto, pajzsmirigy betegség esetén

Vannak olyan diéták, amik nem javasolják a keresztesvirágúak fogyasztását. A goitrogén anyagok röviden azok, melyek ronthatják a pajzsmirigy működését, mivel bizonyos mértékben gátolják, lokálisan beleavatkoznak a pajzsmirigy jód felvételébe; gátolják a pajzsmirigy peroxidáz (TPO) tevékenységét.

Sajnos Magyarország erősen jódhiányos területnek számít, így igen sokan szenvednek jódhiány okozta betegségekben, melyet a goitrogén anyagok csak tetéznek. Természetesen ezen ételek igazán hasznosak vitaminokban és ásványi anyagokban gazdagok, így teljesen száműzni az étrendből vétek lenne, ám ha valaki pajzsmirigybeteg, érdemes korlátozni a fogyasztásukat, de jó hír, hogy párolással, főzéssel a goitrogén anyag elillan.

Ugyanez igaz akkor is, ha puffadsz ezektől a zöldségektől. **Nem az a megoldás, hogy egyáltalán nem eszed, hanem hogy apránként bevezeted. Párolod, rágod, nem iszol vizet... keveset első körben.**

Jó sok mindenről beszéltünk eddig. Összefoglaltam, mi az, amiket leginkább szem előtt tartok. Ezek nem ételek, receptek, hanem inkább elvek, amikről már sokat beszéltünk.

Elvek, amik támogatni fognak életed végéig:

- Amit elhagysz káros ételt az életedből, az sokkal nagyobb hatással lesz, mint amit újat elkezdesz bevezetni.
- Etesd a jó bacikat!
- Rágj!
- Tartsd be a vízfogyasztásra vonatkozó szabályokat.
- Tarts mértéket, ha kibillensz, mert van ilyen, hagyj ki hosszabb időt és csak igyál.
- Vesd be a házi szuperfoodokat!

- Évente 1-2 alkalommal csinálj legalább 5 nap léböjtöt.
- Vezesd be az időszakos böjtöt az életedbe

Trükkjeim

Mint háziasszony, anya, nagymama, nagy felelősséget éreztem a család irányába, amikor rájöttem, mi is vesz körül a boltban. Amikor tele vagyunk információval, ég bennünk a tettvágy, közben ott a család, aki nem akar „füvet legelni" nem könnyű az egyensúlyt megtalálni.

Bármit, amit csinálunk nem tudjuk a környezetünkre ráerőltetni, csak finom trükkökkel és példamutatással lehetséges. Hiába iszom évek óta a turmixot, a férjemmel képtelen vagyok megitatni, viszont a gyerekek közül többnek is ízlik. De nem vagyunk egyformák. Mindenkiben meg kell, hogy érjen a változtatás szükségessége. Amíg ez nincs meg, falra hányt borsó minden szavunk. A döntést mindenkinek magának kell meghoznia.

- Azt gondolom, amit tehetünk, hogy elveszünk és bevezetünk ételeket a konyhába.
- Amikor megértettem a súlyát, nem volt kérdés, hogy megtanuljam a kovászos kenyérsütést. Nincs rá idő? De van, ha megérted mennyire fontos. Csak bele kell jönni, semmi extra, simán beépíthető a hétköznapokba és úgy vigyázol a családodra, hogy még élvezik is. Ha nem tudod megoldani, akkor vásárolj.
- Egyszerűen, otthon a konyhapulton készítek savanyú káposztát, ami nem tartalmaz tartósítószert.
- Előtérben a feldolgozatlan alapanyagok vannak.
- Amikor vásárolok, jól betárazok azokból a zöldségekből, amik támogatják a bélflóránkat. Rengeteg új izgalmas receptet sikerült bevezetnem az elmúlt években. Biztos lehetsz benne, hogy nálam mindig van itthon karfiol, brokkoli, zeller, hagyma hegyek, zöld levelek, saláták, spenót, télen káposzták,

édesburgonya, cékla és minden héten elfogy legalább egy kiló gomba, köles, kölestészta... Mivel ezek vannak itthon, ebből kell valamit varázsolnom és így ezt esszük.

- Amikor csak lehet, otthon főzök.
- Kis konyhakertben termelek, amit tudok.

Jellemzően az anyák és feleségek felelőssége, hogy mi kerül az asztalra. Ha azt sikerül elég csábítóra elkészíteni, biztos lesz a siker. Ebben három szuperfoodom segít. Megosztom ezeket veled is.

Házi szuperfoodok

Nézzük az első számú csodaszerem, a kombucha teát!

Lehet hallottál már róla, vagy az is lehetséges, hogy fogyasztod is, de előfordul, hogy azt sem tudod eszik-e vagy isszák... Úgyhogy az elejéről nézzük csak, mi ez egyáltalán!?

Senki sem tudja pontosan, hogy valójában honnan is származik, hogy Kínában, Koreában vagy Japánban erjesztettek-e először, de az bizonyos, hogy legalább kétezer éve áll az egészség szolgálatában. Mindig elhűlök ilyen számokon...

A név eredete valószínűleg japán lehet, a ,kombu' barna algát, a ,cha' pedig teát jelent. Már a Tsin-dinasztia uralkodása idején, i.e. 221-ben ismert volt és örök életet adó csodálatos erővel rendelkező italként tisztelték.

A Kombucha egy zuzmó.

A zuzmókat tartják az emberek legrégebbi ételének és gyógyító eledelének. Ezek a figyelemreméltó növényi organizmusok 2,5 milliárd évvel ezelőtt fejlődtek ki. Kezdődött a tengeri moszatokkal, amelyek élettere az óceánra korlátozódott. Amikor kikerültek a szárazföldre, egy társra volt szükségük, amelyre a gombákban (micellákban) leltek. Kialakítottak egy kölcsönös függőséget és egy egységbe tömörültek, a zuzmóba. Csak ebben a formában voltak képesek a túlélésre. A moszat ellátta a gombákat szerves táplálékkal, szénhidrátokkal. A gombák pedig a víztartály szerepét játszották, ami tele volt létfontosságú ásványi sókkal.

Több mint 1600 féle zuzmó létezik. A manna nevezetű zuzmó élelem volt az embernek, a rénszarvas zuzmó táplálék az állatoknak. Mások, mint az ír moha és a tüdő zuzmó gyógyító szerként hat, a tölgy mohát a parfümgyártásnál használják.

Úgy tartják, hogy a Zuzmó a megtestesített erő. A Teremtő közvetítőinek hívják őket, melyek egy másik világból érkeztek hozzánk. Bár nagy változatosságban megtalálhatóak, valamennyinek azonos a lényege: a zuzmó savak. Ezek fontos összetevői a zuzmóknak, amelyek éltető erővel töltik meg az élőanyagot, az ásványi sókat és nyomelemeket.

Ahol zuzmó van, ott az élet újra éled.
A Kombucha gomba több, mint gomba magában, ez egy szimbiózisa a moszatoknak és a gombáknak.

Hogy is került ez forgalmazásba?

Körülbelül 60 évvel ezelőtt egy japán hölgy Kirgíziába látogatott, és megdöbbentette, hogy mennyi 100 év fölötti egészséges embert talált. A japán hölgyet lebilincselte ez és megpróbálta megfejteni a titkát annak a nyolcvan év fölötti asszonynak, akinek az arcán alig talált ráncot. Kiderült, hogy majdnem minden családban fiatal és öreg egyaránt naponta fogyaszt legalább három deci Kombucha-teát.

Valószínűleg nem véletlen, hogy Kirgíziában a rák és a magas vérnyomás ismeretlen. Abból a célból, hogy ő is készíthessen ilyen teát, a japán hölgy megszerezte a szükséges speciális élesztőgombákat és a használati utasítást. Elvitte Japánba a beszerzett gombát és elkezdte tenyészteni őket, adott a barátainak, és ők is továbbadták.

Japánban a Kombucha gyorsan tért hódított, s miután bekerült a TV és a rádió programjaiba, több mint egymillió ember fogyasztotta. Eljutott Tajvanra, majd Hong-Kongba és elterjedése világméretű lett. Magyarországra Jakab István hozta el nekünk.

Ahová eljutott, mindenhol nagy megbecsülésnek örvend.

Ennyi elmélet szerintem elegendő. Amikor emésztőrendszeri problémákkal küzdöttem és még nem voltam képben szinte semmilyen módszerrel, a kombucha volt, ami elsők között jött a segítségemre, amit a barátnőmtől kaptam ajándékba. Hatása a böjtöt követően még érezhetőbb volt.

Készítettem neked egy videót arról, hogy hogyan csinálj magadnak ilyen értékes italt otthonra. Azért szeretem, mert fillérekből meg van és hihetetlen hatékony.

Jelenleg napi 1-2 dl-t iszom, van, hogy elfelejtem... :) De ha például beüt egy nagy családi eszem-iszom, és érzem, hogy full tele a hasam, nagy segítség, gyorsan hat és semmi mellékhatás. Mindig van a hűtőmben! Ajánlom neked is szeretettel és barátkoztasd meg a családodat is vele!

Itt tudod megvásárolni a kultúrát:
Kombucha gombatenyészet házi felhasználásra-vivanatura.hu

Itt találod a videót, hogy készítsd el:

https://youtu.be/wWssG0A6-DM

Savanyú káposzta!
A fermentálás azt gondolom nagy kultuszát éli manapság, ami szenzációs. Ez a teljesen természetes folyamat olyan baktériumokat hív segítségül, amik támogatják a szervezetünket és fenntartják a rendet az emésztő rendszerünkben.

Csak bíztatni tudlak, hogy ha van időd, energiád, mélyülj el a témában. Nálam a család úgy van vele, hogy épp elég a savanyú káposzta, kovászos uborka és a kombucha... :) Viszont ezeket előszeretettel fogyasztják.

A savanyúkáposztát nem javaslom boltban vásárolni, mert tartósítószert tesznek bele (így kerülhet csak forgalomba) és nagyon gyorsan megromlik. Vagy valakitől szerezz házi készítésűt, vagy szánj rá 1-2 órát és készítsd el a TE savanyú káposztádat!

A savanyítást műanyag hordóban szoktam csinálni, de hogy mindenkinek elérhető legyen, kipróbáltam 5 l-es dunsztos üvegben és nagyon jól működött. Ezt mutatom meg a lenti videóban. Azóta nagyon sokan kipróbálták és nagy sikere lett.

- Kb. 3 kg fejes káposzta (olyat vásárolj, aminek 5 ere/szára van, remélem érted mire gondolok :))
- Kg-onként 2,5-3 dkg só (2 dkg kevés, a videóban annyit mondok)
- Egész bors, babérlevél... és még, amit szeretnél fűszer.

Nem is szaporítom a szót, megosztom veled egy régi videómat, ahol részletesen megmutatom, hogyan kell elkészíteni, mire érdemes odafigyelni.:

https://youtu.be/M0Fxr-iO4q4

Ééés a kedvencem kétségkívül a kovászos kenyér!

De tényleg, olyan szenzációs dolognak tartom, hogy szívem szerint mindenkit megtanítanék rá. Nem is értem miért nincs benne az iskola tananyagban?? :)

A mai divatos táplálkozási trendek szinte teljesen elveszik az emberektől a kenyér evés lehetőségét, vagy valami mű, adalék anyaggal teletolt „gluténfree" cuccal akarják kiváltani. Szerintem a kenyér alapvető Élelme egy magyar embernek és hihetetlen az a szabadság, hogy bárhol, bármikor lisztből, vízből és sóból egy szenzációs finom és tápláló ételt tudunk készíteni.

Nem a liszt a bűnös! Az elkészítés, a kenyérsütés nagyüzemi technológiája, ami a problémát előidézi sok ember emésztőrendszerében.

A glutén egy hosszú szénláncú molekula, amit valóban nehezen emészt meg a szervezetünk. Viszont a kovászolás, mint szintén fermentációs folyamat felszeleteli ezt kisebb darabokra és emészthetővé teszi számunkra.

A tönköly az egyik legértékesebb gabonánk, szinte minden benne van amire az emberi szervezetnek szüksége van. Ne hagyd ki a táplálkozásodból! Erősen biztatlak, hogy tanulj meg kenyeret sütni!

Amikor én belevágtam néhány kenyerem a kukában landolt és majd' feladtam... de az emésztési problémáim nem hagyták, kellett valami megoldás. Úgyhogy több recept, sok videó és tananyag eredménye lett, ahogy most sütöm a kenyeret.

Elfoglalt vagyok, nem tudok órákat a konyhában tölteni a kenyérsütéssel, ezért egy, a hétköznapokba jól bele illeszthető technikát ajánlok azoknak, akikkel együtt dolgozom.

Tegyük ehetővé a gabonákat, hüvelyeseket, magokat!

Emlékszel még, hogy a mamád, nagymamád beáztatta a babot, lencsét? Lehet, hogy ezt még te is így csinálod, de tudod miért?

Én is láttam ezt és ahogy rendes leánygyermek működik, lemásoltam... eltanultam. Lencsét, száraz babot mindig beáztattam egy éjszakára. Nagymamám szerint azért kell, hogy így gyorsabban megfő másnap. Igen, ez igaz.

Mára azonban a táplálkozás tudomány is alátámasztja az áztatás kiemelkedő fontosságát az olajos magvak, gabonák és a hüvelyesek esetében is.

Ha az ember elkezdi beleásni magát a „mit egyek és hogyan" kérdésbe, minél mélyebbre ás, annál jobban összekeveredik és

elbizonytalanodik. A végeredmény pedig az lesz, hogy talán levegőt vehetünk, de az se mindegy, hogy hol...
Elnézést, ha kicsit elragadtattam magam, de valóban ezt tapasztalom. Amikor beteg voltam próbáltam megtalálni a jó irányzatot, megoldást, de képtelenség volt. Egy tucat könyvet, tanulmányt, elolvastam, kutattam a világhálón és egyre jobban elkeseredtem. Amikor a cékláról, petrezselyemről és a spenótról (és egy csomó más zöldségről) is azt olvastam, hogy nem kellene fogyasztani mert magas az oxálsav tartalmuk, a dióban, mandulában, lenmagban sok a fitinsav, a lencse, cukkini, sütőtök, padlizsán, paprika, paradicsom... stb. meg tele vannak lektinekkel.

Aztán rájöttem, hogy néha apróságokon nagyon nagy dolgok múlnak! Nem mindig az adott étellel, hanem annak elkészítési módjával van a probléma.

Hiába gondoljuk, hogy nagyon egészségesen táplálkozunk, ha sérült a bélfalunk, a lényeget nem tudja a szervezet felszívni, akinek meg nem kellene az meg átjut a másik oldalra és zavart okoz a testünkben.
Amikor a vádlottak padjára ültetünk valakit, illik az enyhítő körülményeket is megvizsgálni.

Mint mindennél, itt is azt gondolom, hogy az arany középút az, ami segíthet nekünk. Nem tudsz például növényt enni fitinsav nélkül, ott van, benne van.
Kutatások kimutatták, hogy rossz tulajdonságai ellenére hasznunkra is válhat.
Például fokozza a természetes ölősejtek aktivitását és gátolja a rákos sejtek szaporodását, csökkenti a kemoterápia mellékhatásait, megelőzi a szabadgyökök termelődését, tehát antioxidánsként működik. Kedvező hatással van a hasnyálmirigy működésére, az inzulin kiválasztásra. Segít megelőzni az artériák meszesedését.

Most akkor mi a megoldás?
Ne együnk zöldséget és magokat?

De, mindenképp! Rengeteg fontos tápanyag bújik meg bennük. Nem feltétlenül a magokkal, gabonákkal van a probléma, hanem velünk és az elkészítési móddal!

- Köles, bulgur, quinoa... zabpehely és a többieket felhasználás előtt áztasd, öblítsd le és utána ugyan úgy, mint egyébként főznéd elkészítheted. Kölest például sokáig nem készítettem, mert az első kísérletezésem kudarcba fulladt. Rossz volt az illata, konkrétan szaga volt és nem tudtam igazán puhára főzni. Lehet csak elbénáztam, de amióta áztatom, sosincs ilyen probléma! Sokkal finomabb, pedig lektin tekintetében nem lenne szükség rá.

- Ha van kuktád, az még sokat segít a lektinek elűzésében, ahol a magas nyomás semlegesíti őket.

Dr. Steven R. Gundry könyve A Növény paradoxon sok mindent segített megérteni és nagyon összecsengett a tartalma, nézetei az addig tanultakkal, tapasztaltakkal. Nekem túl amerikás, és erősen szakmai, de érdemes kiszedni belőle azt, ami ránk vonatkozik. Rengeteg gyógyult páciense a bizonyíték, hogy működik a terápiája.

Az egyik tanulmányesete egy perui lány, Alicia Amerikába költözése után igyekezett egészségesen táplálkozni, kihagyni a gyorséttermeket stb. és az ősi tradicionális étkezést tartani, mégis néhány hónap után megjelentek a puffadás, álmatlanság, ködös agy tünetei. Amikor az ételek listáját átnézték, a quinoa lett a „bűnös" magas lektin tartalma miatt. A lány sokkot kapott, hiszen ezen nőtt fel. Azonban amióta Amerikába költözött nem követte az édesanyja által használt technikát, azt gondolta az valami öregasszonyos szokás.

Az inkák 3 lépésben szabadulnak meg a lektinektől. Áztatják, fermentálják és utána kuktában főzik. Valószínűleg nincsenek vele tisztában konkrétan, hogy a lektineket irtják, hanem az évszázados tapasztalatok szerint cselekednek.

Aliciát meglátogatta az édesanyja, vitt neki ajándékba egy kuktát. Hat hét áztatásos, kuktázós quinoa elkészítés után viszszaállt az egészséges állapot a lánynál. Azt gondolom elég elgondolkoztató történet.

Áztatással elindítunk egy folyamatot, ami erősen csökkenti az adott mag vagy gabona antitápanyag tartalmát. Nem tűnik el mind, de ahogy olvashattad, nem is kell. A feldolgozott (blansírozott) magokat nem kell áztatni. Minden többit érdemes. Diót, mandulát, mogyorót, kölest, bulgurt, hajdinát, quinoát, zabpelyhet... 1-1 éjszakára szoktam vízbe tenni. Ha leszűröm, utána jól átöblítem.

A diót, mandulát ez után aszalom, így az értékes enzimeket életben tartom, (aktiválom) de ha nincs türelmed, akkor píríthatod is és már lehet is enni. Mértékkel!! Biztos jártál már úgy, hogy sok dió evés után csípte a szádat valami, na, az volt a fitinsav. Az aktiválással ez a kellemetlenség lecsökken, de nem árt figyelembe venni. Lehet, hogy nem kellene annyit enni belőle?

Magok varázslásával és nyers/vegán ételek, növényi tejek, sajtok készítésével kapcsolatban szeretettel ajánlom Lénárd Gitta munkásságát, nagyon sok jó recept és gondolat van a könyveiben.

Kedvencem: Élő növényi sajtok, tejek című könyve. Nem csak sajtok, hanem sok desszert, torta, és egyéb ételek is vannak benne.

5. FEJEZET

Láss túl a fizikai anyagon

Úgy érzed, már amit csak lehet megtettél, mindenre pontosan odafigyeltél, betartottad az instrukciókat, mégsem tökéletes minden. Ne keseredj el, most jön az izgalmas rész, az igazi gyógyulásod, fejlődésed kulcsa!

Igazán sok mindenre kitértünk a fizikai testünkkel kapcsolatban, de el kell tudnod fogadni, hogy **TE nem a fizikai testeddel vagy egyenlő.** Az anyag, amibe a lelked beköltözött, csupán támogat téged abban, hogy megtapasztalhasd a földi lét csodáit, tanulhass és fejlődhess.

Ez egy kivételes létforma! Tisztában vagy vele, milyen különleges vagy, hogy ez megadatott neked? Az a tapasztalás, tanulás, ami itt a Földön számodra lehetséges, mondhatni, hogy egyedülálló az Univerzumban.

Lelked a mérhetetlen, csodálatos, hatalmas, Isteni EGY része. Mind ennek a kollektív, Univerzális energiának a részei vagyunk. Szellemlény vagy, aki fizikai testet öltött fejlődése érdekében. Nem most élsz először és nem utoljára, sőt, léted örök! **Elpusztíthatatlan vagy!**

Minden földi leszületésed előtt, vagyis két földi lét között mérlegelsz, végignézed mi történt mielőtt elhagytad a megfáradt, elöregedett testet. Mi az, amiben fejlődnöd kellene, mit lenne jó gyakorolni, vagy újra megélni... E szerint készítesz egy tervet, ezt megosztod az elkövetkező leszületésed szereplőivel, akikkel sok esetben életeken át támogatjátok egymást.

Aztán amikor megérkezel, csak nagyon rövid ideig látsz tisztán és mondhatni szinte teljesen amnéziás leszel a Nagy Tervet illetően. A racionális világ teletömi mindenféle „hasznos" tudással a fejed, igyekszel megfelelni a társadalmi elvárásoknak, egyre jobban teljesítesz, iskola, munka, a napod nagy részét széken töltöd, már nem illik és nem is tudsz a földön ülni, csak ritkán jutsz ki a természetbe... és az amnézia egyre nehezebben múlik. Igazából, nem is sejted, hogy az egész egy színjáték, olyan valósnak tűnik minden.

Az érzések nem tudod honnan jönnek, de néha oly felszabadító és boldog, máskor pedig szétmarja szíved. Miért ezek a reakciók?? Nehezen hallgatsz rá, mert jellemzően komoly kockázatot rejt, ha mész utána, hisz a nagyrésze a Terved felé vinne, ami erősen eltér a saját magad tudatos agyával és mások által állított elvárásoktól.

Már a könyv első felében is említettük, hogy a lelked, felsőbb éned az érzéseiden és a testeden keresztül kommunikál veled. Minden kibillenésed, legyen az fizikai vagy mentális, annak az eredménye, hogy letértél arról az Útról, ami neked rendeltetett, vagyis amit te magad választottál, mielőtt leszülettél. Az a nézőpontod sokkal tágabb és tisztább, de te itt a földi agyaddal mindenáron be akarod bizonyítani, hogy az a jó, ahogy te „tudod". E két nézőpont egymásnak feszülése, vagy egymásba olvadása nagy mértékben meghatározza a fizikai egészségedet és a mentális állapotodat. Nem tudod megúszni! Az Univerzum besokallt az „okos" emberből és soha nem látott erővel veszi át az irányítást. Vagy ráfekszel erre a hullámra, vagy kötöd az ebet a karóhoz és a lehető legváratlanabb pillanatban veszik majd át magasabb erők az irányítást az életed felett. Ez már nem elmélet, teória, spiri maszlag... ez történik Most és ez válik történelemmé.

Ne bagatellizáld el a fizikai tested regenerálását, mert sokkal gyorsabban vissza tudsz térni az egyensúlyodba általa, viszont az elkövetkező fejezetek a láthatatlan világba segítenek eligazodni.

Minden, amiről tanultál eddig, legyen ez a könyv, a táplálkozás, mozgás, meditáció... vagy akár milyen nagy guru tanítása, kizárólag a segítségedre van, de az igazi irányod, Utad, te vagy képes megtalálni. Erre biztatlak és a könyv további része is ebben fog támogatni. Ez fogja az igazi gyógyulást, a boldog kiegyensúlyozott életet elhozni, bármi is zajlik körülötted!

Feszegesd a határaidat úgy, hogy megadod magad a nálad magasabb erőknek, és az irányod egyszer csak megmutatkozik, kirajzolódik anélkül, hogy előre eltervezted volna.

Oké, Oké... megyek, csinálom... de hogy álljak neki?

Honnan tudom, hogy az utamon vagyok-e?

Ha a fentieket el tudtad fogadni elméletben, de fogalmad sincs, hogy lehet ezt „működtetni", hogy lehet jól kivitelezni, ne aggódj, mert mindenki átéli ezt a kacifántos helyzetet. A csapból is az folyik, hogy „menj az utadon", „találd meg Önmagad", „találd meg a feladatod, amiért leszülettél" és még sorolhatnám. De hogy a fenébe??? Ott vagyok, vagy nem? Mit kell tenni, vagy nem tenni???

Engem is borzasztóan izgatott ez a téma fiatal koromban, és akkor azt a választ kaptam, hogy *„ha az utadon vagy, akkor mész, mint kés a vajban, minden megoldódik, sikerül, támogatásokat kapsz."* Ez jó támpont volt, viszont közel 20 évembe került, mire igazán megértettem, vagy inkább megéreztem, hogy is működik ez valójában. Tényleg meg akartam érteni, az utamat akartam járni, de minél inkább akartam, annál kevésbé éreztem ezt a vajas témát.

Aztán rá kellett jönnöm, hogy egész életünkben az Utunkat járjuk, hisz az az életünk és előbb, vagy utóbb odaérünk, amit elterveztünk, csak nem mindegy, mindezt milyen minőségben és hogy éljük meg, illetve mekkora fejlődést sikerül ezen úton elérnünk.

Összegyűjtöttem neked néhány gondolatot ezzel kapcsolatban, ami támpont lehet. **Biztosan eltértél az eredeti Tervedtől, ha:**

- fizikai betegségek gyötrik a tested
- a lelked szomorú,
- „véletlen" balesetek tarkítják az életed
- tele vagy félelemmel, rettegéssel
- azt érzed „semmi sem sikerül"
- düh, harag fortyog benned
- mindenki hibás, csak Te nem

Ha magadra ismertél a fentiekből, érdemes mielőbb kezedbe venni a dolgot és ha nem tudod, hogy állj neki, kezdj el olvasni a témában, nézz videókat, keress egy mestert, akitől tanulhatsz.

Ha eddig távol állt tőled ez a láthatatlan és misztikus világ, javaslok neked néhány könyvet, ami biztosan közelebb hozza hozzád. Érthetőek, semmi nyakatekert fogalmazás, észre sem veszed és már tanultál is egy csomó mindent.

- James Redfield: Mennyei prófécia + hozzá tartozó sorozat könyvei
- Dan Millman: A békés harcos útja, Szókratész utazásai, Erre születtél
- Ester és Jerry Hicks: A vonzás törvénye, Az érzelmek megdöbbentő ereje
- Louise L. Hay: Éld az életed
- Paulo Coelho: Az alkimista
- Balogh Béla: Végső valóság

Ha meghozod a döntést, nyitott leszel, szívni akarod magadba az információkat, hogy megértsd a Világmindenség és Önmagad működését, biztos vagyok benne, hogy az Univerzum válaszolni fog rá és meg fognak érkezni az életedbe a megfelelő emberek, helyzetek, könyvek... csak legyél nyitott és engedd be őket.

Sokszor nehéz választani, vagy szinte lehetetlen előre tudni, hogy melyik lesz a jó irány. Egyszerűen csak indulj el és figyeld a válaszokat.

„Amikor meghozod a döntést és elindulsz az utadon, figyeld a következményeket, mit válaszol az Univerzum, a tiszta Éneden keresztül. Ha jó az irányod, támogatni fognak, ha korrigálni kell, fogadd el a jelzéseket és legyen bátorságod azt megtenni. Ragaszkodásod olyan, mint egy béklyó, visszahúz földi életedbe és nem engedi lelked, tudatod szárnyalni."

ERdŐ

Nem biztos, hogy az Élet nagy tanításai valami gurunak látszó személytől jönnek.

Az Univerzum, Isten, vagy Felsőbb éned... (kinek mi passzol leginkább) sokszor álruhába öltözik és a hétköznapok forgatagában talál rád. Annyira szépek tudnak lenni, ezek a tanítások, azt kívánom, legyen szemed, füled, szíved... észrevenni őket.

A tanítók

Amikor valaki útkeresésben van, biztonságosnak tűnik mesterhez, csoportokhoz, szervezetekhez kapcsolódni. Együtt menni a Főúton... Én is ilyen voltam, élveztem és most is fontos számomra a közösség. Rengeteg barátom, ismerősöm köszönhetem az ilyen találkozásoknak és borzasztóan sokat tanultam ez idő alatt. Amikor benne vagyunk egy ilyen csapatban, már-már bennfentesnek érezzük magunkat, ez erőt és biztonságot tud adni a külvilággal szemben. A valahova tartozás, a sok közös élmény, tanulás... meghatározó lehet az ember életében.

Máshogy látjuk a dolgokat, mint a többiek „odakinn".

Támogató és igazán erőt adó tud lenni egészen addig, amíg nem gátolnak abban, hogy **Te** néha letérj a Főútról és a mellékutakat nem szabják meg neked. **Rengeteg pozitív hatása van egy ilyen közösségnek, amíg az jól tud működni Neked, amíg felemel.**

Mindannyiunknak más és más feladata van, különböző célokkal születtünk. Amikor egy szervezet, csoport, munkahely, vagy akár csak egy másik személy... magára próbál formálni, vagy egyszerűen csak te kezdesz teljesen azonosulni vele, érdemes figyelni az érzéseidre és megkeresni Magadat a képletben.

Megvagy még? Vagy már teljesen átszőttek a beléd táplált gondolatok, előírások, hiedelmek, elvárások?

Szerintem ez nagyon veszélyes is tud lenni. Én is észrevétlenül belekeveredtem több ilyenbe és jó néhány jel kellett, mire észhez tértem. Az utolsó kettő elég fájdalmas volt...

Amikor végre rájöttem a felém tóduló üzenetekből, hogy már rossz helyen vagyok, olyan volt, mintha kijózanodtam volna. Bár még sose voltam berúgva... :)) De ahogy felszállt a köd és megláttam magamat a helyzetben egyszerűen nem is értettem mit keresek még ott.

Ez nem azt jelenti, hogy az addig ott töltött idő felesleges volt, egyszerűen eljött az a pillanat, amikor már nem tudjuk egymást emelni és el kell válnunk.

Hangsúlyozom, sokat tanultam és nagyon hálás vagyok mindenért, de eljött a pont, amikor vége lett és akkor vissza kellet találnom önmagamhoz... Ez tényleg ijesztő az elején. Egyedül voltam és féltem, de leporoltam magam és felálltam. Mindig jobb dolgok kerekedtek ki ezekből a váltásokból. Például sosem írtam volna ezt a könyvet, ha a legutóbbi szervezetből nem válok ki...

Ne állj be a sorba! Egyedi, megismételhetetlen és csodás vagy! Ne irányzatokat kövess, légy TE magad AZ Irányzat!

„Néha térj le a mások által kitaposott ösvényről!

Az igazi kalandok, amik neked szólnak, az útról letérve fognak megtalálni... Ismeretlen és ijesztő is lehet egy ilyen helyen egyedül járni, de ott vagy a legnagyobb biztonságban, mert az Neked lett kitalálva, megépítve, az a Tiéd. Ahogy mész majd rajta, ráfogsz ismerni, elkezded otthon érezni magad és minden olyan természetes és igazi lesz."

Ez nem könnyű, sőt, kifejezetten nehéz, mert azt gondoljuk, uraljuk a fizikai világot, ragaszkodásaink téves biztonságérzetben tartanak bennünket, amit félünk elereszteni.

Legyen bátorságod megtenni az első lépést és ne fordulj meg, ha az elején nehezebbre fordulnak a dolgok, csak menj és csináld.

Az én útról letérő, erdős sztorimban ez azt eredményezte, hogy egyszerűen eltűnt a térdig érő gaz és egy csodás helyen találtam magam. Látod a sorok között a tanítást?

Életed az iskolád, a körülötted zajló események, helyzetek, a környezeted, a benne élő emberek, akik a legnagyobb tanításokat adják. Ha sikerül kibogoznod, megértened és egyre inkább tiszta szívből jövő szeretettel és hálával átölelned őket, akkor kétségkívül JÓ ÚTon vagy.

Az első és legfontosabb, hogy bemered-e vállalni? Van merszed Élni?

Mersz néha egyedül menni?

Magaddal lenni ott, ahol a „madár sem jár"? Igen, lehet, hogy az elején nehezebb és akár félelmetes is lehet. *De akkor meg mi a fenének csináljam...?*

Emlékszel, hogy egyszer csak „elfogynak a gazok" és a bátor, kitartó elnyeri jutalmát? A nehézségek sokszor eltörpülnek a végeredményhez képest.

Könnyű ezt mondani, de amikor a félelem, mint időzített bomba ott ketyeg, még ha nem is a tudatos agyadban napi szinten, a háttérben mégis folyamatosan meghatározza a cselekedeteidet, a fizikai állapotodat, az egész életedet. Mit tudunk ezzel tenni? Hogy lehet feloldani? Erről olvashatsz a következő részben.

A félelem, mint elsőszámú kór romboló hatása és ennek feloldása

Nem vagyok pszichológus, és nem is a tudományos irányból szeretném a problémát megközelíteni. Saját spirituális nézőpontom és a gyakorlatból szerzett tapasztalatom osztom meg veled.

Ahhoz, hogy a gyógyulás elindulhasson, fontos megérteni a félelem mögött meghúzódó mechanizmusokat és amennyire csak lehet feloldani ezeket.

Miért fontos ez? Mert a félelem:

- egészségileg rombolja a fizikai testet és
- eltántorít attól, amiért leszülettünk

Mit gondolsz javadra válik, ha búcsút veszel tőle?

Mi is az a félelem?

Széles skálán mozog a félelmek fajtája, minősége, mennyisége, kóros hatása. Itt most két alapvető, a hétköznapi életben jelen lévő mechanizmust beszélünk át.

Jó különválasztani a félelmet és a szorongást.

- A félelem egy lehangoló érzés, amit egy általunk észlelt fenyegetés kelt bennünk.
  Egy alapvető mechanizmus, válasz egy bizonyos ingerre, mint például a fájdalom vagy veszély. A félelem kapcsolatban van a menekülési és az elkerülési viselkedéssel.

Itt tudjuk konkrétan mitől félünk. Medvétől, tűztől, szerepléstől... Ez teljesen normális folyamat, mondhatni erre találta ki a jó Isten...

- Az **érzelmi szorongás, az, ami általában bármilyen külső fenyegetés nélkül lép fel,** vélt veszélyek eredménye, melyeket kontrollálhatatlannak és elkerülhetetlennek érzékelünk. **A szorongás egyik definíciója: tárgy nélküli félelem.** Vagyis ugyanaz a reakció (félelem), de nem tudjuk, hogy mire irányul. Bennünk van az aggodalom, a menekülés vagy megküzdési kényszer, de **nem tudjuk, hogy ki elől vagy ki ellen irányul ez.**

A szorongás ezáltal egy diffúz, kellemetlen érzés, ami egy **általános feszült állapottal jár.**

Érdemes megjegyezni, hogy a szorongás **szinte mindig jövőbeli eseményekhez** kapcsolódik, mint például egy folyamatosan romló helyzet vagy egy szituáció folytatása, ami elfogadhatatlan. **A félelem lehet egy azonnali reakció is arra, hogy valami jelenleg történik.**

„A félelemetek a tudatos agyatok által kreált korlátozó intézkedés.

Ha csak egy kicsit is megérzitek mi van ideát, aggodalmatok okafogyottá válik és nem rombol tovább benneteket.

Amikor rá tudod bízni magad az Univerzum szerető ölelésére és el tudod hinni, hogy kizárólag támogató szándékkal fordul feléd, minden gondod el fog szállni, mert egy másik nézőpontból egy sokkal szebb kép fog eléd tárulni."

Mitől félünk?

Te félsz valamitől? Ha igen, mitől?

Felmérések szerint a **leggyakoribb félelmek közül néhány**: szellemek, gonosz erők létezése, magasság, kígyók, víz, halál, társadalmi visszautasítás, kudarc, vizsgák és nyilvános beszéd.

Én az összes félelmet, nem csak, amit itt felsoroltam, hanem tényleg a rettegés összes létező okát két csoportba szoktam osztani. Amikor valakivel együtt dolgozom és elkezdjük ezt fejtegetni, teljesen biztos, hogy a végeredmény ugyanaz.

Ugyanis nem a magasságtól fél, hanem attól, hogy leesik és meghal... nem a víztől, hanem hogy belefullad, nem a kígyóktól, hanem hogy megharapja és borzalmas fájdalmak között fog meghalni... tehát fél a **fizikai megsemmisüléstől**, hogy az élete véget ér.

A másik csoport, nem a nyilvános beszédtől fél, hanem hogy nem tud megfelelni a társadalmi, szakmai elvárásoknak, mit fognak szólni, ha nem sikerül és már látja is maga előtt, ahogy megnyílik a föld és elsüllyed szégyenében... **mentálisan megsemmisül.** Tehát igazából egyetlen dologtól félünk, a **Megsemmisüléstől.** Mit is olvastál a fejezet elején?

Elpusztíthatatlan vagy!

Képzeld, ha ezzel a tudattal, szívvel vágnál bele az életedbe és így járnád végig az Utad... Mit csinálnál másképp? Hogy élnéd az életed? Ott dolgoznál, ahol most? Azzal az emberrel élnél és ott, ahol élsz? Mi lenne hobbid?

Miért félünk?

Megtanulunk félni...

Csecsemőknek, kisgyerekeknek szinte alig van félelemérzetük. Feszegetik a határaikat, tapasztalnak és életük során kialakul, hogy miben, bízhatnak, vagy mitől jó távol tartani magukat. A tapasztaláson túl rengeteget szív be az agyunk és a lelkünk a körülöttünk lévő világból, a körülöttünk élő emberekből, helyzetekből a médiából... És természetesen hozhatjuk előző életeink emlékeiből is...

Miért jó a félelem?

Amikor erőfeszítéseket teszünk, hogy megbirkózzunk egy nehéz, akár ijesztő helyzettel, akkor aktivizálódik a szimpatikus idegrendszer és fokozódik az adrenalin, illetve a noradrenalin szintje, így a vizsgázástól való félelem a teljesítmény javulását is okozhatja, illetve vészhelyzetben ösztönből, gondolkodás nélkül képesek vagyunk ember feletti teljesítményekre. Tehát az életünk védelmére találta ki a jó Isten nekünk. E nélkül nem sokáig lenne képes a fizikai testünk épségben megmaradni.

Hogyan rombol a félelem?

Testileg...

Kicsi ismétlés... A testünket láthatatlan energia vezetékek járják át, hasonló módon, mint az érrendszerünk, amik csakrákban összpontosulnak. A csakrák energia felvevő helyek. E nélkül az energia nélkül nincs élet. Legalább olyan fontos, mint hogy folyik a vér az ereinkben. Amikor a testben folyamatosan fennálló feszültség van, az energia képtelen megfelelően áramolni. Testileg, lelkileg fáradt vagy. Ha a feszülés hosszabb ideig fennáll, a csakrák mögötti szervek működése gyengül. Ez egy oda vissza ható folyamat. Amikor feszültség keletkezik a szervezetben, főleg, ha ez folyamatosan fennáll, megnehezíti az elalvást, az evést, a pihenést, a test képtelen a regenerálódásra. Sokan azt tapasztalják, hogy mivel nem pihentető az alvásuk, folyamatosan egyre fáradtabbak mind testileg, mind lelkileg, és szinte állandóan aludnának. De nem sikerül pihenni akkor sem. Ez a fajta frusztráltság bármilyen betegségnek kedvez, legyen az egy megfázás, nátha... és komoly kiinduló pontja lehet „gyó-

gyíthatatlannak" titulált betegségeknek is. Feszültséggel teli
test képtelen igazán egészséges lenni. Nem tud meggyógyulni.

A halál kérdése

Az egyik legnehezebben feldolgozható esemény minden ember
életében és ahogy írtam is, szinte minden félelmünk ide vezet-
hető vissza, ezért gondoltam írok néhány sort ezzel kapcsolat-
ban. Saját tapasztalatom a környezetem, pácienseim révén, hogy
az emberek a haláltól, illetve valakinek az elvesztésétől félnek
leginkább. Van, hogy rettegnek. Ez rengeteg döntésben, gon-
dolatban, érzésben és persze a cselekvésben is korlátozza őket.
Szinte képes lebénítani az embert.

Amit a legfontosabb és néha a legnehezebb megérteni, hogy
amikor egy ember elmegy, az az ő döntése.

Ez így elég durvának hangzik, tudom, de ha ebből a szemszög-
ből nézzük talán könnyebb kicsit. Amint megértjük és megpró-
báljuk elfogadni a döntését, az segít túl lenni a nehéz időszakon.

A másik, amit már írtam, de jó felidézni, hogy **elpusztítha-
tatlan vagy!** Kizárólag a fizikai testünk használódik el, a lel-
künk örökké él és ha itt hagyod a földi létet, minden gond nél-
kül tudsz kapcsolódni azokkal, akiket itt hagytál, még ha ők
nem is mind hisznek ebben.

Mit tehetünk, ha elveszítünk valakit, vagy a környezetünkben
egy ismerősünknek meghal valakije. Ez egy könyvnyi anyag,
csak röviden leírom, hogy mit javaslok ilyen esetben.

Az első és legfontosabb, hogy a gyászt fontos, hogy meg tudja
élni az illető. Semmiképp nem szabad elnyomni, bármi is jön.
Düh, harag, bánat, szomorúság, kétségbeesés... Szakértők 6 hó-
napot mondanak, egy éven túl már érdemes komolyabban oda-
figyelni és kezelni a helyzetet. Írj neki levelet! Már megint...

Ha valakit támogatok ilyen témában, jellemzően azzal kezdem, hogy megmutatom neki a betegség/halál kiváltó okának lelki hátterét. Szinte kivétel nélkül mindenki ráismer a hozzátartozójára a leírtak alapján.

Belefáradt valamibe, nem tudott túllépni valamin...stb. vagy egyszerűen ezt vállalta, amikor leszületett, eddig tartott a feladata, van, hogy a távozása tanítás másoknak. Van, hogy a szörnyű tragédia összehoz családokat, megérint nagyobb rétegeket, akik megállnak, elgondolkoznak.

Az Ő döntése volt!

Az más kérdés, hogy mi volt, ami ide vezetett, hogy ennyire belefáradt, feladta, megrekedt és ezáltal elromlott a fizikai test. Mindegy mi vezetett ide, a döntés az övé volt, itt tartott, erre volt képes, vagy ez volt a dolga. A testből kilépve, tiszta énjével jobban képes lesz átlátni a helyzetet és amikor úgy érzi felkészült, újra belevág a földi kalandba.

Ezt mindannyiunknak tiszteletben kell tartani és el kell tudni fogadni.

A másik, amin érdemes elgondolkozni a magunk részéről, hogy ha nem tartogatunk magunkban haragot, dühöt, hanem igyekszünk megbékélni, megbocsájtani, alázattal tanulni a körülöttünk lévő világból, dönteni, az Úton lenni... sokkal nagyobb eséllyel fogunk akkor elmenni, amit eredetileg beterveztünk magunknak és nem a kényszerítő körülmények, betegségek, balesetek „áldozatai" leszünk.

A természet minden évben meghal egy kicsit és újraéled tavasszal. A növények, állatok nem tiltakoznak és nem akarnak mindig ugyanazon a fordulaton pörögni, mint az emberek. Ennek a körforgásnak az elfogadása, megélése sokat segíthet a saját egyensúlyunk megtartásában.

Ráadásul mi itt élünk, minden évben megkapjuk ezt a tanítást... Rengeteg ember él a világban olyan helyeken, ahol mindig süt a nap és sosincs tél. Imádom a nyarat, a napsütést, a fényt, a tengert, de annyira jó az avarban gázolni, hóangyalt csinálni, lesni ahogy kipattannak a rügyek, érezni a föld illatát és végig nézni ahogy felöltözik tavasszal a természet. Tanuljunk tőle, feküdjünk fel erre a hullámzásra és éljük meg az éppen aktuális helyzetet és legyünk hálásak, hogy mi mindezt átélhetjük, hogy mi ezt a tanítást megkapjuk minden évben.

„A születésetek a halállal kezdődik, nincs újjászületés halál nélkül. Ez egy természetes örök körforgás. Ahhoz, hogy újjászülessetek ebben a földi életetekben, meg kell tapasztalnotok az elmúlást. Nem csak a számotokra véglegesnek hitt halálról, hanem a fejlődésetek hullámzásai által generált elmúlásról és az újjá születésről beszélünk. Ez a változás fájdalmas, nehéz lehet a fizikai testeteknek, és a tudatos agyatoknak, de nincs fejlődés elmúlás nélkül, ahhoz, hogy valami új szülessen, ami addig volt elmúlik, átalakul, tehát megszűnik létezni és egy új lép a helyébe. Féltek az elmúlástól, nem meritek elengedni azt, ami volt, legyen az fizikai, szellemi, lelki, így képtelen helyébe lépni az új. A Földi lét lényege ennek a fejlődésnek a megtapasztalása. Szellemetek más minőségében nem éli így meg a halált, az elmúlást. Ezért nem képes megtapasztalni így az újjászületést sem. A halál és élet, „jó" és a „rossz" váltakozása, egyensúlya a ti földi életetekben tanulható. Ezt mutatja a körülöttetek élő természet, az élővilágotok. Nézzétek mit csinálnak a fák, bokrok, növények... Tanuljatok tőlük!"

ERdŐ

Te és az EGO-d

A fizikai test egy eszköz arra, hogy a lelked képes legyen a Földi létet megtapasztalni. Képes legyen tanulni, fejlődni.

Amikor leszületünk, amnéziásak leszünk és szinte egész életünkben azt fejtegetjük, hogy mi is a dolgunk, célunk. Ahogy fejlődünk egyre inkább képesek vagyunk megtalálni a kapcsolatot a tiszta énünkkel, rajta keresztül pedig a Mindenséggel, az Eggyel. Ez a részünk tű pontosan tisztában van vele, hogy mi a cél, miért vagyunk itt. Az érzéseinken keresztül igyekszik navigálni bennünket. Ha jó az érzésed, jó az irányod, ha rossz érzések vannak benned, nem biztos, hogy arra kellene menni. Na itt tud az EGO kicsit megkeverni, itt érdemes résen lenni. Ha az „ő" nézőpontjából szemléled a dolgot, megérted, sokkal könnyebben fogtok barátságot kötni.

Konkrét céllal érkeztél, amihez szükséged van a fizikai testedre, tehát a tudatod, az EGO-d mindent elkövet annak védelmében.

Sokan beszélnek az EGO-val való harcról, az EGO legyűréséről... A harc, küzdelem... erőszak... nem előre visznek. Én azt vallom, hogy ha valamivel harcolni kell, az már eleve egy rossz pozíció.

A fejlődéseink során jellemzően kilépünk a komfortból, ami a megszokottól erősen eltérhet, ezt az EGO veszélyforrásnak értékeli és elkezd magyarázni a válladon a kisördög, hogy „minek akarsz felmondani, jó ez itt neked" „úgyse kellesz másnak" ... „nem tudod megcsinálni"... és sorolhatnánk. Ettől megrémülsz, pedig érzed a szívedben, hogy jó az irány és inkább hagyod az egészet a fenébe, nem változtatsz. Viszont, ha nem hallgatsz rá, belevágsz, biztosan fejlődni fogsz, még akkor is, ha nem a tökéletes irányba indultál el. Ezek a helyzetek fognak minket a tapasztalataink útján előre vinni. Minél többet tartózkodunk ezen a zónán kívül, egyre jobban megismerjük a működését, megértjük az univerzális törvényeket, egyre bátrabbak leszünk, eltűnnek a félelmek és az EGO is rádöbben, hogy nem kell a széltől is óvni minket.

Az összetűzések innen fakadnak. Tehát igazából az „irányítást" jó, ha a kezünkben tudjuk tartani és nem hagyni a kisördögnek a vállunkon, hogy lebeszéljen minket a következő lépésről.

Az esetek 80 %-ban soha nem történik meg, amitől félünk... mondja a statisztika. Nézőpontomból a 20 % nagyon nagy része az erős negatív érzelem által legyártott helyzet.

Mit tudunk tenni?

Állíts le minden külső félelem keltő ingert. Ne nézz, olvass félelem keltő híreket, filmeket. Hidd el, ami fontos számodra, el fog jutni hozzád. A politika és a média manipulációs szűrőjén keresztül úgyis csak azok a hírek jelennek meg, amiknek a célja, hogy téged félelemben tartson, gyengítsen, és az anyagi világban tartson. Legyen bátorságod ezt felvállalni a környezeteddel szemben is. Állítsd le, vagy tereld el a beszélgetést, ha rossz érzések kerítenek hatalmába.

Adj időt magadnak akkor is, ha muszáj feladatok miatt túlterhelt vagy. Az életünk során vannak helyzetek, amikor extra terhelésünk van. Beteg családtag, idős emberek ápolása, munkahelyi extra projekt, vagy épp „csak" a háztartásod... mindegy is, mi az ok. Találd meg azt az időt, amikor átmenetileg ki tudod venni magad a terhelésből, a feszülésből és töltőre tudod tenni magad. Azt gondolod, hogy ezt nem a félelmed generálja? Mersz nemet mondani? Vagy **félsz,** hogy mit szól a családod, a főnököd, hogy nem bírod tovább? Be mered vallani magadnak, hogy elérkeztél a teljesítő képességed határához? Vagy **félsz** szembenézni „gyengeségeddel"? Ne hezitálj, halogass, mert nem játék! És ne mond, hogy nincs megoldás! Lazíts, meditálj, sétálj, erdő, mező... kert. Vagy tombolj a kedvenc zenédre a konyha közepén...

Dönts, cselekedj, a lehető legkevesebbet tartsd magad a feszülés, bizonytalanság energiafaló állapotában. Mindegy, hogy a fizikai tested vagy a lelked reklamál! Egyik kedvencem, amikor valakinek van egy fizikai tünete. Fáj a hasa például... Előveszi Google-t, mert az a barátja. Megnézi, mi okozhatja a hasfájást. Száz, meg egy oka lehet, de ő megtalálja az egyik legrondábbat és már be is diagnosztizálta magának, hogy gyomorfekélye van. Természetesen némi agymunka után, képes eljutni a rák képéig... Orvoshoz nem mer elmenni, mert tuti megerősíti a diagnózist és akkor vége az életének. Mi is történik? Tudatosan, félelemben, bizonytalanságban tartja magát, ami blokkolja az éltető energia áramlását, plusz, folyamatosan erős érzelmi töltettel ellátott negatív képeket tol magában, amit a tudatalatti előbb utóbb igaznak fog hinni... és még az is lehet, hogy legyártja a gyomorfekélyt. Pedig, lehet csak el kellett volna gondolkozni, hogy mi történt az életében, „mit nem tud megemészteni", „mit nem vesz be a gyomra".

Ha nem is foglalkozunk a test üzeneteivel, maradunk a racionális világban és elmegy orvoshoz, csináltat egy labort, ultrahangot... kiderül, hogy minden rendben. Szinte azonnal meggyógyul. Nyilván tudom, hogy vannak ennél sokkal kacifántosabb helyzetek, de a lényeg, hogy kezdd el mielőbb megoldani a problémát. Ne söpörd a szőnyeg alá, mert onnan egyszer úgyis ki kell majd szedni.

Légy jelen, a jelen pillanatod határozza meg a jövődet. A JelenLétről beszélünk még később, de fontos itt is megemlíteni, ugyanis a félelem eredője a jövőben van, azon retteg az ember, hogy mi lesz, ha... Minél többet tudsz a jelenben tartózkodni, azt megélni, hálás lenni, annál nagyobb az esély, hogy a szorongás messze el fog kerülni.

Bízz az Isteni tervedben!
Minden, ami az életedben történik érted van, a felsőbb Éned kommunikációja, iránymutatása, fordulj felé, fejtsd meg mit akar mondani, tanulj belőle, fejlődj általa és légy hálás...

Tedd, amit tudsz, azzal, amid van, ott, ahol vagy, a többit bízd az Univerzumra. Ne fecséreld az időd, energiád olyan dolgokra, amiken nem tudsz változtatni, viszont amire van ráhatásod, abban ne halogass, ne a kifogásokat keresd, hanem a megoldást! Igazán ráhatásunk, saját magunkra van. Ha dühösek vagyunk, mérgelődünk egy helyzeten, amit nem mi alakítunk, csak esetleg elszenvedői vagyunk, egyetlen dolgot tehetünk, megválaszthatjuk a reakciónkat. Ezt nem könnyű megtanulni, de ha rájövünk, hogy a dühünkkel az erőnket, energiánkat oda adtuk annak, aki miatt ez az érzet kialakult bennünk, illetve kizárólag minket rombol, a másikhoz sok esetben el sem ér, érdemes valamit kezdeni vele. Első körben néhány örök érvényű és hatalmas tanítást hordozó sort hozok segítségül:

„Uram, adj türelmet,
hogy elfogadjam, amin nem tudok változtatni, adj bátorságot, hogy
megváltoztassam,
amit lehet, és adj bölcsességet,
hogy a kettő között különbséget tudjak tenni."

Assisi Szent Ferenc

A következő oldalak pedig abban fognak segíteni, hogy a benned dolgozó, akár rég a szőnyeg alá söpört és ott felejtett haragok, dühök fel tudjanak oldódni az életedben és ne betegítsenek tovább.

Lehet azt gondolod, hogy te nem haragszol senkire... sokszor hallom ezt, de amint kicsit megkaparjuk a felszínt, máris előjönnek a tudat alatt valóban elrejtett érzések, gondolatok, képek. Lehet, hogy tényleg nincs harag az adott emberben egy másik ember irányába, viszont nagyon nincs kibékülve saját magával, vagy ne adj 'Isten az egész világra haragszik, de ezt még önmagának sem merte bevallani.

Mindegy is, te hova sorolnád magad, a következő két fejezet, sokat tud segíteni, hogy minden rossz érzésed feloldódjon és ne terheljen tovább.

236

Elengedés, megbocsájtás

Miért is jó elengedni?

„Haragotok, dühötök, a legveszélyesebb vírus, amit el lehet képzelni. Úgy fertőz benneteket, hogy észre sem veszitek. Úgy ássa alá egészségetek, hogy fel sem tűnik és úgy fertőzitek tovább a többi embert, hogy sok esetben tudatos is. A düh, harag által gerjesztett, feszültséggel teli energetikában a sejtjeid nem tudnak dolgozni, képtelenek a feladatuk ellátására, ez előbb utóbb fizikai betegséget eredményez.
Nincs egészséges ember dühvel és nincs egészséges Föld dühös haragos emberiséggel."

ERdŐ

Huhh, szerintem ez elég egyértelmű... De olyan jó néha, ha sajnálhatom magamat, mert „olyan borzasztó volt az apám" vagy mert „úgy kiszúrtak velem a munkahelyemen"... vagy „megcsalt a férjem"... És lubickolhatunk életünk végéig ebben a sajnálat energiában, amit másoktól szipkázunk el, vagy felvállalhatjuk a felelősséget magunkért és elővehetjük ismét azt a – számomra nagyon jelentős gondolatot – hogy:

„Minden, ami az életedben történik, érted történik."

Tudom, ezen így elsőre ránézve sokan kiakadnak, de ha kicsit közelebbről kezded vizsgálni és az első háborgó reakciódat sikerült lenyugtatni, remélem meglátod benne a tanítást. A másik, hogy konkrétan az egészséged, az életed múlhat azon, hogy képes vagy-e megbocsájtani másoknak, vagy épp saját magadnak.

Az életeken át húzott dühök, haragok, oly mértékben mérgezik mind a lelked, mind a fizikai tested, hogy az képtelen EGÉSZséges lenni.

Azok az emberek, akik körülötted vannak, mind segíteni, tanítani jöttek, úgy, ahogy te is őket. Cselekedeteiket mindig a tudat szintjüknek megfelelően igyekeznek a lehető legjobban végezni. Dolgod volt, van, lesz velük. Kivel több, kivel kevesebb időt töltesz el. Lesz, aki egész életedre kihatással van és lesz, aki csak épp bekúszik egy villanásra épp csak „átállít egy váltót a vonatod alatt" és már megy is. Mindenki számít! Mindegy milyen a szerep, mind meghatározó lehet az életedben.

Több saját tapasztalatom is alátámasztja, azt az elsőre szintén nem túl szimpatikus tanítást, hogy a **„legnagyobb ellenségeid a legnagyobb tanítóid".**

Ezt nehéz az adott szituációban igazán megérteni, elfogadni, hát még értékelni, de ha visszanézel az életedre, és igyekszel nyitottan szemlélni, biztosan találsz olyan embert, helyzetet, ami nagyon rosszul esett, megbántódtál, kibillentél az egyensúlyodból és a végeredmény az lett, hogy egy másik irányt vett az életed. Terelni jött téged... Lehet, hogy akkor kényszernek érezted, de ha most visszanézel, képes vagy látni benne az Isteni útmutatást? Ha őszinte akarsz lenni Önmagadhoz... nem ez volt régi vágyad? Lehet, hogy ezen gondolkoztál hónapok, vagy akár évek óta, de nem merted meghozni a döntést? Aztán jön valaki, kibillent, lépsz, mert nincs más választásod és ki vagy akadva, hogy kitúrtak az állásodból. Nem tetszik, igaz? Elhiszem, nem te hoztad meg a döntést...

De már mindegy, megtörtént, nem tudsz változtatni rajta. Tanuljunk az ilyen helyzetekből! Amikor jelez a tested, lelked... érzed, hogy nem jó az irányod, dönts és bátran változtass! Ha nem teszed meg, jön valaki, aki „rákényszerít" és ő lesz a legnagyobb ellenség a szemedben...

A bátor lépések hihetetlen energiákat képesek megmozgatni és ha hiszed, ha nem, a Világmindenség, vagy Isten, Felsőbb éned... (ahogy neked jobb) veled van! Bízz benne, hogy minden a lehető legjobban alakul.

A hezitálások viszont, gigantikus erőt és energiát képesek felemészteni benned és körülötted. Tehát inkább légy bátor! Vállald fel az álmaid és merj tenni értük!

Nincs ráhatásunk arra, hogy a körülöttünk lévő emberek, hogy gondolkoznak, éreznek, mit cselekszenek.
Nem tudunk megváltoztatni egy másik embert. Ráhatásunk kizárólag saját magunkra van.

Minden, ami az életedben történt, érted történt... először most ezzel kezdünk.

A múlt sérelmeit tegyük rendbe.

Lehet úgy érzed, te már tényleg nem haragszol senkire, nincs benned düh, sértettség és bánat. Kérlek, akkor se told el magadtól ezt a gyakorlatot, feltétlenül végezd el, mert még jól jöhet később, illetve lehet meglepődsz mi jön elő, ha elkezded csinálni.

Nekem rengeteget segített a fenti mondat, mondhatni varázs mondatommá vált. Amikor nehéz szituációk jöttek az életemben, mindig elővettem/előveszem. Hiszem, hogy ezzel a szemlélettel rengeteg sérelemtől, rossz érzéstől, fizikai betegségtől meg tudjuk kímélni magunkat.

Sok mindent kipróbáltam életem során, mindenféle oldásokat, reinkarnációs utazásokat, tisztításokat. Sokszor volt, hogy úgy éreztem már soha nem tudok visszakerülni az egyensúlyomba és hogy soha nem lesz már vége a múltam fejtegetésének. Néha már úgy láttam, egyre jobban belekeveredek, egyre nagyobb a káosz és fizikailag is egyre rosszabbul leszek. Hol van ennek a vége? Kell ez nekem egyáltalán?

Elkeserítő és kilátástalan tud lenni amikor ennek a közepén nyűglődik az ember. Hidd el, tudom milyen és azt is tudom, hogy ahhoz, hogy visszakerüljön valaki a középpontjába, nem nagyon lehet megúszni. El lehet menni kicsit szabadságra, fel lehet függeszteni, de maguktól nem nagyon oldódnak ki ezek a csomók. Amíg dühök, haragok munkálkodnak benned, gyengíteni, betegíteni és eltéríteni fognak. TE vagy a megoldás! Nem tudja más kívülről megtenni. **Nincs az az orvos, guru, vitamin, kezelés, terápia, aki/ ami leveszi rólad ezt a terhet, viszont az út, amit végig fogsz járni alatta, egy hatalmas fejlődési lehetőség.**

A böjt alatt, után tökéletes időzítés dolgozni ezeken, még akkor is, ha már úgy érzed, nincs min.

Az emberek (főleg Magyarországon) nagyon nagy része alul becsüli önmagát, amit a családtól az iskolán át a munkáig sok helyen „támogat" a társadalom. A gyenge önértékelés forrása az agressziónak, fortyogó, mindig feltörő dühnek és haragnak, ami folyamatosan feszültséget generál és ássa alá az egészséget. A stressz az egyik legnagyobb rizikófaktor, ami szinte minden betegség megjelenését támogatja. Nyilván több forrása is van a stressznek, de az egyik legjellemzőbb, ha nem vagyunk jóban Önmagunkkal és ebből kiindulva a környezetünkkel, illetve a Világgal. Magas elvárásokkal és minimális tisztelettel nehéz jóbarátként tekinteni ÖnMagodra.

Így oldd ki a benned lévő haragot

Ez a technika, amit most megosztok veled, rengeteget segített az életem során. Nagyon nyűgös és néha kilátástalan kapcsolati problémákat bogoztam ki vele, bocsájtottam meg, engedtem el, a nélkül, hogy egyetlen szót is váltottam volna az illetővel és pácienseim is rengeteg hasonló tapasztalásról számoltak be a technika alkalmazásával kapcsolatban.

Nyilván, ha meg tudod beszélni, ha élő szóban tudjátok tisztázni és tényleg nem marad rossz érzés bennetek, annál jobb nincs, de ha ez nem megoldható, aminek ezer meg egy oka lehet, akkor nagy segítségedre lesz az alábbi gyakorlat.

Írj levelet

Ennyi az egész? Írjak egy levelet? Ó, csináltam már ilyet! **Igen, de nem mindegy, hogy hogyan.** Apró pici nüánszok a titkos összetevők, amik nélkül tényleg „csak" egy levél lesz. Ha ezekre odafigyelsz, csodás változások fognak történni benned és körülötted. Több mindent gyúrtam össze ebben az egyszerűnek tűnő feladatban, amit a saját tapasztalatom inspirált, minden lépés nagyon fontos és nem lehet megcserélni, kihagyni őket. Vagyis lehet, csak akkor nem az lesz az eredmény, amire számítasz. Figyelmesen olvasd el első körben az ide vonatkozó információkat és csak utána vágj bele!

Nagyon fontos a kiinduló pont, hogy a levelet a saját EGÉSZséged érdekében írod „önző" módon, nem a másik fél szempontjából fontos, hogy megbocsáss neki, hanem magadnak! Akár az életed is múlhat rajta, sőt az múlik rajta! Így állj neki!

Az első és legfontosabb, hogy először olvass el a fejezet végéig MINDENT és csak akkor állj neki!

Kinek írj?

- Lehet, hogy halál pontosan tudod, hogy ki az, aki kibillentett a tengelyedből, neki feltétlenül, elsők között gyárts egy levelet.
- Ha van valami konkrét betegséged, fizikai, lelki tüneted, kezdd el megfejteni. Mikor jelentkezett először? Mi történt az előtt néhány nappal, héttel? Kik voltak ott abban a sztoriban a szereplők? Csukd be a szemed és nézd végig az eseményt újra, figyeld, hogy ki bosszant leginkább, kinél rándul egykupacba a gyomrod? Neki/nekik feltétlenül írj!
- Ha már olyan régen húzod a betegséged, hogy fogalmad sincs mi lehetett a konkrét helyzet, akkor kezd el végignézni az életed filmjét. Gondold végig a gyerekkorod, a fiatal éveid...

biztosan van benne olyan ember, akire nem feltétlenül gondolsz jó szívvel, mi több, ma is erős érzéseket generál benned. Írj neki!

- Ha semmi ötleted nincs, akkor a szüleidnek, párodnak, gyerekeidnek feltétlenül érdemes írni!
- Ha már nem él az illető akkor is írhatsz neki. Főleg, ha nem tudtál tőle elbúcsúzni és volt köztetek konfliktus.
- ÉÉÉs, ha már kigyakoroltad magad másokon, akkor feltétlenül írj önMAGODnak!

Hogyan írj?

- Az előzőek szerint eldöntötted, hogy kinek fog szólni a levél.
- Hangolódj rá, teremtsd meg a megfelelő környezetet hozzá.
- Ha egy mód van, legyen üres körülötted a tér, a lakás, kapcsold ki a telefonod, iktasd ki a zavaró tényezőket.
- Legyél OTT, legyél benne a folyamatban.
- Szánd rá az időd, legalább 1-2 órát, de a legjobb, ha nincs időkorlátod. Ne kelljen menni sehová utána, mert lehet, hogy kisírt lesz a szemed, illetve jólesik még emészteni a történteket.
- Végy egy papírt és egy tollat. Kézzel írj! A karjaid a szívcsakrád meghosszabbításai, engedd meg, hogy kifolyjon, aminek „kell".

A levél felépítése

1. **Megszólítás:** Kedves Apa!

2. **Írd le minden dühödet, haragodat.** Mindezt a te érzéseid oldaláról megközelítve.
   Nem bántjuk, nem káromkodunk, nem küldjük el sehová...
   Pl.: „Annyira fájt amikor...", „Borzasztóan rosszul esett, ahogy...", „Teljesen elveszettnek éreztem magam, amikor...", „Iszonyúan megbántottál...", „Végtelenül szomorú voltam..."
   Használj bátran erős jelzőket, olyat is, amit a könyv papírja nem bír el, a lényeg, hogy ne szidd, akinek a levelet írod, azt

írd le, hogy te, hogy érezted magad az adott helyzetben. Ebben sokat segít, ha becsukod a szemed és emlékezel.

Tedd vissza magad az adott helyzetbe bátran, emlékezz, éld át újra mennyire fájt, mennyire kétségbe voltál esve, mennyire szégyellted magad, mennyire féltél... Nem baj, ha feltéped a sebeket, úgy sincsenek begyógyulva, vagy „rosszul forrtak össze". Nem baj, ha cudarul érzed magad tőle, sírj, zokogj. Itt oldódnak blokkjaid, gyógyulni fogsz tőle! Minél jobban képes vagy újra átélni és kiírni magadból, annál nagyobb lesz a siker és nem fogsz „így maradni", ne izgulj! Sokan azért nem merik az érzéseiket itt elővenni, mert már nem akarják újra átélni, ami érthető. Viszont ebben a folyamatban most takarítani fogunk, az a cél, hogy kiürüljenek a rossz emlékek és ne terheljék tovább a tested, lelked. Amit már feldolgoztál, az nem fog érzelmileg megérinteni. Lehet a képek még megjelennek, de érzés már nem fog kapcsolódni hozzá.

Ha menet közben eszedbe jutnak szép emlékek, vagy bármi, amiért hálás lehetsz az illetőnek, feltétlenül írd ki magadból azt is.

3. **Ha elfogyott a bánatod, haragod... Ott kezdődik a varázslat!**

Úgy érzed, minden dühöd, haragod kiírtad magadból, akkor jön az egyik legfontosabb pont, ami nélkül az egész semmit nem ér. Meg kell értened egy alapigazságot:

Minden érző lény a tudat szintjének megfelelően cselekszik!

Nem te voltál/vagy a célpont, nem téged akart bántani. Itt tart a tudata, erre képes. Helyezkedj bele a helyzetébe, nézd meg az ő nézőpontját, az addigi életét, a kapcsolatát a szüleivel, a gyerekkorát...

A benne lévő frusztrációk, fel nem dolgozott traumák, félelmek, szeretetlenség, szőnyeg alá söpört problémák mind alakítják őt. Ez nem mentség arra, ahogy veled viselkedett/viselkedik, de segít téged a megértésben.

A levél ezen részén feltétlenül állj meg!

Hagyd abba az írást és tényleg gondold bele magadat az ő helyébe. Tudom, hogy amikor valaki erőszakos velünk, akkor nagyon nehéz ezt így szemlélni és az adott szitun belül szinte lehetetlen, vagy nagyon magas tudatosságot igényel, de ha már kicsit messzebbről nézed, biztosan kirajzolódik valami, ami segíthet. Ezt a tudatos agyunkkal soha nem fogjuk tudni tisztán látni, megfejteni. Nagyon fontos, hogy a levél ezen részében képes legyél minél inkább Jelen lenni, kapcsolódni és HAGYNI, HOGY MEGÉRKEZZEN A MEGÉRTÉS. Remélem érzékeled a kettő közötti különbséget!?

Ha megérted, vagy inkább megérzed az ő nézőpontját, régről cipelt fájdalmait, frusztrációit... akkor van esély arra, hogy igazán megbocsáts neki és szeretettel elengedd, vagy magadhoz öleld. Csak azt írd le ezekből, amit tényleg igaznak érzel. Ha csak annyit tudsz, hogy „szeretettel megbocsájtok", akkor azt, ha tényleg el tudod engedni, akkor azt, de ezekkel a gondolatokkal zárt be a levelet.

Fontos megérteni, hogy nem az illetőt oldozzuk fel a „rossz cselekedetei" alól, hanem a bennünk lévő fájdalmakat, dühöt, haragot, kétségbeesést... transzformáljuk át, hogy ne rágja tovább a testünket, lelkünket.

Ha úgy érzed egyik sem igaz, akkor kezd elölről az egészet és tisztázd a szándékod magadban, hogy egyáltalán mi a célod ezzel az egésszel!

Ne olvasd el, amit írtál!!

4. **Égesd el!** Nem feltétlenül azért, mert nem mernéd, vagy nem lenne jó oda adni az illetőnek, hanem itt még történik egy varázslat. Add meg a módját! Ne csak úgy elégesd, hanem találj ki neki valami jó helyet, legyél egyedül és ahogy ég el a papír, képzeld el ahogy füstté válik az adott probléma,

feloldódik a térben és nehéz súlyok hagyják el vele együtt a tested, lelked. A másik, hogy a leveled minden egyes sora eljut a címzetthez, ráadásul a tiszta énjéhez és rajta keresztül megnyilvánul majd itt a fizikai világodban is.

5. **Élvezd az eredményt.** Legyél nyitott és figyeld, hogy változnak benned és kettőtök között a dolgok. Ne legyen elvárásod! Ne akard! Csak hagyd, hogy megtörténjen ez a csodás átalakulás. Legyél hálás érte! Minden apró változásért! Működik!!

6. **Mi van, ha nem történik semmi?** A labda nálad, állj neki újra, valamit nem jól csináltál. Ha van változás, de még nem az igazi, adj neki időt. Ha úgy érzed az sem segít, akkor ellenőrizd, hogy mit generál benned az illető. Csukd be a szemed és nézd meg milyen érzések jönnek. Ha jól csináltad a levélírás első részét, akkor minimum csillapodnia kellett a rossz érzésnek. Ha újra felkavarnak a képek, vagy nem jött fel minden, nem írtál ki mindent, vagy **nem élted át.** A szavak nem képesek varázslatra. **A mágikus erő az érzéseinkben rejlik.** Ha érzelmi töltet nélkül, csak úgy leírod, hogy hogy élted meg az illetővel való kapcsolatot, olyan, mint a falra hányt borsó.

Semmit nem ér. Nem ér el hozzá! **A kommunikáció az EGY-ben lévő részünkkel és a többi lélekkel nem tud a szavak szintjén megtörténni visszafelé sem.** Nagyon fontos, hogy újra éld át a kellemetlen érzéseket. Ha jól csinálod, ígérem soha többet nem fognak feljönni, vagy ha mégis, erősen csökkentett üzemmódban. Mindegy miért, ha nem oldódott fel a probléma teljesen, akkor írj új levelet neki.

Ez egy technika, bármikor előveheted, ha úgy érzed, nem tudod szemtől szemben megoldani a problémát. Jött már helyre anya-lánya kapcsolat, ami évtizedek óta problémás volt, oldódott meg üzleti, anyagi probléma, rendeződött gyerektartás... mindez úgy, hogy az illetékesek nem beszéltek egymással.

Hihetetlennek tűnhet, de nagyon egyszerű! Ha tényleg bele tudod tenni magad a folyamatba, ott tudsz lenni szíveddel, lelkeddel, összekapcsolódsz a felsőbb éneddel, rajta keresztül eljut az információ a társad tiszta énjéhez. Minél inkább sikerül jelen lenned, annál gyorsabban manifesztálódik a megoldás.

Levél önMAGODnak

Ha valami, akkor ez nem könnyű. Semmiképp ne ezzel kezdj, keress valakit, akin „gyakorolhatsz", arra a kapcsolatodra is biztosan jó hatással lesz.

A fenti gondolatokat ide is adoptálhatod. Szinte mindent ugyanúgy kell végig vinni. Megszólítás... Kedves (keresztneved)! Kezd az elején... vedd elő az első gyerekkori élményeidet és pörgesd a filmet, figyeld meg, hol érzed, hogy valamit elszúrtál, nem úgy kellett volna, nem azt kellett volna csinálni, és ezért a jelen nézőpontodból dühös vagy magadra. Menj bele, éld át újra, nem baj, ha rosszul esik! Sőt, ha látod milyen ügyes, bátor, kitartó... voltál, mindenképp megérdemelsz egy belső vállveregetést!

Aztán ha mindent kiírtál magadból, itt is vedd elő azt a gondolatot, hogy amikor valami nem úgy sikerült, ahogy kellett volna na **„ott tartottál, a tudatod ott arra volt képes"** nem hülye voltál, béna, vagy gyenge...

Igen, volt, hogy visszanézve másként döntöttem volna, de ott már nem az az ember voltam, mint amikor azt az adott döntést meghoztam. Ennek a kérdésnek igazából sosincs jelentősége, mert MÁR MEGTÖRTÉNT. Nem lehet rajta változtatni. Továbbá ezer impulzus ért azóta. Lehet mai fejjel másként csinálnám, de akkor nem mentem volna végig azon az úton, amin a jelen pillanatig eljutottam és nem az az ember lennék, aki most azt gondolja, hogy anno másként kellett volna dönteni.

Ez kicsit nyakatekert, de bízom benne, hogy érthető.

Levelek a levélen belül.

Amikor magunknak írunk, sokszor előjönnek olyan szereplők is, akiknek nem jutna eszünkbe írni, mert jó volt velük a kapcsolatunk. Ilyen volt nekem a nagymamám, akit nagyon szerettem és azt hittem már rég elengedtem, amikor a magamnak írt levél során feljött a hálám vele kapcsolatban és ahogy leírtam neki a két sort, olyan zokogás tört fel belőlem, mint addig soha. Nem gondoltam egyáltalán, hogy még dolgozik bennem vele kapcsolatban fájdalom.

Sokszor emlegetjük, évek óta teljesen természetesen, szomorúság nélkül beszélünk róla. Tehát bátran térj el a tárgytól és a sztoridba bekúszó személyeknek is írhatsz a saját leveleden belül 1-2 gondolatot, ha úgy érzed kikívánkozik. NEM KELL! Csak ha úgy érzed!

Égesd el! Ezt is! Engedd el a füsttel a saját magad iránt érzett haragod, dühöd és egy hatalmas lépést teszel az önértékelésed helyreállítása érdekében.

Azt javaslom addig ne olvass tovább, míg legalább egy levelet meg nem írtál!

Tükrök törvénye

Mit tegyünk, hogy ne kelljen későbbiekben leveleket gyártani?

Megírtad a levelet??
    Hogy érezted magad? Jöttek fel érzések? Sikerült sírni? Meg tudtál bocsájtani? Haragszol még? Tudsz szeretettel gondolni rá? Ha igen, akkor sikerült igazán... Gratulálok! Kivételes vagy! Nagyon kevesen jutnak el a tettek mezejéig!

Ha most nem volt eget rengető tapasztalásod, tedd el akkor is a „fiókba" ezt a technikát, hátha lesz még szükséged rá! Jöhetnek nehézségek, jönnek még tanítók, emberek, helyzetek, akikkel/amikkel dolgod lesz.

Ebben a részben azt beszéljük át, hogy mit lehet tenni az ilyen szituációk instant megoldása érdekében, hogy ne kelljen eljutni a lelki, fizikai tünetekig, illetve a levélírás procedúrájáig.

Amikor „helyzet van" mindig elgondolkozunk, hogy milyen igazságtalan az Élet, miért pont velünk történt ez és miért pont most... Évtizedekig ez volt a reakcióm. Nagyon nehezen tudtam átállítani a „fogadó egységemet", hogy ne ez legyen az automata válaszom a történtekre. Még az is lehet, hogy mostanában is bele-bele csúszom egy két pillanat erejéig az események sodrásában, hevében... Nem egyszerű, de ha megértjük a „tükrök" törvényét könnyebb lehet.

Húúú, de tiltakoztam, kapálództam, amikor ezt igyekeztek velem mindenféle tanítók megértetni. „Hogyan lennék én olyan, mint aki épp most szúrt ki velem, de nagyon?? ÉNNN nem tennék ilyet soha senkivel!

Ó, én kis ártatlan… „Nah, de tényleg!!!"

Szumma szummárum… nem könnyű ezt felfogni valóban, de ha sikerül, sok terhet le tudsz venni magadról és könnyebben megy a megértés.

Konkrétan időt spórolunk meg vele és mindenféle zsákutcáktól kíméljük meg magunkat. Sőt, minél magasabb szintre fejleszted, annál szórakoztatóbb tud lenni!

Egyszer egy mester valahogy így magyarázta nekem:

„Amikor valakivel kommunikálsz, energiák mozognak a szavakon, tekinteten, érintésen túl. Ez az energia sokszor az első, ami megérint. Ez magában foglal egy csomó láthatatlan információt, amit az érzékelőid elkezdenek lefordítani.

Kizárólag olyan információkat és adatokat vagy képes fogni, amikkel te is rendelkezel. Mint egy adó-vevő. Tulajdonképpen nem történik más, csak felismered a másikban Önmagad."

Na, itt dobtam el az agyam, amikor fel kellett volna ismerni magam egy alkoholista züllött egyén (apám, vagy az első férjem) alakjában…

Ha benned is felmerültek hasonló gondolatok, olvasd el újra, lassan a fenti részt!

Igen, vannak helyzetek, emberek, akiknek a cselekvését ott akkor nem tudjuk értelmezni, viszont olyan hatással vannak hosszú távon az életünkre, ami a fejlődésünket eredményezi.

Az jó érzés, amikor valaki szimpatikus és boldogan nézegetjük magunkat a tükrében… milyen okosak, ügyesek és szépek vagyunk… de amint rossz tulajdonságok, durvaság, üti fel a fejét, egyből tiltakozunk, ezek nem mi vagyunk, ez nem nekünk szól!

El kell vonatkoztatni a formáktól, túl kell lépni a vizualitáson és egy magasabb perspektívából kell szemlélni, nem csak a másik embert, hanem az egész szituációt, helyzetet, körülményeket és mindkettőnket. Honnan került elő ez az ember? Miért pont most lépett az életembe, miért mondja azt, amit mond? Miért viselkedik így velem? Ez miért vált ki bennem heves érzelmeket? Mi az, ami zavar benne leginkább??

Sokat segít a megértésben, ha elővesszük az EGY gondolatát, hisz valahol mindannyian ennek az EGÉSZnek a részei vagyunk és a tiszta énjeink mindig együtt vannak, egymás szemében az EGY jelenik meg, kicsit megfűszerezve az adott egyén személyiségével. Próbáld így szemlélni a helyzetet, nekem sokat segített.

Hoztam két példát, amin keresztül remélem sikerül eljutnod a megértésig.

1. Van a környezetedben valaki, aki rendszeresen késik. Te nagyon pontos vagy mindig, ez fontos számodra. Inkább előbb vagy ott, mint hogy elkéss, mert hogy mit gondolnak rólad mások... (Persze ezt álcázod azzal, hogy nem játszol más idejével... szép gondolat, de nem igaz, ha mélyebben utána nézel.) Az illetővel való találkák előtt már mérgeled magad, hogy „biztosan késni fog" ... Aztán megérkezik, lehet, hogy csak pár percet késett, de te már agyon túráztattad magad miatta. Ő lelkesen, boldogan üdvözöl és nem látja és így nem érti, mi a fene bajod van, láthatóan nem zavartatja magát a késés miatt, ettől te még inkább felháborodsz és fogalmad sincs, hogy lehet ő neked tükör... Mit látsz meg benne? Tudsz a saját „rögeszméd" mögé látni? Látod az embert, akit baromira nem érdekel, hogy mit gondolnak róla mások, aki nem akar megfelelni az elvárásoknak, hanem csak jól érzi magát a bőrében? Vagy elakadtál az 5 perc késésnél? Lehet, hogy benned nagyon erős a megfelelési kényszer? Hogy fontos számodra, hogy mit gondolnak, mondanak rólad az emberek? Ott a pont. Ott a tanítás... Ebben az a szép, hogy ha ezt ké-

pes vagy meglátni és tanulni tőle, akkor előbb utóbb el fognak fogyni körülötted a notórius késő emberek.

Nem azért nem érdekli, hogy ez téged zavar, mert nagyképű, arrogáns, szétszórt... hanem azért, mert nincs benne az adó-vevő készülékében a megfelelni vágyás, amit te táplálsz iránta, önmagadból kiindulva elvárod tőle is, ezért nem képes fogni az adást. Ezt te értékelheted felháborítónak, vagy tényleg ránézhetsz a saját oldaladra, megfejlődöd és többé nem fog zavarni, sőt, sok esetben érdekes mód „megjavulnak" ezek az emberek...

2. Valaki, akár a családodból erős elvárások elé állít, hogy segíts neki. Érzelmileg megérint, mert azt érzed nyomás alá helyezett és te nem tudsz/akarsz helyette megtenni dolgokat, amire ő is képes. A zsarolás minden formáját beveti, te ellenállsz, igyekszed szép szóval megoldani, talán sikerül is, de az irgalmatlan feszültség ott dolgozik benned. Tisztában vagy a tükrök törvényével és próbálod megfejteni. DE te nem vagy ilyen erőszakos... gondolod magadban... és lehet, hogy tényleg nem, a külvilággal. És mi a helyzet saját magaddal? Milyen elvárásokat támasztasz saját irányodba? Lehet, hogy te tartod a legnagyobb nyomás alatt magadat??? Lazíts!

Tükröm, tükröm mondd meg nékem!

Amikor nem vagyunk tisztában ezekkel a mechanizmusokkal és belekerülünk egy szituációba, ami kibillent érzelmileg, nagy az esélye, hogy automata üzemmódban válaszolunk és nem tesszük fel a fenti kérdéseket magunknak. Hogy is tehetnénk, amikor tornádóként söpör át egy pillanat alatt az életünkön, és mire észbekapunk már vége is.

Az már a fejlődés egy szakasza, ha legalább a vihar elvonultával kicsit átgondoljuk a történteket.

Aztán minél több ilyen szituáció lesz, minél többet átgondolunk... egyre előbb jut majd az eszünkbe, hogy „Állj! Mi is történik most?" és egyre kevésbé fogsz belemenni érzelmileg. Kívül tudsz maradni és anélkül, hogy leamortizálnád magad lelkileg, fizikailag, meg tudod találni benne a tanítást. Amikor pedig meg is tanulod azt, és aszerint fogsz cselekedni... (nem csak beszélni!) nem fogsz többé ilyen helyzetbe keveredni. Mert már nem lesz rá szükséged, hisz megtanultad.

„Az ellenségek nem körülöttünk, hanem bennünk vannak. A környezetünk reagál a bennünk zajló gondolatokra, érzésekre. Mi formáljuk a körülöttünk lévő dolgokat. Az ellenségek a legnagyobb tanítók, az vetül vissza róluk, ami bennünk a legnagyobb probléma."

ERdŐ

Mindez igaz, a másik oldalról is, ha te felmérgesítesz, vagy megbántasz valakit (akár tudatodon kívül) mondhatjuk, hogy az az ő baja... Ez elég erős, igaz? Nyilván itt is vannak fokozatok, de azért tudtad megbántani, mert amit mondtál, ami történt „betalált" neki, felidézett benne (nem feltétlenül tudatosan!) valamit, egy helyzetet, szituációt, régi emléket... ami nincs feldolgozva nála, vagy épp a felszínen van csak nem képes látni azt. Te tulajdonképpen jót tettél vele, hogy segítettél neki előhozni ezt, és ha minden jól megy, elgondolkozik rajta... Vagy nem... és csak gyűjtögeti magában a mindenféle haragjait, ami meg fogja keseríteni az életét.

Nyilván te sem voltál a helyzet magaslatán, mindkettőtöknek van még mit tanulni...:)

**Na most olvasd el újra és fordítsd meg a szerepeket :)))
Képes vagy így szemlélni a helyzetet?**

Mit üzensz Magadnak?

Egy kellemesebb módja az ilyen helyzetek felismerésének, az, amikor másoknak adunk tanácsot. Nem véletlenül hozzád kopogtatott be! Nem véletlen, hogy a te válladon sírja ki magát!

Lehet, hogy jelenleg neked abszolút nincsenek olyan problémáid, mint neki. Mégis... figyeld meg miket mondasz! Ezek mind mind rád is vonatkozhatnak.

Neked szólnak rajta keresztül, a te üzeneteid, amiket Te mondasz ki másnak, de valójában Magadnak. Fordítsd le őket a saját helyzetedre.

Összességében azért nehéz eleinte a tükrök értelmezése, mert ugyan azt a helyzetet, szituációt keressük a saját életünkben.

A tükrök evolúciója

NE szitut keress! Próbáld dekódolni az információkat. Eleinte azt tapasztaltam, minél inkább meg akartam érteni, annál kevésbé sikerült és csak felbosszantottam magam. Fogadd el, hogy ez egy folyamat és nem lehet megerőszakolni. Az első, hogy megérted, a necces helyzetek, emberek, mindig hordoznak valami tanítást, legyél kész, nyitott ezek befogadására. Nem véletlenül jönnek az életedbe. Nézzük, hogy néz ez ki a gyakorlatban.

1. **Utórezgés**
   Kezdjük az elején. Tudatosítottad magadban, a fentieket... ahogy ismerem az Univerzumot, biztosan beküld neked valami helyes sztorit ezzel kapcsolatban, csak hogy gyakorolhass! Szinte 100 %, hogy a vihar elvonultával fogod észrevenni, hogy ahhh, ez volt az. Sebaj! Amint lesz nyugodt pillanatod, nézd végig mi történt és tedd fel a kérdést, hogy „mit kell ebből megtanulnom". Nem baj, ha elsőre nem látod és az sem baj, ha fogalmad sincs miről van szó. Ne akard megfejteni, csak hagyd, hogy megérkezzen majd egyszer a megértés. Szinte biztos, hogy egy ilyen nem lesz elég, ezen se aggódj.

2. **Benne a közepében**
   Ha jól begyakoroltad az utórezgős felismerést, egyszer csak megjön a következő szint, amikor a vihar kellős közepén már

képes vagy tudatosítani magadban, hogy benne vagy, EZ AZ, de az érzelmek már elragadtak, nincs mit tenni ez még nem lesz instant megoldva.

3. **A közepében, de kívül**

Itt benne vagy a közepében, de egy pillanattal előbb észrevetted, mint az előző szintnél, tudatosítottad a helyzetet és képes vagy kívülről szemlélni. Lehet, hogy jönnek fel érzések, de nem ragadnak magukkal, sokkal kevésbé billensz ki, mint eddig bármikor és sikerül nyugodtan reagálnod.

4. **Messziről szemlélve**

A hőn áhított Level4! Szerintem ez a legszórakoztatóbb, amikor látod, hogy jön a vihar, de nem ázol meg egyáltalán, nem fúj ki a szél a középpontodból. Jön a szituáció és nem hat meg, nem érint meg egyáltalán, sőt, már lehet előre érzed, hogy miért kaptad. Ez már jellemzően egy utolsó teszt, hogy „tényleg megtanultad?" Illetve érdemes végig gondolni, hogy tettél-e valamit annak érdekében, hogy a tanítást átültesd a gyakorlatba.

5. **Megtanultad!**

Onnét lehet tudni, hogy az adott anyagot kivégezted, levizsgáztál, megtanulad, hogy nem jön több helyzet, ember, sztori a témával kapcsolatban.

Az, hogy ez mennyi ideig tart és hány órát korrepetálod magad, csak tőled függ, mennyire vagy nyitott és mennyire, vagy képes hagyni, hogy megérkezzen a tanítás, illetve mit kezdesz vele. Neki állsz változtatni, dönteni, cselekedni, vagy keresed a kifogásokat és még Önmagaddal szemben sem vagy képes őszinte lenni.

Több mint tíz éve barátkozom a tükörrel, és mondhatom, hogy nagyon nehéz volt számomra az igazi megértés. Azt tapasztaltam, hogy az ellenállásom, az EGO-m volt a legnagyobb fék az elején és el is pazaroltam ezek égisze alatt néhány évet. Azt gondolom, itt is az igaz, mint a levélnél, hogy a megértésnek meg kell érkeznie a JelenLétünkben történt kapcsolódáson keresztül, ami kizárólag akkor tud megtörténni, ha készen állunk az információ befogadására, és hagyjuk, hogy megérkezzen.

Borzasztóan izgatott a dolog, érteni, érezni akartam... szándék bennem volt erősen!

Amikor sikerült hagynom, hogy megjöjjön a megértés, tudtam és éreztem, hogy működik, viszonylag hamar átláttam a helyzeteket, talán egyre jobban tudtam kezelni is, de még mindig nem volt az igazi! Már az első jeleknél átállítottam az érzékelőimet külső szemlélő üzemmódra és figyeltem... a gyomromban vagy torkomban elkezdett formálódni a gombóc. Ha már ezek az érzetek elindulnak nincs mit tenni, ott az érzés... Megtörtént... (Ezt már valahogy fel kell dolgozni, megbocsájtani, elengedni.) Nekem innét ment nehezebben, még az érzések előtt tisztázni, hogy nem azért jött, hogy bántson engem, hanem hogy tanítson. Minél inkább akartam tisztán látni, megérteni, annál inkább nem sikerült.

Aztán elengesztettem, már nem akartam elemezni semmit, hagytam az egészet és egyszer csak egy érdekes helyzeten keresztül mindent világosan láttam és az egész mechanizmus szinte egy pillanat alatt érthetővé vált.

Nem is értettem, hogy miért nem láttam ezt addig. Lehullt a lepel... Tehát itt is igaz, hogy ne akard, csak hagyd, hogy megtörténjen. Legyél szemlélődő, csak figyelj mi történik. Próbáld magad kívülre helyezni, kicsit fentről nézni a történteket. Ne keseredj el, ha eleinte nem megy, vagy mindig már a „csata" után jut eszedbe, hogy megint elfelejtetted, hanem legyél hálás, hogy ott képes voltál meglátni.

Ez is egy folyamat, ízlelgesd, kísérletezz, szemlélődj, hagyd és örülj minden apró pici sikernek!

Nem lehet ennél jobban összefoglalni a lényeget:

1. „*Minden, amit a másikban kritizálok, ami ellen harcolok, az bennem van.*

2. *Mindaz, amit a másik személy rajtam kritizál, és azt sértőnek találom, az nincs feldolgozva bennem.*

3. *Minden, amit a többiek kritizálnak bennem, harcolnak ellene, meg akarják változtatni, és ha ez engem nem sért, akkor az az ő feldolgozatlan problémájuk, tökéletlenségük, melyet rám vetítenek, mert nem tudnak szembenézni vele önmagukban.*

4. *Minden, amit én a másikban szeretek, az bennem is megvan; magamban szeretem, mert felismerem magam a másik személyében, mivel az egylényegűségünk mutatkozik meg.*"
Dalai Láma

Ha megérted, vagy inkább megérzed ezeket a törvényszerűségeket, elkezded e szerint figyelni körülötted a világot, meglátod magad a tükrökben és változtatsz, gyökeresen meg fog változni az életed. Ez nem azt jelenti, hogy soha többet nem kerülsz majd ilyen helyzetbe. Ahogy fejlődsz jöhetnek még leckék, amiket nem vagy képes meglátni tükör nélkül, így jön majd egy segítség, aki megmutatja neked. Legyél hálás ezekért.

Rengeteg feszültséget le tudsz venni magadról, ami, mint már tudjuk elengedhetetlen az egészséghez.

Nézzük, mi az, ami még támogatni tud az utadon, erősíti a tested, lelked és nem kerül szinte semmibe.

Emeld meg az energia szinted!

„Ha az emberek megértenék, hogy mennyire közel vannak ahhoz, hogy boldog és kiegyensúlyozott életet éljenek rövid idő alatt átformálódna a Föld. Az energiáért folytatott harc csak egy álca, amivel a te személyes energiádra pályáznak, az életerődre! Vigyázz rá!"

ERdŐ

Ha a csakráid elegendő energiát tudnak felvenni, azzal a mögöttes szervek egészséges működését támogatod. E nélkül az energia nélkül nincs élet. Ha nagyon drámai akarok lenni (és akarok) akkor ezen múlik az életed. **Az energia szinted határozza meg, hogy milyen minőségű és milyen hosszú életet élsz.** Vannak módszerek, amivel segíthetjük ezt az energia felvételt. Illetve vannak helyek, ételek, emberek, amiknek/akiknek magas rezgése szintén jótékony hatással van ránk.

Minél magasabb az energia szinted:

- annál kevésbé van feszültség a testedben,
- annál jobban tud működni a szervezeted öngyógyító mechanizmusa,
- erősebb, energikusabb leszel,
- elhagy minden félelem, aggódás,
- így nagyobb az esélye, hogy közelebb kerülhetsz magadhoz és
- megérezheted a **Jelenlét állapotát**,
- rátalálsz az Utadra és képes leszel haladni rajta,
- olyan életet élhetsz, amit lehet el sem tudsz képzelni még.

Mit gondolsz, meghatározó lehet az életedben az „energia gazdálkodásod?? A nagy rohanásodban, meg tudsz állni, hogy töltőre tedd magad?

Keresd, ami a Tiéd, figyeld meg mi az, ami igazán feltölt!

- Az egyik legfontosabb, hogy ha valahol folyamatosan rosz-
szul érzed magad, és nem tudod kezelni a helyzetet, menj el
onnan, vagy igyekezz minél kevesebbet ott tartózkodni! Ez
egy önálló könyvnyi téma lehetne, vannak más megoldások,
de ez az egyik legegyszerűbb. Ezzel leállíthatod az energiáid
„lecsapolását".

- Élj a masszázs nagyszerű erejével! Keleten szinte minden
családban van egy masszőr és rendszeresen alkalmazzák
az érintésnek ezt a nagyszerű formáját. Nálunk sokan nem
is tudják, hogy mennyire fontos lenne a feszültséget leven-
ni az izmokról, a testről, a lélekről, hogy ezzel az öngyógyí-
tó folyamatokat segíthessük.

- Ide sorolhatnám a jógát, táncot, vagy szinte bármilyen moz-
gást, zenét, ami felszabadít, örömmel tölt el. Kísérletezz, hol
érzed jobban magad...

- Nagy segítségedre lehet egy **kisbaba, vagy a kedvenc há-
ziállatod, kutyád, macskád a körülötted lévő termé-
szet, virágok, fák, erdők...** Ezek mind nagyon tiszta ener-
giaforrások, amik segítenek feltöltődni, megélni azt az adott
Jelen pillanatot.

- Mindig légy nyitott egy **ölelésre! :)**. Ahogy a mondás tartja:
4 ölelés kell naponta a túléléshez, 8 a szinten tartáshoz és 12
a gyarapodáshoz. Neked mennyi van naponta?

- Keress kreatív tevékenységet! Fess! Mindegy mi lesz a vég-
eredmény, nem az a lényeg, hanem a festésben töltött idő,
amit megélsz az alkotásban.

*„Nyisd meg magad a kreatív energiáknak, engedd, hogy rajtad ke-
resztül áramoljanak, téged feltöltve és másokat boldogítva. A krea-*

*tivitásban töltött időd, kapcsolat Önmagaddal, a felsőbb éneddel, a
Világmindenséggel, Mindenkivel... Engedd, hogy az Univerzum meg-
nyilvánuljon rajtad keresztül"*
ERdŐ

Kreativitásunk a jobb agyféltekében lakik.

Legtöbben az életünkből, munkánkból adódóan, jellemzően a
bal agyféltekénket használjuk. Az elemző, logikus, racionális
gondolkodásunk felelősét. Ezzel írunk, olvasunk, tervezünk és
számolunk, míg a jobb agyféltekénkkel rajzolunk, táncolunk,
éljük meg az érzelmeinket, használjuk az intuíciónkat.
A kettőt összehangolva kellene használnunk. Ahhoz,
hogy igazán hatékonyak legyünk a munkánkban, a hétköznapi
tevékenységeinkben mindkét félre szükségünk van, sőt a har-
monikus együttműködésük lenne az ideális.

A két félteke közti különbséget a 19-20. században tudták elő-
ször kimutatni tudományosan. Először a Neander-völgyi em-
bernél volt megfigyelhető 100-150 ezer évvel ez előtt. Elődjénél
még szimmetrikus volt az agy. Az aszimmetriát az aszimmet-
rikus kézhasználatra vezetik vissza, ami lehetővé tette az em-
berré válást.

Az evolúció során a két agyféltekét elválasztó kéreg test, ami a
kapcsolatot biztosítja a két fél között egyre kisebb lett az agy-
féltekék növekedéséhez képest, tehát az együttműködésük nem
hogy javult volna, hanem romlott, sőt egyre romlik ebben a fel-
gyorsult, teljesítmény orientált világban.

Ha csak a józan paraszti eszünkkel végig gondoljuk az elmúlt év-
tizedeket, láthatjuk, hogy minden a számok, statisztikát körül
forog és mennyire a háttérbe szorult az intuíció, az érzékelés.
(Na jó mi már ébredezünk... :)) Ha nem figyelünk, elsodornak a
racionális és analitikus dolgok. Mennyi a fizetésünk, hova mit
kell kifizetnünk, mennyit emelkednek az árak, mit kell megta-

nulni a gyereknek, milyen feladatot adott a főnök, tervek, célok, tények...azt mikorra hogyan kell teljesíteni, mit főzzek, mi kell a boltból... és hasonló dolgok körül pörög az ember egész nap, egész héten, hónapban... évben...

Engedd ki a szellemet a palackból!
Vedd elő a kreatív énedet!

A jobb agyféltekét aktivizálja az álmodozásunk, a zene, művészetek, a tánc, a JELEN pillanat...
    A Jelen Pillanat... gondoltad volna? Lenyűgözött, amikor ezt olvastam valami tananyagomban... abszolút nem is gondoltam rá, hogy ekkora jelentősége van, illetve, hogy ilyen dolgokkal összefügg.

Amikor a kreativitásod elkezded használni, az felébreszti az intuitív agyadat, ami visszahat a kreativitásodra. Nincs olyan ember, akiben ne lakozna valami spiritusz, ott van benned, kezd el kiengedni a szellemet a palackból!
    Lehet az elején kicsit nyögvenyelős, de minél többet gyakorlod, annál jobban fog működni, elkezd működni...

Dolgozol az álmaidért? Vagy félreteszed a feladatot, hogy majd egyszer, ha „ráérsz"?! Sose jön el az a pillanat, ha csak te magad el nem hozod! Tedd be a naptáradba, szánj rá időt tudatosan!

Nem kell nagy dolgokra gondolni! Játssz!

Találj ki valami új receptet, újíts a főzésen, hallgass zenét és táncolj rá... építs homokvárat, ültess virágokat, ugrálj trambulinban, mindegy hány éves vagy!

Csinálj valami teljesen szokatlant, ami megbotránkoztatja a tudatos agyadat! „Rosszalkodj" kicsit... :) Vedd elő az őrült ötleteidet!

Mondjuk vegyél fel felemás zoknit, ha van egy megszokott útvonalad menj teljesen más irányba, vedd elő a biciklidet, amit ezer éve nem használtál és menj azzal, nyári záporban állj ki az esőbe, nem baj, ha elázik a hajad, ruhád... Ha hó esik csinálj hó angyalt...

A zsenik, feltalálók mind tisztában voltak/vannak vele, hogy nagy dolgok nem születhetnek a jobb agyféltekénk használata nélkül.

Einstein szerint:

„Az intuitív agy egy áldott ajándék, a racionálisagy egy hűséges szolga."

JelenLét

Annyiszor leírtam már ezt a szót, de még konkrétan nem beszéltünk róla, pedig jelentősége óriási. Szinte már szlogenné vált spirituális körökben, hogy „légy jelen", mert az jó lesz majd neked és én is valahogy így emlegettem a könyv eddigi részében, de hogy is lehet ezt megvalósítani, arról eddig nem esett szó. Amikor először megtapasztaltam ezt az állapotot, nagyon nagy élmény volt számomra. Teljesen lázba hozott és azt szerettem volna, hogy minél több alkalommal megérezhessem, megélhessem. Sőt, az lenne az igazi, ha mindig jelen lennék...

Amikor a JelenLét állapotában vagyunk kapcsolódunk a felsőbb énünkkel, bár ez a kapocs mindig ott van, de ilyenkor sokkal jobban fogjuk az adást, mint amikor ezer meg egy zavaró tényező vesz körül bennünket. Ez a tiszta énünk abszolút képben van, hogy miért vagyunk itt, mi a cél, hova szeretnénk eljutni. Tehát minél inkább hallgatunk rá, annál inkább megkíméljük magunkat a fizikai és lelki nyűgöktől, a nem várt necces élethelyzetektől és balesetektől.

Pránanadis pályafutásom alatt rengeteget meditáltam, mantráztam, buddhista leborulásokat végeztem éveken át rendszeresen. Magas erőket, energiákat használtam, részt vettem kolostorokban szertartásokon, ahol tényleg nagyszerű megtapasztalásokban volt részem... de a JelenLét állapotát mindezek után, a kertemben hátul a házunk mögött éltem meg első alkalommal. Nem akartam! Nem vártam! Abszolút nem is számítottam rá! Egyszerűen csak megtörtént. Soha nem fogom elfelejteni. Négykézláb „túrtam" a földet, növényeket ültettem a szalmával fedett permakultúrás kis kertembe. A szalma alatt laza a talaj, nem használok kapát, ásót... Teljesen belefeledkeztem a tevékenységbe, nagyon élveztem, megszűnt a külvilág, csak én voltam, a föld, a növények és valami láthatatlan, de erős kötelék mindezek között.

Olyan volt, mintha nem is én mozgattam volna a kezeim, hanem maguktól tudták volna mi a feladat. Megváltozott az energia sűrűsége, szinte kézzel fogható, tapintható volt.

Persze, amint észrevettem, tudatosítottam, hogy aztaaa ez az... szinte azonnal elillant. Mondanom sem kell, hogy utána folyamatosan ezt vártam, de az Istennek se sikerült újra belehelyezkednem. Könyveket kerestem a témában, egyet találtam, elkezdtem olvasni, de rájöttem, hogy nem arról beszél, amit én éreztem, megéltem, úgyhogy félretettem és ismét magamra hagyatkoztam. Hetekig, de lehet, hogy hónapokig sem történt semmi extra. Aztán amikor már szinte el is felejtettem, ismét megjelent, ismét a kertben... aztán az erdőben... **Amint nem akartam, nem volt bennem elvárás, ismét megmutatkozott.** Ezek az élmények nagyban segítették, hogy képes legyek később a meditáció során is igazán megélni a JelenLétet, ami számomra több mint pusztán gondolatnélküliség.

Persze az Univerzum is vette a lapot és kaptam ajándékba egy kifestőt, ami szintén hozott élményeket, majd a főzés, zuhanyzás, erdőjárás... kert, vagy egy jó beszélgetés ajándékozott meg ezzel a csodás kapcsolódással.

Később Skopeloson, Görögország legszebb szigetén vettem észre, hogy amint megérkezem, automatikusan bekerülök ebbe az állapotba és teljesen elveszik múlt, jövő, mi van otthon… mi van a világban… Ahogy lehet igyekszem is ott tartózkodni.

Az elvárás, ha akarod, egyszerűen nem fog működni. Minél jobban el tudod lazítani magadat az adott tevékenységben, Ott tudsz lenni, ahogy szoktam mondani: „elveszel benne" annál nagyobb az esélye, hogy **meg fog érkezni, akkor, amikor neked a legjobb. Amikor felkészültél rá, amikor Odaértél.**

Miért jó ez nekünk? Hogy jönnek le a válaszok?

Jó, jó… oké, hogy Jelen vagyok, de mikor mondja meg nekem a felsőbb énem a tutit? Erre a válasz szerintem, hogy akkor, amikor a lehető legjobb neked és amikor hagyod, hogy megtörténjen. Maga a JelenLét nem arra való, hogy ott bármi is történjen. A válaszok nálam jellemzően utána érkeznek, egyszerűen csak bekúsznak, megjelennek a tudatomban és nem is értem, hogy addig miért nem gondoltam rá. Vagy belép egy ember az életembe és ő hozza a megoldást… Aztán van, hogy mosogatás, vagy épp zuhanyzás közben egy másik Jelenben jön meg, de nem úgy, hogy mielőtt elkezdtem volna mosogatni felteszem a kérdést, tudományosan neki állok mosogatni és várom a választ!

Biztosan voltál már úgy, hogy valamire nagyon kerested a megoldást, de nem sikerült megtalálnod. Napok, vagy lehet hetek óta agyaltál már rajta. Majd eleged lett, bedobtad a sutba és elmentél egy jót zuhanyozni… És Heuréka! Ott a zuhany alatt beugrott. Mert elengedetted, nem akartad, és ellazultál, megengedted, beengedted… Feszülésből soha nem született még csoda!

Keress valamit, amiben szívesen „elveszel", tegyél be valami jó zenét, táncolj, fess, vagy rajzolj, nem baj, ha nem szép, csak firkálj és élvezd! Vedd elő a gyerek üvegfestő készletét, vagy készíts asztali díszt, kopogtatót az ajtódra a következő ünnepre... Köss, horgolj, varrj... **Mindegy mi az, csak legyél ott, legyél benne és ne akard, hogy bármi misztikus történjen, ne várd, egyszerűen csak vessz el benne és hagyd, hogy megtörténjen!**

Ha sikerült megélni, legyél hálás érte! Amint érzékelni fogod a tudatos agyaddal, szinte biztos, hogy el fog illanni, de majd megtanulod „hagyva figyelni", ahogy szoktam mondani és mindig egy-egy pillanattal többet sikerül majd megélned a Jelenben. Természetesen, minél magasabban tartod az energiaszinted, annál több lehetőséged lesz élvezni az ITT ÉS MOST-ot.

Ha eddig eljutottál a könyvben és nem „csak" olvastad, hanem cselekedtél is, biztos vagyok benne, hogy jobban érzed magad, erősebb, energikusabb vagy. Gratulálok! A nagyon kevés néhány százalék része vagy a Világban! Ez egyrészt nagyszerű, másrészt nem tudod megúszni, rajta vagy az Úton és jönni fognak a helyzetek, emberek, hogy haladni is tudj. Minél többet sikerül a Jelenben lenned és meg is fogadod, ami onnan érkezik, annál kevesebb lesz a külső beavatkozás. Ne kételkedj! Ne kérdőjelezd meg amikor a zsigereidben érzed a választ! Hidd el, hogy te érzed a legpontosabban, hogy mi a jó irányod!

Szoktam Akasából olvasni, talán emlékszel a könyv elején említettem. Ott a tiszta énnel, mesterekkel, tanítókkal tudunk kapcsolatba lépni. Soha nem mondják meg, hogy pontosan mit kell tegyen az illető. Támogatás jön, de hogy jobbra, vagy balra menjen, az mindenkinek a maga döntése kell, hogy legyen. Ott van benned a válasz.

Vigyázz magadra!

Ahogy haladunk az úton, egyre erősebbnek és okosabbnak kezdjük érezni magunkat. Ezt a környezet érzékeli és meg fognak találni olyanok, akiknek szüksége van a segítségedre, illetve te is azt érzed, hogy segítened kell. Vigyázz! Épp, hogy kihúztad magad a kakiból!

Ezzel kapcsolatban még egy dolgot úgy érzem fontos átbeszélnünk!

Ez pedig a mi reakciónk, a körülöttünk lévő emberek helyzetével kapcsolatban. Mind különböző érzékenységgel rendelkezünk, máshogy érint meg érzelmileg bennünket, ha látunk embereket kellemetlen, vagy akár veszélyes szituációkban, betegségben, vagy egyéb problémában szenvedni. Ez jellemzően egy automata válasz, amit sok minden, befolyásol, viszont érdemes vigyázni vele, odafigyelni, mert míg az egyik erőt adhat, a másik elviheti az energiánkat. Ha erősen empatikus vagy, elpityerinted magad egy beteg gyermek, vagy borzasztó életkörülmények, háború... láttán, feltétlenül olvasd figyelmesen a következő sorokat!

Egy hajszál választja el a sajnálatot az együttérzéstől, de ez a hajszál nagyon lényeges!

Amikor azt látod magad körül, hogy valaki beteg, bajban van ez rossz érzéssel tölthet el, figyeld meg mit érzel, milyen gondolatok jönnek!? Teljesen beleérzed magad a helyébe és már érzed is, amit ő?? Állítsd meg, ha lehet! Abszolút nem jó senkinek! **A sajnálat egy elég veszélyes (szerintem negatív) érzelem**, mert gyorsan a sajnált személy energetikájában tudjuk találni magunkat. Ezzel „lehúzzuk" a saját energiánkat az ő szintjére és egymás mellett ülhetünk a mocsárban, ahol majd egyszer csak elsüllyedünk, mert egyikünk sem lesz képes a másikat kihúzni. Minél jobban beleéli magát valaki a másik szenvedésébe, annál gyorsabban meg tud ez történni.

Most akkor ne legyünk empatikusak? DE! Csak fontos ilyenkor felfrissíteni azt a gondolatot, hogy semmi nem történik véletlenül.

Minden oknak van egy okozata. Tehát akit éppen sajnálunk, valami oknak az okozatát „szenvedi". Ez nem azt jelenti, hogy ne segítsünk neki, ha meg tudjuk tenni. Viszont, ha mellé ülünk és vele együtt elsüllyedünk akkor nem leszünk a hasznára egyáltalán. Sőt akár képesek lehetünk a tüneteit produkálni, „átvenni" tőle.

Volt az elején amikor pránanadival, energetikailag kezeltem valakit, akinek migrénje volt. Annyira sajnáltam... hogy mire végeztem a kezeléssel az én fejem is megfájdult és nem győztem elmulasztani.

Amikor együtt érzel valakivel, nem ülsz mellé a trutyiba, hanem objektíven kívülről szemléled az eseményeket és azon gondolkodsz, hogy tudsz neki segíteni úgy, hogy ne sérüljön a tanulási folyamata. Energetikailag, érzelmileg kívül maradsz, de itt jön a fricska... mert ez nem azt jelenti, hogy nem érint meg. Igyekszel nem beavatkozni az eseményekbe, nem helyette felvállalni, megcsinálni, hanem csak terelgetni, példát mutatni, lendületet, erőt, bátorságot adni, hogy bízzon magában, és álljon fel.

Az tud segítségedre lenni, aki ki tud billenteni a sóhajtozásból...

Nem könnyű ezt megtanulni és néha van, hogy érzéketlennek, keménynek tűnik, aki így viselkedik. Pedig a javadat akarja. Segítő kezét nyújtja, amit, ha megfogsz, képes leszel felállni, megrázni magad és újult erővel elindulni. Ez az igazi segítség szerintem. Nem az a barát, aki mindig csak bólogat és veled együtt sóhajtozik a bajaidban.

Aki dönt, az fejlődik!

Ezt vésd az eszedbe, és jöjjön elő, amikor meg akarod mondani a gyereknek, barátodnak, hogy hova menjen tovább tanulni, ki legyen a felesége, mit kellene dolgoznia! Extra fontos megérteni!

Ha azt látod, hogy valaki megrekedt, sok esetben elég meghallgatni, esetleg kérdéseket feltenni, saját életedből erőt adó sztorit mesélni. Támogasd, biztasd, de SOHA nem mond meg, hogy mit kellene csinálnia! Neki kell meghoznia a döntést, mert a mögött komoly fejlődési lehetősége rejlik és ha helyette döntesz, elvetted tőle ezt! Tudom néha nagyon nehéz ezeket a folyamatokat végignézni, hidd el, volt benne részem és néha nem tudtam, hogy tegyek lakatot a számra, illetve, hogy fogalmazzak jól, hogy kérdezzek. De nem akarhatod jobban a megoldást, a haladást, mint az adott illető. Szóval ilyen helyzetekben sokat segített nekem ez a gondolat: **aki dönt, az fejlődik...** Meg mi is, ha kibírtuk, hogy ne mondjuk meg a tutit! Legyél hálás magadnak! Jó érzés lesz, meglátod!

Ne ülj mellé a mocsárba!

Mindez azért fontos, mert nem mindegy, hogy az energiád nő, vagy fogy és ilyen aprónak tűnő nüánszok sokat billenthetnek rajta. **Minden energia, ami csak úgy elfolyik, befolyásolja az egészségi állapotodat!**

Amikor este kidőlsz a kanapén és fogalmad sincs mi a fenétől nyúltál úgy ki, pedig alig csináltál valamit egész nap... csak a sógornőddel beszélgettél, aki épp munkahelyi válságban van és neked öntötte ki a szívét... Valószínűleg az ő támogatására ment el az erőd.

Persze hogy van ilyen! Vannak vészhelyzetek pro és kontra! De ne ülj mellé, hanem fogd meg a kezét és segíts neki felállni. Mindketten jobban jártok.

Instant megoldás...

Azt ígértem, hozok neked valamit, amivel meg tudod úszni, hogy hosszan cipelj dühöket, haragokat, fizikai és lelki tüneteket gyárts és levélírással kelljen töltened az időt. Hát itt van! Nagyon egyszerű, de hihetetlenül hatékony. Ha a reggeli álomfilmed és ez beépül az életedbe, mérföldes léptekkel haladsz majd az EGÉSZséges életed felé.

Gondold végig a napod...

Este, mielőtt lefekszel aludni gondold végig a napodat. Nem szükséges, hogy tökéletes meditációs ülésben tedd mindezt, de ha jólesik csináld úgy! A lényeg a benned zajló folyamat lesz.

Csukd be a szemed és vegyél néhány nagyobb lélegzetet. Orrodon szívd be amennyit csak bírsz, tudatosítsd, hogy nem csak levegőt, hanem éltető energiát is lélegzel be. Utána fújd ki a szádon, hosszan, lassan és itt azt gondold át, hogy mire nincs szükséged. Minden rossz érzésed, gondolatod, fizikai fájdalmad... fújd ki a szádon keresztül. Vegyél így 3-4 nagyobb levegőt. Ahogy jólesik, utána csak az orrodon be és orrodon ki folytasd a légzést. Gondolatok megjelenhetnek, ne akard leállítani őket! Csak ne gondold tovább, engedd, hadd menjen!

Csak figyeld az orrodnál áramló levegőt. Majd kezd el végig nézni mi történt aznap. Reggel ráförmedtél a gyerekre... nem kellett volna, csak rohanásban voltál... Az egyik ügyfeled/kollégád értékelte a munkádat és ez nagyon jólesett (töltődj az érzéssel), a boltban valaki eléd tolakodott a sorban, te meg beszóltál neki...stb. Vizsgáld meg a történéseket és kérj bocsánatot, vagy bocsáss meg ha úgy érzed megbántott valaki. Csak pár óra telt el az eset óta, de mivel már nem vagy benne az energetikájába közvetlenül, tudod objektívebben szemlélni. Néha elég ennyi, sokszor távolról visszanézve csak mosolygok egy adott helyzeten.

Tudod, nem téged akart bántani! Mi a tanítás? Lehet, hogy semmi! Rossz napja volt... Szoktam mondani, hogy nem kell minden fűszál rezdülésében nagy spirituális tanításokat keresni!

Ha jól csinálod, 5-10 perc maximum, viszont nem cipeled magaddal tovább.

Itt is ugyanaz a menetrend, mint a levélnél, csak nem írjuk le és nem vesz órákat igénybe. Szóval... ahogy végigveszed a történéseket, **az érzéseidre koncentrálj.**

Figyeld mit mozgat meg benned az adott sztori. Ha szeretet, hála, vagy legrosszabb esetben semleges a reakciód, akkor minden rendben. Ha viszont bármi negatív érzés kerít a hatalmába, állj meg és nézd meg mi is történt valójában.

Az a legjobb, ha élőben sikerül rendezned a dolgot és nem magadban kell ezzel foglalkozni, de nem mindig van rá lehetőség ezer meg egy okból kifolyólag.

Ha úgy érzed valaki megbántott, képzeld magad elé és mond el neki, amit élőben nem sikerült.

Utána itt is vedd elő az alapgondolatot, hogy:

Minden érző lény az adott tudatállapotának/szintjének megfelelően cselekszik.

Próbáld a helyébe képzelni magad. 99 % hogy igazából nem rád haragszik, jellemzően saját magával van gondja, csak rosszkor voltál rossz helyen... gondoljuk... vagy lehet valami tükörfélét mutogatott nekünk? Tanítani jött? Vagy épp csak hátráltatott, hogy kicsit később menj fel az autópályára, mert az van neked megírva, hogy elkerülj egy balesetet...

Jaajjjj tudom, sokszor nehéz így szemlélni a dolgokat, főleg az elején amikor találkozik az ember ezzel az elmélettel. De minél inkább képes vagy átlátni a történéseket, helyzeteket, meg tudod látni bennük az Üzeneteket (magadtól) és hajlandó vagy cselekedni, egyszerűen lecsökkennek ezek a szituk. Tehát valami módon meg kellene bocsátani az illetőnek... Igazán, a szívedből!

Amúgy csak mellékesen elárulom, hogy aki megbántott már lehet rég elfelejtette, az iránta érzett haragod, dühöd nem fog rajta, kizárólag benned rombol.

Ha másért nem, magadért, az egészségedért tedd meg! Ne csak mond! ÉREZD! Tudod, a mágia az érzésben rejlik, nem a szavakban és gondolatokban.

Aztán... van, hogy nekünk sikerül mást megbántani...

Ez lehet néha még jobban nyom, mint amikor valaki más piszkál minket.

A bűntudat legalább olyan romboló, mint a harag és a düh, mert az is egyfajta harag... ráadásul saját magunk felé. Lásd magad előtt az embert és mondd el neki, amit élőben nem volt lehetőséged. Kérj tőle bocsánatot! Küldj neki szeretetet a szívedből az ő szívébe.

Ezt saját magaddal szemben is alkalmazhatod, ha épp nem sikerült végigvinned, amit elterveztél, vagy nem pont úgy, mint szeretted volna.

A múlt már megtörtént nem tudsz változtatni rajta. Tanulni belőle és elfogadni azt, ez a két lehetőségünk van.

A végén legyél hálás a napodért, az üzenetekért, a tanításokért, vagy csak úgy, mert egy olyan jó kis nap volt!

Ezek a pár perces kis „szeánszok" varázslatosan működnek. Próbáld ki! Ha valakivel bármi kicsi nézeteltérésed van „beszéld meg vele" este lefekvés előtt. Másnapra, vagy 1-2 napon belül eltűnik, feloldódik. Mit gondolsz miért? Még sosem gondoltam végig, hogy miért is ilyen hatásos ez az egész. Gyakorlatban rendszeresen használom ezeket a technikákat és rengeteg segítettek nekem látható, láthatatlan, nagy és mini konfliktusok kezelésében. De sosem gondoltam végig a hátterét a dolognak. Az erdőben ez a válasz jött... Amit alapjaiban véve tudtam, de sose szemléltem így.

„Mert Minden Egy. Mind egyek vagyunk, valahol mind az Univerzális energia részei vagyunk. Az információ, az érzések szárnyán repül téren és időn át, nincs számára fizikai akadály.

Tehát amikor a képzeletedben lejátszod a meccset úgy, hogy közben az érzéseidre figyelsz, tulajdonképpen a Tiszta éned játszik és kommunikál a többi tiszta énnel.
Az EGGYEL..." ERdŐ

Értékeld minden lépésed!

A könyv végére értünk, remélem sokszor ki fogod még nyitni és egy idő múlva, amikor úgy érzed, már nem tud hozzád adni, rongyosan adod tovább valakinek, aki fontos számodra és úgy gondolod segítség lehet neki.

Feladatok mindig lesznek, de bízom benne, hogy áldásnak és nem átoknak tekinted majd őket. Ne a hiányokat szemléld, ami még nem sikerült! Minden lépéseddel közelebb vagy egy igazán nagyszerű élethez, egy igazi EGÉSZséghez. Egyszer egy buddhista tanító mondta nekem, amikor teljesen el voltam veszve a rengeteg házi feladatomban – mantrák, meditációk... – hogy „minden egyes kimondott mantra, minden meditációban eltöltött pillanat számít!"

Aminek a figyelmed szenteled, az fog növekedni!

Ne elégedetlenkedj magaddal, hanem legyél érte hálás!

Minden apró változásért, amit tettél magadért. Ezek a változások ahogy formálnak téged, úgy „gyurmázzák" át a körülötted lévő Világod is. Ha hiszed, ha nem, ha tudatos, ha nem...

Feldobtad a labdát, elindítottál egy folyamatot, az Univerzum pedig elkezdi átrendezni a színpadot. Ez valószínűleg felfordulással jár/járt, lesznek díszletek, amik a kukában végzik és lehet a szereposztás is más lesz, de a végeredmény mindig a lehető legjobb, amit ki lehet hozni (számodra). Tudod!

Ne akard, csak hagyd, hogy megtörténjen!

Remélem ez az egy mondat azért már eszedbe jut... Persze ez nem a döntés, cselekvés hiányát jelenti! Csak figyeld mire milyen válasz reakció érkezik! Támogatnak? Jó az irány?

Ne akard megerőszakolni a Felsőbb éned! Nem veszi jó nevén! Hidd el, hogy van egy nálunk sokkal nagyobb erő, ami jót akar neked és ha abba hagyod a kapálódzást, az ellenállást, képes lesz ezt megmutatni neked.

Ahogy emeled magad, egyre többet „süt majd a nap", érzed, hogy megtalálod az igazi irányod és minden szépen helyére kerül. Reménytelennek tűnő helyzetek egyszercsak megoldódnak és olyan életet élsz majd, hogy jobbat nem is kívánhatnál magadnak.

Sokat vacilláltam, hogy saját fotót, vagy valami marketinges, vásárolt megoldást tegyek-e ide. Végül ez mellett döntöttem, mert ez sokkal több mint egy tengerparti fotó rólam. Egy eléggé bonyolult, kacifántos, végtelenül nehéz szituációkkal, anyagi és egészségügyi kihívásokkal teli tűzdelt élet van mögöttem, ami az elmúlt néhány évben erősen kisimulni látszik. Sok-sok döntés, irányváltoztatás, tanulás és gyakorlás eredménye. Nem magától történt meg és nem varázsütésre. Ahogy szokták mondani, mindig eggyel többször álltam fel, mint ahányszor elestem, ami néha nem egyszerű.

Én mondom Neked, megérte! Minden fájdalmam, minden egyes könnyem, rossz napom, pillanatom, „ellenségem" és barátom tanított és én nyitott voltam rá.

Az útnak és a tanulásnak nincs vége, folyamatosan zajlik, de a hullámok egyre feljebb haladnak és az amplitúdók egyre kisebbek. Mindegy most hol vagy, mindig lehet nagyszerűbb az életed, kizárólag azon múlik mire vagy hajlandó érte.

Ha most jó életed van, merj nagyot álmodni, mert lehet még ennél is sokkal csodásabb, ha pedig sok gond vesz körül, soha ne add fel az álmaid, hanem tegyél értük!

A döntés mindig a tiéd! Elbújhatsz a kis csigaházadba, vagy a tettek mezejére léphetsz! Viszont az biztos, ha tudatosan teszed mindezt, sokkal jobb eredményre számíthatsz.

Amikor ezt látja a környezeted, kíváncsi lesz, hogy csináltad... Másolni fognak. Tudtoddal és a nélkül.

Mikor ezzel szembesültem, mármint az egymásra való hatásunkkal és hogy én is hatok emberekre, illetve, hogy vannak, akik tőlem várják a megoldást... kicsit megrémültem. Ez jó régen volt, akkor még fogalmam nem volt se energiákról, se semmilyen spirituális hátérről. De azt éreztem, hogy nem játék. Felelősség.

Tanítóvá válsz, példa leszel... ha tudatos, ha nem, ha akarod, ha nem... Sőt, most is az vagy...

Jó példa vagy???

Ez a Fejlődés útja és nem lehet leállítani. Része vagy. Nincs viszszaút! Már benne vagy, sőt, ez előtt is benne voltál...

„Tegyünk együtt egy egészségesebb társadalomért"

szoktam mondani.

Nem csak egy szlogen! Ez valóban komoly feladat, amihez szükségünk van minden nyitott, változni, fejlődni, emelkedni hajlandó Érző Lényre.

Nem kell nagy dolgokra gondolni! Nem kell spirituális iskolát nyitni... nem feltétlenül ott történnek a nagy dolgok! Az egész életünk egy Iskola. Az Élet a feladatunk, úgy, hogy alkalmazzuk a tanultakat, beépítjük a hétköznapokba és folyamatosan „gyakoroljuk", fejlődünk... és ez által példát mutatunk.

A nagy tanítók sokszor köztünk élnek, nem egy kolostorban, vagy egy plébánián. Persze vannak kivételek és ezeket jó meglátni, megérezni.

Nem vagyok egy valláshoz sem elköteleződve, de tanultam többről és ami ennél is fontosabb, tapasztaltam többet is. Kettő volt rám nagy hatással, a buddhizmus és a görögkatolikusok. Nyilván mindenhol közrejátszik az emberi tényező, és lehet nincs is másról szó, de ez a kettő volt, ahol meg tudtam látni a plébánosban, szerzetesben A Tanítót, Az Embert. Nem (csak) prédikáltak, hanem példát mutattak.

Skopeloson arra lettem figyelmes, hogy van egy pékség, kávézó, ahova szoktunk járni és ahányszor arra vetődtünk, mindig ott ült a pap a teraszon és jellemzően valaki volt a társaságában. Elkezdtem figyelni, mi is történik...

Mindig jókedvűen beszélgetett. Akik arra jöttek már messziről köszöntek, integettek neki. Érezhető, tapintható volt a tisztelet, szeretet oda-vissza attól függetlenül, hogy Jaszaszozta (sziázta) mindenki. Nem hajbókolt senki!

Majd évek teltek el, mire eljutottam a JelenLét tábor tagjaival együtt egy skopelosi városnézésre, ahol az idegenvezetőnk elvitt minket egy idős plébánoshoz, aki több kápolnát is megmutatott nekünk.

Az izgalmas dolgok nem a templomban, kápolnában történtek, nem az volt a lényeg, amit mondott, hanem ahogy mozgott az utcán az emberek között, ahogy azok köszöntötték, a tanácsát kérték, legyen az fiatal, gyerek, vagy idős... itt is a szeretet és a tisztelet hatotta át a kommunikációkat. Azt gondolom tanulhatunk tőlük.

Nem az a fontos mit beszélünk, (nyilván az sem mindegy) hanem hogy mit cselekszünk.

Az fog másolódni, az fog hatni, mert az maga A példa. Ha szeretettel nyúlsz mások felé, azt fogod visszakapni.

Búcsúzóul az ERdŐ-től hoztam neked érdekes gondolatokat, amik 2020 nyarán születtek...

Mester és tanítvány

„Mindannyian mesterei vagytok egymásnak. Nincs olyan, hogy a tanítás egy irányba menne. A mester is tanul a tanítványtól és fordítva. Hosszabb, rövidebb ideig kíséritek egymást, ami mindkettőtökre hatással van.

Összességében, mindannyian az EGYtől tanulunk, egyetlen igaz Mester maga az Univerzum.

A földi nézőpontotokból szükségetek lehet emberi ruhába bújt mesterekre, akiken keresztül ez az Univerzális energia megnyilvánul, de ezt ne a személlyel azonosítsátok. Nem az ember az, aki tanít, az ő feladata, ezen az erőn keresztül, hogy kibillentsen, utat és irányt mutasson addig amíg szükséges.

Ha észreveszed, ha nem, irányt mutatsz másoknak te is. Minden mester felelőssége, hogy merre tereli a körülötte lévőket. A terelés, ha akarod, ha nem, megtörténik! Felelős vagy magadért és a körülötted élőkért.

Mi a Föld gyógyítói kérünk téged, hogy vállald fel ezt a felelősséget mindannyiunk érdekében. Egy hatalmas megújulás előtt állunk, ami a tisztítással kezdődött, sajnáljuk veszteségeiteket, de ne féljetek! Aki az úton van nincs mitől tartania. Gyűjtsatok fényt az emberekben!"

ERdŐ

Jó utat Neked!

Egyrészt köszönöm, hogy velem voltál, kívánom, hogy csodásan alakuljon az életed! Másrészt, ha úgy érzed segítségre van szükséged, jelentkezz hozzám konzultációra. Az első mindenkinek ingyenes és kötelezettség mentes. Lehet online, telefonon, vagy személyesen, ahogy neked jobb.

A könyvben ismertetett NoPain módszert 4 hónapos privát program keretében viszem végig, egyénre szabott konzultációkkal azoknál, akiknél érzem az elszántságot, a tenniakarást. A programba való bekerülés az első konzultáción dől el.

Itt tudsz velem a továbbiakban kapcsolódni:

https://t.greenmix.hu/metamorfozis

„Minden, ami az életedben történik, érted van!"

Ezt sose feledd!

Utószó

Nézz fel a csillagokra!

Ha úgy érzed, a sok minden ellenére elhagy a hited, nézz fel a csillagokra!

Nyaranta igyekszem minél többet Skopeloson tartózkodni, ahol a kedvenc szórakozásunk esténként a csillag fürkészés. Az egyik ilyen estén, ahogy a gyönyörű égbolt alatt ücsörögtünk megkérdeztem a férjem, hogy szerinte mennyi csillag van az égen? Azt mondta sok milliárd...

Utánanéztem.

Ugye minden csillag egy nap. A mi napunknak van nyolc bolygója (aprókat nem számoljuk). A tudósok becslése szerint a Tejút **100 és 400 milliárd csillagot** tartalmaz (bár egyesek szerint ez akár trillió is lehet). Ha azt feltételezzük, hogy minden Napnak hasonló számú bolygója van, mint a miénknek, akkor a nyolcat megszorozzuk a **Tejúton levő csillagok** számával. Matematikailag azt mondhatjuk, hogy a **Tejút-galaxis átlagosan 800 milliárd** és 3,2 trillió bolygó között van!

És még van néhány galaxis az univerzumban...

Mekkora hatalommal bír az az erő, ami ezt képes volt létrehozni???

A teremtés, alkotás szándéka motiválta, nem a rombolás. Támogat minket, ha hagyjuk... de a feszülésben, a félelemben nehéz a támogatás. Tényleg azt gondoljuk, hogy mi okosabbak

vagyunk? Hogy képesek vagyunk ezt irányításunk alá vonni??
Megállítani, bezárni???

Nézz fel a csillagokra és legyél hálás az életedért! Ölellek:

Edina

Felhasznált irodalom

Jacques Martel:
Lelki eredetű betegségek lexikona

Prof. dr Török Szilveszter:
A szervezet-méregtelenítés komplex rendszere

Harald Tietze:
Kombucha a csodálatos gomba

Lénárd Gitta:
Élő nyövényi sajtok, tejek

Linda Howe:
Akasa Krónika/Hogyan érzékeld és használd az Univerzum tudástárát?

Dr. Lenkei Gábor:
Cenzúrázott egészség

Dr. Lenkei Gábor:
Egészségre ártalmas, avagy Cenzúrázott egészség Magyarországon

Steven R. Gundry:
A növény- paradoxon/Mindent a lektin mentes diétáról

Steven R. Gundry:
A hosszúélet-paradoxon/Hogyan maradjunk fiatalok és életerősek idős korunkban is.

Dr. Michael Newton:
Lelkünk Útja I, II

Kurt Tepperwein:
Mit árul el a betegséged?

Rüdiger Dahlke:
A tudatos böjtölés kézikönyve

A szerző

Makkó Edina Győr környékén, a természet közelében él családjával. Szerencsés, hiszen nagy család veszi körül, ugyanis férjével együtt hat gyermeket nevelt fel. Gyermekkorában – szülői nyomásra – a reáltantárgyak felé vette az irányt, de felnőttként jött rá igazán, hogy a lélek és a test egysége és egészsége az, ami igazán érdekli és megérinti.

A spirituális tapasztalás útján húsz évvel ezelőtt indult el, ahová egy gyógyíthatatlannak titulált betegség sodorta.

Akkor energia gyógyászattal kezdett foglalkozni, majd természetgyógyász fitoterapeuta lett. Böjtöket vezet egyénileg és csoportosan, meditációkat, csend tábort és JelenLét táborokat vezet.

A kiadó

Aki feladja, hogy jobbá váljon, feladta, hogy jobb legyen!

E mottó alapján a novum publishing kiadó célja az új kéziratok felkutatása, megjelentetése, és szerzőik hosszútávú segítése. Az 1997-ben alapított, többszörösen kitüntetett kiadó az egyik legjelentősebb, újdonsült szerzőkre specializálódott kiadónak számít többek között Ausztriában, Németországban és Svájcban.

Valamennyi új kézirat rövid időn belül egy ingyenes, kötelezettségek nélküli kiadói véleményezésen esik át.

További információkat a kiadóról és a könyvekről az alábbi oldalon talál:

www.novumpublishing.hu